走出考核困局

业绩倍增的新绩效模式

王春国 著

电子工业出版社
Publishing House of Electronics Industry
北京·BEIJING

未经许可，不得以任何方式复制或抄袭本书之部分或全部内容。
版权所有，侵权必究。

图书在版编目（CIP）数据

走出考核困局：业绩倍增的新绩效模式 / 王春国著．
—北京：电子工业出版社，2021.4
ISBN 978-7-121-40768-0

Ⅰ．①走… Ⅱ．①王… Ⅲ．①企业绩效－企业管理－管理模式－研究 Ⅳ．① F272.5
中国版本图书馆 CIP 数据核字（2021）第 043165 号

责任编辑：张振宇
印　　刷：三河市鑫金马印装有限公司
装　　订：三河市鑫金马印装有限公司
出版发行：电子工业出版社
　　　　　北京市海淀区万寿路 173 信箱　　邮编：100036
开　　本：700×1000　1/16　印张：16.25　字数：242 千字
版　　次：2021 年 4 月第 1 版
印　　次：2021 年 4 月第 1 次印刷
定　　价：68.00 元

凡所购买电子工业出版社图书有缺损问题，请向购买书店调换。若书店售缺，请与本社发行部联系，联系及邮购电话：(010) 88254888, 88258888。
质量投诉请发邮件至 zlts@phei.com.cn，盗版侵权举报请发邮件至 dbqq@phei.com.cn。
本书咨询联系方式：(010) 88254210，influence@phei.com.cn，微信号：yingxianglibook。

推荐序

阳光城集团副总裁

很荣幸受邀为本书撰写推荐序，我阅读本书数次，思考良多。我们正处于一个政治、文化和商业模式不断发展变革的时代，也是一个充满不确定性的时代。为了能够在这种环境下生存与发展，公司需要更加关注组织效能和员工效能的提升，绩效管理作为衡量组织目标与员工目标实现情况的标尺，自然成了企业管理的重中之重。

最近几年，企业提到绩效管理，无论员工还是管理者都望而生畏。企业管理中一方面需要绩效管理引导经营目标实现，另一方面还需要消除因绩效管理而带来的负面效应。目前大部分企业使用的绩效管理仍然是胡萝卜加大棒的传统方式，这种方式是一种事后问责，主要用于将员工进行强制分布或奖金分配。依靠利益诱导、惩罚警告来推动发展的方式，仅聚焦于企业短期目标与当期目标的实现，不管对于企业还是个人都不可持续。在传统的绩效考核过程中，员工和管理者站在了对立面，双方在考核过程中因立场与目标不同而逐渐疏远，最终使绩效考核沦为没有价值的行政手段。很多管理者将原因归结于使用的考核方法，但在尝试平衡积分卡、目标管理法、360°全面考核、关键事件法、OKR、KPI等方法后，最终考核效果却还是不尽人意。

当下90后、00后员工日渐成为职场主力军，他们对工作的关注方面与 70 后、80 后员工有所不同，他们不仅仅关注工作所带来的收入，且更关注在工作中是否得到充分尊重、认可与成长，甚至有些时候，追求工作"开心"最重要。考核对象特征的改变，使得传统绩效管理模式对适用性与效果开始降低，他们期望拥有更多的自主选择、更多的责任和更多的参与感，这对当下的绩效管理工作提出了新的挑战。

本书作者王春国先生根据自己二十余年在各行业的咨询实践经验，经过归纳、提炼与总结，提出"去考核式的绩效管理"模式。从实事求是、以人为本的理念出发，使用了如群策群力技术、汇报信息表、持续改进会议等现代管理工具，破解了传统绩效管理模式考核下的监控困境、倦怠困境、信服力困境，同时提出促进团队绩效持续改进和员工工作能力提升的有效路径。

"去考核式的绩效管理"模式强调管理，弱化考核，聚焦管理本源。从事前监控、事后提升等方面入手，细分为六大主题，分别为破解下属监控困境、破解团队监控困境、促进团队持续改进、破解下属倦怠困境、提升下属工作能力、调薪解聘与人才选拔。在"去考核"新模式与传统模式之间如何进行新旧转换，王春国先生也提出了具体的实施策略和手段，使旧模式存在的弊端能够得以很好解决。

最后，感谢王春国先生给读者奉献了一本好书，书中理论和实践都很饱满，理论脉络梳理十分清晰，实践做法既具有实用价值，又紧跟时代前沿，书中提到的方法让我茅塞顿开、感悟颇多。此书可谓是为企业高管、中层管理层在绩效管理方面提供了充满指导意义与实用方法的一部力作，相信对启发各类管理者继续探索绩效提升之路大有裨益。当然，新的模式需要与公司文化相匹配，不宜神话工具本身，好用与否还需要管理者结合公司所处行业与自身发展阶段，因地制宜地应用与执行。

相信此书一定能为读者在解决绩效管理工作中面临的诸多问题提供帮助与指导。

前　言

低端产业用人之力，中高端产业拼人之智，这是两种完全不同的打法。中国要实现产业升级，必须依靠大量的创新型管理者。创新型管理者的专长在于推动变革，他们实事求是又熟谙人性。改革陈旧的考核管理模式，开启新的非考核管理模式，是这一代创新型管理者的使命。

一、绩效管理的挑战与本书的目的

我们在绩效管理方面遇到了什么问题？以往，我们采用教科书上的绩效管理理念和方法，以公司为单位建立起整体的、统一的、复杂的考核制度，有的公司甚至请咨询机构来设计专业的解决方案，然而，这些制度和方案的运行效果并不尽如人意！好比在春天栽下希望的树苗，期待它在秋天结出累累硕果。等到了收获的季节，大家期待的事情却没有发生，树上没有一颗果子。这就是问题所在！没人告诉我们为什么会这样，管理者们感到失望和迷茫。

为什么会这样？这是因为那些你熟知的理论、方法很多都是错的。"弱小和无知不是生存的障碍，傲慢才是。"在过往的管理咨询生涯中，我发现众多经理人接受了这些错误的理论、方法，他们如此地深信不疑，以致很多对话的进行变得艰难。

比如，我经常被问到这样的问题："如何才能实现多劳多得？""要不要给绩效差的员工发绩效工资？""怎么考核才能做到公平公正？"等等。当这类问题被反复问及，我开始感到头疼，不是不愿回答，也不是不会回答，而是问题本身有问题。当一个问题的前提假设错了，你还要把它讲清楚，这显然不是一件容易的事。

在本书中，我要系统地纠正那些错误的"常识"。毋庸置疑，这是一本具有革命色彩的书，它会颠覆你对于考核的很多看法，拨乱反正，帮你去除表象的迷雾，看透绩效的本质。

然而，"摧毁旧世界"虽然过瘾，却并非本书的最终目的，"建设新世界"才是。告诉别人过去的做法是错的简单，但是告诉别人未来应该怎么做不简单。本书不仅要让读者认识到传统的考核绩效模式是错误的，还要让他们知道正确的做法是什么。"破旧"和"立新"须同时进行，只有双管齐下，事方可成。

这是一本提出问题并和读者一起探讨解决之道的书。本书提供的方法和理论尽管都有足够的实践基础，但仍具有一定的局限性，并不一定适合照搬全抄，因此我希望本书的价值在于给大家带来启示和借鉴，而非成为金科玉律。

本书是为所有管理者而写的，无论是部门经理、项目经理还是总经理，只要你有下属、有团队，你就是管理者，你就是本书的目标受众。

本书致力于帮助那些对绩效管理感到疲惫、痛苦或困惑的管理者们，帮他们破解困境。

二、绩效变革与后考核时代

绩效考核的那套理论和方法对当今世界而言，已经太陈旧、太过时了。

然而，绩效考核想解决但没有解决的问题并没有消失。有一次，我朋友的下属严重违规，我建议说："亡羊补牢，未为晚也，赶紧完善绩效监控机制吧。"我朋友说："绩效没问题，是他的品行有问题。"我说："任何有关态度不行、能力不够、素质不良、方法不好的问题，都属于绩效管理问题。"

绩效管理问题依然困扰着管理者，下属工作消极倦怠、责任心不强、创造力缺乏、成长进步缓慢、团队成员之间缺少合作精神、各自为战、钩心斗角、互相推诿，上下级之间政令不通、反馈无门、互不信任、关系紧张。这些绩效管理问题让各级经理们疲于奔命、痛苦不堪。

传统的考核绩效模式力求把以上所有问题交给一个庞大的、复杂的绩效考核系统来解决，往往是由某个部门（比如人力资源部）主导，建立起覆盖整个企业的绩效管理体系。在这样的体系中，每个部门、团队几乎采取相同的做法，致命的是，他们都是执行者，没有太多话语权，即使发现某些做法不合适、没有效果，也很难做出改变。事实证明，绩效问题并没有因此得到解决，这个庞大的系统一旦运行起来就很难停止，于是考核最终成了走形式、走过场。

可以说，进入21世纪后，绩效变革已经成为众多企业的客观需要，只不过他们在等待一个契机。

2012年对于绩效变革而言是一道分水岭。2012年之前，人们对绩效考核的抱怨像是战壕里隐隐约约的低语，但到了2012年，满腹疑虑的企业家、勇于直言的经理人、追求创新的管理专家同时发力，你唱我和，突然将这低语演变为咆哮。实业界和理论界爆发出无数质疑的声音，各种批判绩效考核的书籍、文章、博客、研讨会铺天盖地地席卷而来，形成一股巨大的反考核潮流。

导火索是一篇标题为"绩效主义毁了索尼"的文章，出自索尼公司的一名员工之手。要知道，索尼公司曾创造了神话般的辉煌历史，是日本高科技公司的代表，然而到2012年索尼公司已经连续亏损了4年。该文反思了索尼当前所处的经营困境，将罪魁祸首归于绩效考核理念和制度，并对其大加鞭挞。一石激起千层浪，文章触发了整个业界讨伐绩效考核的多米诺骨牌。通用电气、埃森哲等公司首先声明取缔绩效考核，谷歌、微软等公司随后也开启了新的绩效实践。理论界紧随其后，围绕取消绩效考核、终结绩效评分、抛弃绩效考评主题等图书被迅速摆上书架。随着咨询公司的介入，一种新的绩效模式——OKR闪亮登场，经过包装后被大力宣传推广，一时间风头无两。

这股源自美国的绩效变革的飓风刮到中国后，同样掀起了一阵

OKR热潮。然而，很多人还是对这种绩效模式是否真的有效心存疑虑。事实证明，大家的担心并非没有道理，那些实践了OKR模式的中国企业大多铩羽而归。

OKR模式已被证明水土不服，因此我们中国企业在变革绩效模式时不能照搬照抄，应在汲取其科学内核和合理成分的基础上，理解绩效的本质和一般原理，并结合自身实际发展出最适合自己的管理方法。

后考核时代已经来临，我国企业的发展将更多依靠自身能力的提升；团队成员的主动性和创造性将得到前所未有的重视；管理将成为一种职业技能而非身份的象征。最重要的是，在管理模式上，人性将成为关键考量因素，这必将带来一场真正的革命。

三、非考核绩效模式

非考核绩效模式是对考核模式的颠覆，是"实事求是"和"以人为本"理念在管理方式上的落实。

非考核绩效模式回溯绩效管理的源头，研究为什么要搞绩效管理，其要解决的基本问题是什么。我们发现，绩效管理的诞生与管理者的"三大困境"和"两个提升"密切相关，是"药方"和"病症"的关系。

"三大困境"分别是：①监控困境，随着团队规模的扩大，管理者越来越难掌握下属和团队的情况；②倦怠困境，随着工作年限的增加，下属开始变得消极倦怠；③信服力困境，调薪、晋升、人事任免等敏感性决策缺少让员工信服的依据。

"两个提升"分别是：①管理者有责任持续提升团队工作水平；②管理者有责任不断提升员工能力。

考核绩效模式和非考核绩效模式都因"三大困境"和"两个提升"而生，但前者不能真正解决这些问题，后者可以。

非考核绩效模式破解"监控困境"的关键在于提升监控的效率。比如，"工作汇报规划"大幅度减少了下属对工作信息的漏报、晚报、错报、瞒报现象；管理者能通过"监控指标体系"很好地掌握团队工作情况；管理者能通过"团队工作评价"来矫正团队的努力方向。非考核绩效模式下，管理者能高效地了解下属和团队的动态，并可以及时做出反应、解决潜在问题。

非考核绩效模式破解"倦怠困境"的关键在于消除下属在工作过程中产生的五种负面感受：无意义感、不自主感、不胜任感、无归属感和不公平感。这五种负面感受是员工消极倦怠的根源，该模式既能预防倦怠问题，又能在倦怠问题产生后通过"开展工作对话""削减低价值工作"和"解决历史旧怨"等方式来消解这些问题。

该模式破解"信服力困境"的关键在于将事实和员工能力水平作为决策依据。比如，将员工的"薪档"和其能力水平挂钩，薪随能涨；依据员工能力和岗位要求的匹配度调整员工岗位；将员工行为及其影响，而不是考核结果，作为辞退理由。另外，该模式通过建立公开、公平、公正的程序，让员工参与决策等方式来保证决策过程的信服力。

该模式实现团队工作水平持续提升的关键在于三点：①把团队持续改进作为团队的重点工作和管理者的主要责任，以保障这一议题被持续地关注和推动；②将团队工作评价结果作为改进方案输入，以保证符合相关方的诉求；③使用群策群力、员工参与等方法来保证改进方案被执行者充分理解、接受和执行。

该模式实现下属能力提升的关键在于两点：①将下属放入"熔炉"（颠覆以往认知的状态）中，激发其对工作的自我反思，促使其产生学习的意愿，明确提升的方向；②给予下属辅导和支持，帮助其完善对工作的基本认知（如做什么、为什么做、怎么做、这么做的优势等），直至促成其世界观和方法论的升华。

与其他模式不同的是，各个团队（包括子公司、部门）在实施该模式时有高度的自主性，对于团队之外的资源、组织、系统依赖甚少，无论你是一个部门经理、车间主任、项目经理还是班组长，都可以在自己的团队内建立这种新模式，而且不会受到外部的制约和干扰，或因缺少外部支持而力不从心。

在这种新绩效模式下，你的团队就是主场。以往谈到绩效管理的时候，我们会第一时间想到人力资源部、考核部等，传统的绩效考核通常由他们来组织开展。但在新绩效模式下，你才是主角，是灵魂，是绩效体系的规划者和主导者，而其他部门都是配角。

新绩效模式使用了现代的管理工具、方法和技术，比如群策群力技术、汇报信息表、持续改进会议等。新绩效模式本质上是管理新思想的产物，因此能和最新的管理理念、管理工具、管理方法、管理技术有较好的兼容性。

新绩效模式对企业来讲同样意义重大。企业不用再费心去构建一个覆盖所有单位、解决所有问题的整体系统，不用再要求下属各单位使用相同的策略、方法和工具，而是要求它们灵活地、因地制宜地制定适合自己的子绩效体系。

总之，非考核绩效模式可以在企业的任何一个层级、任何一个团队中实施，不同团队的绩效方案都自成一体，相互独立，不存在相互干涉和打扰。另外，它还可以通过选择适用的绩效模块、工具、方法和技术实现绩效方案的定制化和本土化。

四、商业快餐文化

商业快餐文化已成为管理者自我提升的绊脚石。

绩效管理理论和实践领域的一个奇特之处在于，很多听起来"合情合理"的观点恰恰是错误的，这些错误的观念会让人们失去判断力。

很多错误观点来源于流行的商业快餐文化。这些快餐文化本质上都是伪科学，它把平庸的经验主义观点包装成神秘莫测的"妙语箴言"或循循善诱的"管理真经"，通过把复杂的问题简单化、直观化，让受众自我感觉良好，从而提升其接受度和传播性。畅销书、大师讲座、各类培训是其常见的传播途径。

一名管理者如果没有成为专业著作和文献的读者，就会成为商业快餐文化的俘虏，并因此失去良好的判断力，而良好的判断力是卓越管理者的核心素质。

商业快餐文化的盛行和我们的浮躁密切相关。我们总是期待快速成功，期待一招解决问题，期待吃现成饭，讨厌复杂，不愿思考。商业快餐文化正是抓住了我们这样的心理，贩卖焦虑，夸大其词，不负责任地承诺，从而轻易地将我们拉入陷阱。

商业快餐文化的盛行也反映了研究与实践的隔阂。说起来，绩效是管理研究最早涉及的领域之一，从一百年前泰勒的科学管理实验开始，中间经过道格拉斯·麦格雷戈、彼得·德鲁克等一众专家学者的努力，可以说，当前关于绩效实证的研究成果已相当丰富。但问题是，这些研究成果零零散散，分散于不同时代、不同主题的著作中，而且雪上加霜的是，研究者们好像并不关心其成果的应用，企业的经理们要么找不到这些研究成果，要么看不懂，要么不会用。长此以往，这些研究成果要么被埋在旧纸堆中，要么被误用、错用。

在中国，理论界和企业界的脱离情况更加严重。很多企业家因擅长抓外部机遇而成功，这助长了企业的机会主义心态，也影响了企业的管理，使得经验主义、点子主义盛行，企业更看重短平快，看重眼前好处，忽略长期利益，厌恶复杂性和系统性。于是，一个个"管理大师"横空出世，各种"绝招"层出不穷，而那些绩效管理方面的真知灼见反而被束之高阁，无人问津。

五、绩效管理咨询

建立能良好运转的绩效模式是一件复杂和专业的事情，仅凭团队自己的经验很难成功，完全照搬他人的做法也行不通。管理者认识到这一点时，往往会聘请管理咨询机构来协助，因为"专业的事情要由专业的人来干"。

然而，管理咨询机构也并非一片净土，部分管理咨询机构成为商业快餐文化的传播者，还有部分管理咨询机构成为错误绩效模式的代言者、推广者和受益者。从长期来看，这些咨询机构损害了咨询行业的根基。

我要对那些坚持客户价值、坚持真理、不向商业快餐文化低头的咨询机构表示敬意，因为，我知道坚持正确做法的代价有多大，他们需要付出大量的时间和精力用于研究、开发方案和客户教育，还要时刻面对客户的质疑："其他咨询公司告诉我这很好解决，你为什么弄得那么复杂？"

好的绩效方案往往需要投入巨大的精力来获得客户的理解和支持。未来的绩效咨询机构需要经历从"内容专家"到"过程专家"的转变。所谓"内容专家"，就是能给出正确方案的人；所谓"过程专家"，就是能引导客户生成正确方案的人。在绩效咨询中，咨询机构仅仅给出方案是远远不够的，还要让方案能被大家理解和认同。生成一个好方案不容易，能让员工真心地接受更难，这是一个挑战。

以往我们把绩效咨询作为人力资源管理咨询的一部分，但我认为，绩效咨询是超脱人力资源的独立的咨询业务，将会成为管理咨询业的核心，为客户创造巨大的管理效益。

六、新希望

2012年的风潮给绩效管理带来了新的希望。经理们认知的转变是绩效模式变革的关键，他们开始重新审视绩效管理存在的问题，不再自欺欺人，不再轻易相信那些夸夸其谈的大师。质疑过后，是反思；反思之后，是改变；改变之后，是新生。

人力资源部门也会获得新生。以往绩效考核做得不好的时候，他们会成为背锅侠。而以后，各级管理者将认识到，绩效管理首先是自己的责任，人力资源部门只是辅助而已。人力资源部门甩掉黑锅，轻装上阵，从实施者摇身一变成为绩效变革的推动者和引领者，其作用不可同日而语。

作为绩效咨询师，我多年来一直帮助客户提升绩效管理水平，并从中收获了意义、充实和幸福。我深深地知道，一套不靠谱的绩效方案会给员工们带来多大的伤害，会给经理们带来多大的困扰。怎样能更好地帮助管理者？我不断思考这个问题，并开始写书，希望本书能解答你们心中的困惑，也希望你们能在书中看到我的诚意和期待。

目 录

第一章　绩效考核之殇 …………………………………… 1
  第一节　抱怨声声声入耳 …………………………………… 1
  第二节　七伤拳拳拳惊心 …………………………………… 3

第二章　错误"药方"的背后 …………………………… 28
  第一节　"病症"和"迷信" ……………………………… 28
  第二节　三大管理困境 …………………………………… 29
  第三节　三大认知误区 …………………………………… 32
  第四节　被考核者的期待 ………………………………… 37
  第五节　考核支撑理论批判 ……………………………… 39

第三章　经典理论与最新实践 ………………………… 47
  第一节　被实践证实的经典理论 ………………………… 47
  第二节　理论指导下的最新实践 ………………………… 58

第四章　非考核绩效体系概述 ………………………… 68
  第一节　新模式的常规问题 ……………………………… 68
  第二节　新模式的六大主题 ……………………………… 75
  第三节　非考核绩效体系概述 …………………………… 82
  第四节　实施新绩效体系变革 …………………………… 94

第五章　个人工作信息监控 …………………………… 105
  第一节　工作信息监控的重要性 ………………………… 105
  第二节　通过规划提升监控效率 ………………………… 110
  第三节　下属工作反馈与绩效开发 ……………………… 128

第六章　团队工作监控与评价 …… 134
第一节　目标管理的拨乱反正 …… 134
第二节　工作评价的五个问题 …… 141
第三节　团队监控与监控指标 …… 152
第四节　监控指标的开发设计 …… 161
第五节　团队工作监控的实施 …… 174

第七章　促进团队持续改进 …… 180
第一节　持续改进是个好主意 …… 180
第二节　改进方案的产生过程 …… 183
第三节　改进方案的执行过程 …… 192

第八章　破解下属倦怠困境 …… 197
第一节　导致倦怠的五种感受 …… 197
第二节　员工倦怠的预防机制 …… 200
第三节　破解倦怠的三个动作 …… 206

第九章　提升下属工作能力 …… 214
第一节　能力提升的瓶颈 …… 214
第二节　做好"反馈中转站" …… 218
第三节　督促下属进行反思 …… 220
第四节　辅导和支持下属 …… 223

第十章　调薪、解聘与人才选拔 …… 227
第一节　提升人事决策的信服力 …… 227
第二节　让薪酬决策更公平 …… 230
第三节　下属不胜任怎么办 …… 238
第四节　晋升与人才选拔 …… 242

后　记 …… 245

第一章　绩效考核之殇

"在许多问题上我的说法跟前人大不相同，但是我的知识得归功于他们，也得归功于那些最先为这门学说开辟道路的人。"

——哥白尼

"我们宣布讲究实绩、注重实效，却往往奖励了那些专会做表面文章、投机取巧的人。"

——米契尔·拉伯福

想要建设新世界，先要打碎旧世界；想要建立新模式，先要摒弃旧模式。经理们只有弄清楚绩效考核的问题出在哪里，才会有坚定的行动。在认知的过程中，要先观察，再思考，再观察，再思考，循环往复，认知就会越来越深刻、越来越清晰。最后，需要你自己对绩效考核作出判决，是继续还是放弃。

第一节　抱怨声声声入耳

绩效考核一直都是经理们管控下属及团队的手段。现在，是时候放弃它了！

作为一名管理顾问，我服务过各式各样的企业，见到过各式各样的考核方式，这些考核方式大多有一个共同点，就是让人痛苦不堪。不仅被考核的人痛苦，考核者也痛苦。被考核者会把绩效考核看成上级用来"对付"他们的手段，内心是排斥的；考核者承受着上级施压和下属抵抗的双面重压，同样痛苦不堪。

一、被考核者的抱怨

"考核就是抓把柄,做得越多,错得越多,把柄越多。不管之前做了多少事,做出了多少贡献,只要做错一件,就等于把之前的功劳都抹杀了。"

"考核的结果就是大家尽量少做事,能不做就不做,做就可能会错,不做才不会错。"

"我们部门承担的工作难度大,复杂系数高,工作环境不稳定,考核的时候反倒经常排在其他部门后面。"

"当前的绩效考核破坏了团队的凝聚力,把同事变成了竞争对手,我表现得好,相当于他表现得不好,当我请他帮忙时,他为什么要真心帮我呢?"

"由于搞考核,现在很多人的想法都变了,如果这个工作能帮他提高绩效分数,他就抢着干;但如果对绩效分数没帮助,就算对公司有好处的工作也没人愿意干。"

"现在每个人都小心翼翼,避免犯错误,因为犯了错误就要受罚。大家不愿意冒险,不愿意做主,以免承担责任。无论多么鸡毛蒜皮的事都要请示主管,这个我要请示,那个我得汇报,能推就推,能不做就不做,想做点事真的太难了。"

二、考核者的抱怨

"每次考核对我来说都是一次煎熬。"

"每次考核结束,总有人找我问,为什么这个月的分数比上个月低,这个分怎么来的?我没法回答,你说怎么回答他呢?"

"我最头疼的就是下面的员工跑到领导那里去告状,每个人只考虑自己的立场,就会认为评分不公平。"

"和绩效差的人面谈真不容易,无论你怎么解释他都不理解,最终都是不欢而散。"

"我们在绩效考核上投入了大量的精力,但没达到预期效果,不搞不行，搞又搞不好，大家都挺痛苦，没有一点幸福感。"

"绩效考核有点走过场，没起到什么作用。"

"绩效考核要改革，我觉得它不够客观、公平，激励作用不明显。"

第二节　七伤拳拳拳惊心

"七伤拳"也是自伤拳，打出一拳，先伤自身。

绩效考核是一种自我伤害，我把这种伤害归结为七个方面，分别是：①伤下属积极性；②伤下属创造力；③伤上下级之间的信任关系；④伤下属之间的协作关系；⑤伤团队文化；⑥伤人事决策的信服力；⑦增加了员工负担。

一、伤下属积极性

（一）积极主动与被动服从

绩效考核没有提升反而伤害了下属的积极性，这听起来有点匪夷所思，让人难以相信。

事实上，大家通常都有过这样的经验：一项不受重视的工作，当被列入考核项以后，往往会被更加重视，得到更多的资源。这难道不是员工积极主动性提升的证据吗？这难道不是绩效考核的功劳吗？

没错，员工确实会在考核的压力下投入更多的时间和精力，但这不代表他在做事时会更加积极主动。事实上，我认为这属于被动服从，不是真正的积极主动。

被动服从有时会被误认为积极主动，尤其是在压力被内化以后。一个奴隶被皮鞭驱赶着去做工很容易会被看作被动服从，而当皮鞭收起，奴隶却依然被内心的恐惧驱使时，别人已经难以分辨他是被动服从还是积极主动了，因为看起来都像是自愿的行为。

但员工自己能够分辨，因为在被动服从时，他的大脑神经处于抑制状态，精神会紧张焦虑；而在积极主动时，他的大脑神经处于活跃状态，心情也会变得激动兴奋。

在被动服从时，员工表现会变差，比如：思考力和判断力下降；倾向于机械地执行上级指令；经常忘记（是真的忘记，不是找借口）公司的规定和上级的要求；犯更多的错误；更多地请示上级，给别人造成干扰；在承接任务时相互推诿扯皮；当工作出错时倾向于推脱责任，等等。

有证据表明，如果员工长期处于被动服从的压力之下，那么员工的身心健康将会受到损害。

反之，当员工处于积极主动的状态时，其表现会变好，比如：会更深刻地理解、真心地认可自己的工作；"不待扬鞭自奋蹄"，对自己的工作充满热情；遇到困难时会开动脑筋思考应对方案；敢于并愿意对工作后果负责。

总之，相比于被动服从，积极主动的员工能更好地解决问题，更出色地完成任务。

（二）消极倦怠与被动服从

也许你会说："好吧，我承认被动服从比积极主动差，但总比消极倦怠要好一些吧！如果下属不服从指令、拖延应付、推诿扯皮，绩效考核即便不能让他们积极主动，但能让他们被动服从，改变行为，也不算是一件坏事呀！"

以上说法的错误之处在于，"被动服从"恰恰是消极倦怠的前因，用考核来解决员工倦怠问题就好比抱薪救火，只会陷入恶性循环。下面我举两个例子来说明这一点。

我曾到一家制造业企业调研，该企业实行严格的绩效考核，然而，我们看到的却是员工严重缺失责任心。举例来说，机床操作工去吃午饭时会放任机床空转，任由机器磨损，只因停机再开机的过程需要花费几十秒时间。再比如，某些班组长明明清楚只要做个小的改进就能节约不少成本，只因嫌申请流程麻烦而对应采取的改进视而不见。

我曾为一家旅游公司做过咨询,这家公司对业务人员进行严格考核,并用销售提成和绩效工资来激励他们。结果呢?老业务人员用尽全力死守已有的客户不放,新业务人员又没能力做新客户开发;公司的销售收入和利润长期停滞不前;公司同事之间冲突不断,士气低落;员工流动率很高,常有被竞争对手挖走的情况。后来,公司取消了销售提成和绩效工资政策,以上问题才逐步得到缓解。

以上的例子可以说明,恰恰是绩效考核造成了员工消极倦怠,绩效考核让员工站到了公司的对立面。

(三)错误的"强化理论"

为什么我们的"以为"和实际会产生如此大的偏差呢?其原因很大程度在于所谓的"强化理论",即"奖励和惩罚能改变人们的行为",这种认知源于人们的简单常识,后来被行为主义者发扬光大,归纳出一套"强化理论"。

强化理论认为,人的行为是对其所获刺激的强化。如果一种刺激对它有利,则这种行为就会重复出现;若对它不利,则这种行为就会减弱直至消失。举例如下:如果一只老鼠每按压一次杠杆就能得到一块饼干,那么这只老鼠在一段时间内会多次按压杠杆;这时给杠杆通电,老鼠每按压一次杠杆就会被电击一次,很快老鼠按压杠杆的频率降了下来;再给杠杆断电,老鼠按压杠杆的频率又升了上来。

注意,强化理论的实验对象是动物,我相信它对动物的结论是正确的。但问题是行为主义者不满足于此,他们要更进一步,宣称强化理论对人也适用。把强化理论用在人身上的结果就是"胡萝卜加大棒",也就是后来的绩效考核理论。

马戏团会培训动物表演,猴子骑车,狗钻火圈,鹦鹉学说话,这个过程确实在用类似人类绩效考核的手段。这些动物做对一个动作,就会得到一粒狗粮或一条小鱼;没做对或不服从时,它们就不会得到奖赏,甚至挨饿或遭到鞭打。检查动物的动作是否正确就像是在进行"绩效考核",而奖励和鞭打就像是对考核结果的应用。这些动物的确在这些手段下学到了本来只有人类才会的动作。

先考核,再根据考核结果给予奖励或惩罚,从而改变员工的行为,这就是行为主义者给管理者支的招,而且它的"效果"已经在狗、鹦鹉和猴子身上得到了证明。

我必须承认,要想驳斥强化理论并不是一件容易的事,要命的是,这套强化理论不仅符合人们的生活经验,还能圆满自洽,所以非常难以辩驳。但这恰恰是导致人们认知错位的关键之处,必须充分证明其错误,我将把这项工作放在第二章完成。

(四) 员工积极性来自何处

回想一下,是什么,让我们在下班以后继续在公司愉快地加班;又是什么,让我们对一份报告来回斟酌、反复修改、精益求精。你的动力是什么?是为了在上级面前表现吗?是为了年底涨工资吗?还是为了下个月多拿点奖金?

我们当然不会反对多拿奖金,但是,真正让我们废寝忘食的不是奖金,是意义感、自主感、成就感、公平感、归属感和兴趣,是它们驱动了我们。当我们认为某项工作有意义、某份报告有价值、某个任务很重要时,我们的工作让我们感觉到了自己的价值,我们就产生了意义感。当我们投身到这种意义中,发现自己具有高度的自主权时,我们会产生一种自主感。在做事过程中,如果我们感受到适度的挑战,感受到成长和进步,那我们就有了成就感。当意义感、自主感和成就感混合在一起时,兴趣就会油然而生。

顺便提一下,在心理健康程度方面,普通员工远比管理人员差,其中最关键的原因就是普通员工比管理人员更少感受到工作的价值,更少拥有工作自主权。从这一点上讲,取消考核,减少控制性,对下属的心理健康也是有好处的。

当前,中国众多的企业热衷于搞年度评优,评一堆"优秀员工""先进工作者"之类的称号,能得到这些荣誉的人毕竟是少数。想一下，那些没被评优的员工是什么感受？对了，是刺激！搞公开表彰大会，更是公开的刺激，搞得越热烈、越盛大，刺激就越强。有些企业甚至把优秀员工的照片贴到宣传栏里，挂到公司墙上，制成标牌放到路边，这是要对其他人长期刺激的节奏啊，还怕人家忘了被刺激的感觉，要时时刻刻提醒他。你认为这些被刺激的人是会反省自身，更加积极主动地投身于工作呢，还是会心怀不满，更加消极被动呢？

（五）考核如何伤害积极性

绩效考核消解了工作本身带来的意义感，因为员工的目的不再是工作，而是获得奖励，而工作成了获得奖励的手段；绩效考核的本质是威胁和贿赂，它剥夺了下属在工作中的自主性；绩效考核让工作失去了乐趣，降低了员工的成就感。总之，绩效考核不能造就积极主动、责任心强的下属，而是相反地造就和维护了一批缺少奉献精神、缺少挑战勇气、缺少创新意识的平庸、保守、混日子的下属。

另外，考核还会激发不公平感，进一步打击员工的积极性。想象一下，你是一名有上进心的员工，这个季度你努力工作，一心一意想把工作做好，但最后的考核结果不是你以为的"优秀"，而是"一般"。你可能完全接受不了这样的结果，你感到不公平，你想不通自己为什么这么差，你痛苦、委屈、迷茫。接下来的一个月里，你都像一只泄了气的皮球。当然，你是一个好员工，你不会去报复，不会去搞破坏，你只是对自己的工作消极懈怠了一点，对他人的工作热情冷嘲热讽了几句，对同事的求助不耐烦了一点而已。

我曾问一些企业家是否认可"严格考核会让下属更努力"的观点，结果发现很少有人认可这一点，他们中大部分人的看法是：总体来看，考核并没有让下属更积极。

有很多专业研究表达了同样的看法：索尼的一位前高管揭露了绩效考核如何通过激发员工"赚钱或升职"的外在动机，一点点磨灭了索尼创新和自主的热情，并将它一步步送往衰败的深渊。美国 *CFO* 杂志曾刊登《绩效薪酬之谜》一文，该文章指出，杜邦公司的考核奖励制度是导致其员工士气日渐低落的部分原因。一位英国的研究人员对3家企业的1000多名员工进行了访谈调研，并最终得出以下结论：总体上，在所有被调研的企业中，无论是表现突出的员工，还是表现一般的员工，绩效考核都对他们的积极性产生了负面影响，即使对那些考核成绩名列前茅的人，也几乎没起到提高积极性的作用。

二、伤下属创造力

（一）员工的创造力是企业的核心能力

当今时代，企业的生存和发展面临不同以往的挑战，企业要适应千变万化的环境，要开拓难以预测的市场，要面对突如其来的危机，要解决层出不穷的问题，要启动高度不确定的内部变革，这些都有赖于企业的创新能力，而企业的创新能力又取决于员工的创造力。可以说，员工的创造力是企业的核心能力，是企业生存与发展的关键。

绩效考核会伤害员工的创造力，这一点我们能直观地感受到。比如，条件相似的两个学生，一个在兴趣的驱动下学习，另一个在考试的压力下学习，前者在知识的获取和应用方面往往能表现出更强的创造力。

为什么绩效考核会伤害员工的创造力呢？我认为可以从以下几个方面来解释：①考核压制了员工的探索精神，让他们更少关注考核以外的事，导致员工更少地探索和尝试；②消极评价造成了员工的坏心情，抑制了员工的创造力；③考核削弱了员工工作的内在动机。

（二）考核压制了探索精神

压力会缩小人们的关注范围，同理，绩效考核让被考核者的注意力聚焦在那些与考核相关的活动上，而使他们忽视了那些延展性的活动。

下面我将介绍一个实验，它能很好地体现考核对人的探索精神的影响。把一群测试者随机分成两组，给每人都发一叠卡片，每张卡片上都印有一个字，字不同卡片的颜色也不同。第一组被告知，他们的任务是记住卡片上所有的字，后面会对每个人的完成情况进行考核检查，并为完成任务的人发放奖品；第二组被告知，他们需要记住卡片上所有的字，完成后举手，但不会有人检查他们是否真的记住。然而，这个实验真正要测试的内容是，当测试者记住卡片上的字后，让他们回忆每个字对应的卡片颜色是什么。研究显示，第一组的测试者远没有第二组做得好。

以上道理同样适用于工作场合：当人们做事是受考核压力驱动时，他们就会只做有助于考核的事，他们不仅不会去关注任务的次要特点，而且在完成任务的过程中也不愿意去探索新路径，不愿意去尝试。他们会尽量规避风险，尽量使用熟悉的、风险小的、稳妥的方法去做事。他们关注的是如何应付考核，而不是寻求突破和创新。

（三）消极评价→坏心情→创造力下降

为了更深入地了解绩效考核和创新的关系，哈佛商学院教授阿马比尔等人对3个行业中的7家公司的26个项目团队共计238人，进行了长达6年、多达12000份工作日志的系统分析。结果发现，绩效考核的严厉程度与员工创新水平呈负相关，绩效考核越严厉，员工的创新水平越低。阿马比尔解释道：很明显，考核评价包括看似不重要的非正式评论，会在组织中激发消极情绪，而愤怒、害怕、悲伤的心情则会抑制员工的创造力。阿马比尔认为绩效考核和员工创造力的关系是：消极的评价造成了员工的坏心情，而坏心情抑制了员工的创造力。

（四）考核削弱了内在动机

动机理论认为，动机是驱使人们从事各种活动的内部原因，可分为外在动机和内在动机。外在动机指的是个人在外界的要求或压力的作用下所产生的动机，如荣誉、奖励、威胁、命令等；内在动机则是指由个人的内在需要所引起的动机，如工作乐趣、成就感、归属感等。

内在动机有利于激发个人的创造性，受内在动机驱动的人，其创造力水平要高于受外在动机驱动的人。诺贝尔奖获得者肖洛曾说过，对于创造性的工作来说，真正能激励人们的是工作本身很有趣，包括它的令人兴奋和充满挑战的特征。

内在动机更能激发员工的创造力的原因大致可以从以下几个方面来说明：①受内在动机驱动的人更愿意去深入了解要做的事，他们会更多地去了解为什么做、做什么、怎么做；而受外在动机驱动的人往往不愿意花太多时间问询和思考，更愿意根据以前的经验和上级的指示做事。②受内在动机驱动的人更关注工作质量和工作效益；受外在动机驱动的人更关注工作数量和满足考核要求，且往往会为了数量牺牲质量。③受内在动机驱动的人更有毅力和恒心，他们会在工作上坚持更长的时间；反观受外在动机驱动的人，一旦外部激励消失，他们的努力程度会立刻减退。④受内在动机驱动的人更有挑战精神，他们更愿意选择有挑战性的任务；而受外在动机驱动的人更倾向于选择容易的任务。⑤内在动机能维护人的身心健康；受外在动机驱动的人更容易焦虑，身心健康更容易受到损害。

那么能否通过激励措施来提升员工的内在动机呢？遗憾的是，人们发现增强员工外在动机的措施，如绩效考核、监督、与同事竞争、命令、承诺奖励，非但不会提升反而会削弱其内在动机。

为什么会这样？这是因为外在动机和内在动机存在互斥。一个人对某项工作感兴趣，说明其具有内在动机，这时如果直接进行外部激励（如高绩效分数或奖金），那么他原有的兴趣和内在动机会因此而降低，直至消失。

（五）"只用其手，不用其脑"是浪费

绩效考核确实能提升员工的外在动机。举例说明，某电子制造

企业研发部的员工小李表现比较积极,经常会提出一些关于新产品的想法,或者一些关于改进当前工作的建议。但如果持续观察就会发现,小李只在部门经理在场的情况下才提出这些看法。我们可以判断,他提出这些看法的动机其实是让部门经理看到自己的贡献,从而在考核时能给予更高的评价。通过更深入的了解,我们发现小李做的很多事都是为了获得认可或回报,这就是典型的绩效考核激发的外在动机。

于是有人提出,绩效考核适用于那些内在动机弱或者不需要太多创造力的岗位,比如普通计件工人、流水线工人等,他们的工作是简单的、单调的、乏味的。对于这些工作,谈不上什么创造力,或者即使削弱了员工的创造力,对工作也没太大影响。

以上观点,听起来有道理,毕竟当我们谈到创造力时,脑子里出现的形象往往是管理者、技术人员、研发工程师等,他们的工作过程复杂,技能要求高,有挑战性。然而,彼得·德鲁克在50年前就已经辩明了这种观点是错误的。他在《管理的实践》中写道:"人的特质在于具有协调、整合、判断和想象的能力;而在其他方面,无论是在体力、手艺或感知能力上,机器都胜过人力。"然后,他继续写道:"工作的设计与安排应该符合人的这种特质。"

换句话说,天下没有不需要创造力的工作,如果有,就是你的工作设计出现了问题,你应该考虑是否重新构建工作内容,优化那些岗位的职责和要求,让其更有挑战性、完整性和多样性,或者干脆把那些枯燥乏味的事情交给机器来干,而不是把你的下属当成机器。

我突然想到,在现在这个所谓的人工智能时代,我们把"中国制造"升级为"中国创造",好像正是在应验德鲁克的预言呀!

德鲁克还说,向下属提出一堆任务,要其听命行事,这种做法的根本错误在于,你向下属要求的东西不是太多,而是太少。他认为,上级对下属真正的要求有两条:第一条,应该积极主动,以团队目标为方向去创造性地工作;第二条,必须愿意持续改进他们的工作方式、习惯和群体关系。

总之，如果管理者只要下属的劳动力，不要其创造力，这叫买椟还珠，是巨大的浪费。

三、伤上下级之间的信任关系

（一）上下级相互信任至关重要

良好的上下级关系的基础是什么？我认为，是信任。

作为管理者，如果你能充分地信任自己的下属，并让其察觉到这种信任，这对他来说是一种巨大的激励：第一，下属会产生心理上的安全感，更有自信去大胆且独立地工作；第二，下属会对团队产生归属感和认同感，自觉地与同事们保持一致，维护团队的利益；第三，下属会产生责任感，增强克服困难的勇气和力量。

下属如果不被上级信任，会失去安全感、归属感、认同感和责任感，于是开始提心吊胆，得过且过。这既不利于营造和谐的工作环境，又不利于激发下属的才能，而且会让上级顾虑重重，事事不放心。

上级对下属的信任，体现为上级在下属的能力范围内给予他足够的工作自主权；体现为上级努力为下属搭建事业舞台，创造成功机会；体现为上级给予下属需要的技能辅导、工作信息和资源。单向命令、控制、强制往往体现出上级对下属的不信任。心理学家发现，当上级的工作包括给下属进行绩效评估时，他们往往会给下属更少的信息反馈，并在管理方式上采取更严格的控制。

同样，研究表明，下属对上级的信任也非常重要，是上级发挥领导力的前提。下属越信任自己的上级，上级就越能影响下属，改变下属；下属就愿意奉献更多的时间、精力、经验、知识、创造力和支持；在企业或部门处于危机时，下属也越能体现责任担当和患难精神，而非落井下石。而当下属不信任上级时，其行为会出现短期化倾向——更多的消极怠工，工作拖延，要求短期回报，准备后路，吃里扒外等。

（二）下属不信任考核自己的上级

遗憾的是，绩效考核破坏了上级和下属之间的信任。信任关系建立在双方真诚相待和坦诚沟通的基础之上，欺瞒、掩饰、心口不一、言不由衷，无法建立真正的信任，反而不断地消耗信任的能量。绩效考核就是这样一个消耗信任能量的无底洞。

绩效考核让下属无法对上级坦诚。想象你是一个工作了六七年的老员工，上有老、下有小，虽然你对这份工作没有太大期望，但它毕竟让你能养家糊口，你当然不想随便放弃它。现在你发现，你能否继续待在这个岗位上，可能和你的上级对你的评价相关，而过几天就要进行年度考核了，你认为你会怎么做？第一种，认真挖掘自身的不足，坦诚向上级汇报，并请求得到指导；第二种，努力粉饰你的工作，为你的失误和过错寻找合理借口，琢磨如何悄无声息地放大自己的成绩，并着手收集证据。

除非你是圣人，否则我想你肯定想让自己看起来像一块熠熠发光的金子，而非一无是处的砖头。即使是圣人，想到自己上有老、下有小，还要依靠这份工作养家糊口时，恐怕也不会对绩效考核等闲视之。

感受一下自己的内心，当上级能决定你的绩效分数时，你和上级沟通是一种什么感觉呢？你会感觉这个过程像是在战斗，你要"赢得"考核，就需要消灭各路"敌人"。你会不断地分析和判断上级的每句话对你来说是有利还是不利，一旦你感受到了威胁，大脑会立刻进入心理防御状态，并自发采用"攻击或逃避"的策略。有时你使用"攻击"的策略，"您的评价很客观，我完全接受，但有一点，可能您有一些误会……""您这样说对我不公平，您也看到了……"。当你害怕惹恼对方时，可能会使用"逃避"策略，"您是领导，说什么我都同意""我不想为自己申辩"，或者干脆一声不吭。无论如何，你都没有心情去充分思考和讨论自己的"不足之处"，没心情讨论如何提升自己，没心情去虚心听取意见，你的关注焦点是如何让自己看起来更优秀。

具体来说，考核从三个方面影响下属对你的信任：①下属和你变成了博弈关系。下属夸大自己的成绩、努力程度和外部困难，让自己听起来像一头时运不济但默默奉献的老黄牛，但你却要使劲挤出他话里的水分，想把他打回原形，你们的每一次分歧都加剧了你们之间的紧张局势。②下属与你沟通的首要目标不是和你坦诚对话。他首先会把和你的沟通当成一次促销，他把自己看成一件商品，把你看成客户，希望你能看到他的优点，认识到他的不可替代性，并愿意为他花高价（给予高的评价）。一旦你对他提出质疑或不满，他又立刻把沟通当成了辩论，要么避实就虚，要么证明自己被冤枉了，表明这样评价他是不客观、不公平的。总之，他肯定不会坦诚地在你面前承认真正的缺点。③当下属感觉到控制权在你手里时，感受到自己对命运的无能时，他和你的心理距离反而疏远了。所谓"伴君如伴虎""战战兢兢，如履薄冰，如临深渊"，可能说的就是这种感觉吧。

（三）上级因考核不再对下属坦诚

假如你是一位部门经理，有十几个下属。你的部门在过去一段时间里做得很好，至少自己是这么认为的，但是你们部门下年度涨薪的名额只有3个，如果只有这样也还好，关键是公司要求薪酬"能升能降"，你的部门还被分配了2个降薪的名额。如果你没有落实这2个降薪名额，你的领导很可能会认为你管理得太"宽松"，甚至"消极"对待考核工作。你感觉压力很大，但是整个部门里确实很难找到明确的"低绩效"的下属，他们每个人都积极工作，良好协作，很好地完成了你交代的任务。作为他们的上级，你是否能够坦诚地与下属对话，倾听他们工作中的困难，理解他们并给予帮助呢？

可悲的是，你不会，你可能会从一开始就采取防御姿态。为什么呢？因为你陷在困境里，尽管你想给下属奖励，但你要遵守公司的规则，你必须要拒绝。

上级对下属不再坦诚的另一个原因是，上级对考核结果无从解释。我为一家飞机制造公司改革绩效体系时发现，作为被考核者的13个厂长和34个部长的绩效分数全部集中在94~96分之间，分数已精确到0.01分。我提出疑问，一个得分94.27的部长和另一个得分94.28的厂长，他们的绩效到底差在哪里？没有人能回答上来。然而这微小的、偶然的、没人能讲出道理的差异，却产生了严重的影响，得分94.27的部长被划为C级，受到降薪处理；而得分94.28的厂长被划为B级，暂时安全。最后，那位被评为C级的部长成为绩效变革的坚决支持者。

同一个被考核者，在不同的考核时期，其考核成绩也会不一样。比如，某个下属上个月得了94分，这个月得了93分，那么是因为该下属这个月在哪些地方表现不好，导致比上个月少了一分呢，几乎没有哪个上级能清楚地回答类似问题。

（四）考核破坏上下级之间的对话氛围

在帮客户构建绩效体系时，我曾非常重视绩效面谈环节。我发现，当上级与下属面谈时，他们会习惯性地指出对方的不足，并提出改进建议，事实上，他们也非常擅长做这些。但当我提出请先谈谈对下属感到满意的行为时，他们开始磕磕巴巴、不流畅起来，他们只能谈很短的时间，简单地罗列出语焉不详的几条评价。

这是因为，在考核的压力下，人们更关注那些消极的事件，更倾向于持怀疑态度。回想一下，我们最关注的新闻往往都是负面的，各种犯罪、灾难等不好的消息，我们对这些新闻非常敏感，并且能把它们牢记很长时间。反过来，正面的、积极的事件尽管数量更多，但很难被当成新闻报道出来，即使报道了，受众也不会关注、记住它们。

同样的道理，上级领导找下属进行绩效面谈时会自然而然地去想你做错了什么，你哪里做得还不够好，而不是相反地去谈论下属哪里做得好，以及怎么去进一步发挥他的特长。有人专门做过一个调查，发现只有四分之一的上级会在与下属的谈话中讨论下属的特长。

另外，绩效考核制度强化了家长制，加大了上下级之间的不对等，并且假设上级比下属更了解自己的技能、实际工作和遇到的困难。这种荒谬的假设让双方一开始就偏离了坦诚的轨道，破坏了双方之间的信任。

那在考核完了以后双方是否就可以敞开心扉了呢？很遗憾，并不是。以奖惩为目的的考核会给双方的信任制造永久的障碍，上下级之间的对话很难实现真正的坦诚。下属不可能和一个随意评判自己的上级坦诚讨论自己的表现、感受和目标，尤其是当对方的评判会影响工资、奖金、晋升的时候。上级也不能和下属坦诚对话，因为他清楚，承认下属做得好就意味着提高了下属的期待，而这些期待是难以兑现的，他现在能做的就是通过挑错来降低下属的期待。最终的结果就是双方之间没有坦诚的对话交流。

四、伤下属之间的协作关系

（一）个人绩效依赖团队的支持

良好的同事关系应该是什么样的？我认为良好的同事关系基于协作。协作能让大家做事时心情愉快，同时，协作能提升工作质量。如果团队成员之间能共享知识、经验、稀缺资源，相互帮助，相互鼓励，那么这样的团队不但气氛融洽，而且绩效优异。

研究表明，个人的高绩效较少取决于自身，更多的是他人和组织支持的结果，换句话说，高绩效下属往往是由团队、环境造就的。曾经有一个研究调查了一些销售明星，结果发现在他们离职进入到另一个公司后，他们中的大部分人都没有重现上一个公司的高业绩。

外部支持虽然是影响团队成员绩效的重要因素，却很难与个人因素进行区分，更难以衡量。一个研发人员开发了一个畅销的新产品，很难说清市场人员提供的市场信息、IT部门提供的设计软件、质量部门提出的质量保证流程、生产部门的试制工作、上级领导的财务优先支持等因素各自发挥了多大作用，也很难说清如果其中一个环节掉了链子，这个畅销产品还能否搞得出来。

（二）个人考核助长了不良竞争

绩效考核模糊掉了外部支持的作用，把个人高绩效归功于个人的优秀能力和良好动机，把高绩效员工塑造成单打独斗式的个人主义英雄。显然，英雄身边的人越矮，则英雄本人就越高大。结果是绩效考核让大家在内部竞争的压力下，倾向于矮化身边那些对自己提供支持的人或力量。

绩效考核对团队关系的破坏性在于它在助长了竞争意识的同时，削弱了合作意识。本来你的团队成员为了同一个目标而努力，现在绩效考核却将他们分成三六九等。这个时候，帮助他人、共享资源怎么看都像是一种"缺心眼"的行为，而"精明"的做法就是，增加自身的曝光度和业绩的可见度，做好事不留名的事尽量少做。

在高度个人主义的观念下，别人表现差和自己表现好没什么太大的区别。在这种绩效文化的推动下，企业内"嫉妒和相互拆台"的氛围暗流汹涌，抱怨、奉承、诋毁、欺瞒等不良行为此起彼伏。

难以置信的是，有的企业嫌以上矛盾不够尖锐、冲突不够明显，还要使用手段来制造更强烈的竞争和对立。相信大家都听说过"末位淘汰""强制分布"这样的考核专用术语，这些做法的本质是人为制造短缺。末位淘汰是指绩效考核中成绩最差的5%或者10%的那些员工，就要下课、下岗、走人。强制分布就是每个部门不管实际情况如何，都要评出少部分的优秀员工、大部分的合格员工和极少部分的不合格员工。通用电气的韦尔奇——活力曲线的发明人和集大成者，直至去世都依然认为末位淘汰制度"可以激发员工的活力"。

这些设置数量限制、人为制造短缺的做法，具有超出想象的破坏性。当我们告诉下属，无论他们的表现有多好，最终只有一名能评上优秀员工时，实际上，我们给他们上了重要的一课："你的同事是你成功道路上的潜在障碍"。这种限制机会、加剧竞争的做法几乎抹杀了人们相互帮助的可能，它让团队成员互为对手，力争打败对方。每个人都对他人抱有戒心，怀有敌意，对考核不如自己的人是蔑视，对考核高于自己的人是嫉妒。

一方面，企业在培训时、在开会时、在一切公众场合都高呼要团队合作、要互利共赢；另一方面，企业又在坚持绩效考核、强化团队成员之间的竞争，并美其名曰"竞合"，即既竞争又合作的意思。我感觉这更像是一种精神分裂。言和行不一致，最终，言没有了说服力，行失去了根据地。

有一次，我们对一位董事长进行访谈，他谈到员工表现时说："问题的关键在于员工缺乏合作精神，各人自扫门前雪，抵制命令，抗拒合作，各部门之间也矛盾重重，你们有没有什么办法？"

我试着问道："员工为什么不愿意合作，难道他们觉得合作不好？"董事长摇头说："恰恰相反，我们奖励合作。"

说完，他给我展示了墙上的一张图，中间是一座山峰，有一条路通往山脚，每个部门都通过积分的方式来攀登山峰，而第一个攀上山峰的团队将得到一次免费旅游的奖励。

于是我明白了，董事长虽然高唱合作互助，但实际的做法是鼓励竞争，因为某些部门的胜利，意味着其他部门的失败，反之亦然。

让我们来看一下内部长期激烈竞争会造成怎样的后果。当晋升和加薪的机会有限，并和绩效考核排名直接挂钩时，没有员工会从一开始就对此漠不关心。然而，长期考核会让大多数员工走向两个极端：一端是受到一次次胜利的鼓舞，从而变得野心勃勃，成为一心向上爬的人；另一端是受到一次次失败的打击，从而变得灰心丧气，成为低头认命的人。

这两类人中的哪一类会给企业带来惊喜呢？那些失去信心、认为自己没有"赢"的机会的人不会再努力了，因为除了"赢"，他们已经没有了让自己全身心付出的理由，当相信自己不可能"赢"时，他们也就丧失了动力。也许你会说，"没关系，反正企业也不想要这些人，只要另外一些人更加努力付出就行了"。好吧，那些一心向上爬的人会让自己看起来是在努力付出，但这种努力往往体现在看得见的外在表现上，而忽视了看不见的内在质量。

（三）团队考核同样会破坏协作

现在让我们来看看另一种考核方式——团队考核。项目经理严肃地对团队成员说："刚才总经理对我说，只要我们团队考核及格，每个人都能拿到一笔项目奖金。"大家一开始满脸兴奋，但很快就阴沉了下来，因为他们意识到一件事：只要有一个人搞砸了，这笔项目奖金就会消失，其他人就要跟着倒霉。

团队考核貌似促进了团队合作，其实不然，它依然破坏合作关系。团队考核会制造特别有害的"连坐"压力，它不是在真正地鼓励成员之间的关心、理解，而是在分化他们，分而治之。中国的封建王朝曾用连坐制度来让同族之间相互监督、相互告密，这本质上还是一种操纵控制的手段，一种更隐秘的操纵控制，隐秘到可能实施者都没有意识到。"对不起，因为有人出了差错，咱们的考核没有及格，项目奖金被取消了。"这时大家会憎恨总经理吗？当然不会，他们会把怒气撒向那个倒霉的成员。

有的企业搞奖金包制度，根据整个团队的表现来决定奖励。这样，当团队绩效被扣分或得到差评时，人们会下意识地去评判哪个人应对此负责，不管是否真的应该由他来对此负责。来自同事的不信任和压力在组织中蔓延，在这种压力下，团队成员会难以包容同事的小差错，缺少耐心，不愿意交流思想和交换意见。团队考核同样加剧了竞争，阻碍了协作。

总之，处在充满利益争夺的氛围中，下属很难创造出好的工作成果。分享、合作、支持才是创造高绩效的诀窍。当然，有人会说这本就是一个残酷竞争的世界，要认识到这一点并去适应它。嗯，也许企业与企业之间的竞争依然残酷，但如果把这种系统外部的竞争性引入到组织内部，就会产生巨大的破坏力。要想创建有创造力的、反应迅速的团队，就要任用拥有多样化技能、不同背景、多元观点的下属，并让这些人形成良好的合作，愿意探索创新，所以我们需要避免绩效考核带来的有害竞争。

五、伤团队文化

（一）绩效主义文化的恶果

一个人的观念和行为只是观念和行为，而大家共有的观念和行为会成为文化。文化一旦形成，就具有了持久、顽强的生命力和潜移默化的影响力，不可等闲视之。

早在1960年，麦格雷戈就批评过绩效激励造成的恶行：员工会故意限产；暗中对同事使绊子；在记录中造假；诋毁管理者的品德；玩世不恭；对与其他部门的合作漠不关心；串通一气对抗激励政策等。

2007年，索尼前常务董事天外伺郎如此描述索尼的绩效主义文化：追求眼前利益的风气蔓延，员工轻视短期内难见效益的工作，忽视扎实细致的工作；不讲挑战精神，几乎所有人都制定低业绩目标；业务部门之间相互拆台，都想方设法为本部门捞取更多好处；上司不把部下当有感情的人看待，而是一切都看指标，用"评价的目光"审视部下；不讲团队精神，大家都极力逃避责任。

某个制造业企业的老总曾向我坦言，绩效考核在开始几个月发挥过积极作用，但随后就导致效率下降。公司的员工整天忙着计算自己的业绩，无暇考虑怎么做才会对整个公司、对客户更有益。再到后来，各个部门之间矛盾丛生，公司面临始料未及的分裂局面。

一位房地产行业的经理谈到绩效考核时说："一旦出了问题先找责任，这是在塑造找借口、明哲保身的文化。"

某公司在制定考核目标时，上下级间讨价还价蔚然成风，下属把能压低目标看成是一种本事，没人去挑战高目标，因为那是"冒傻气"。一位高管叹息："你能不能教教我们，怎么让员工'傻'一点？"

我在前面的章节中或多或少提到过以上种种行为，但当零散的行为演变为普遍的行为，并被默认可以接受，甚至成为潜规则，成为行为范式，成为亚文化时，危害就成倍地增加了。

（二）绩效主义为什么横行

绩效考核忽视了人的复杂性（把人等同于巴甫洛夫实验中的狗），违背了解决问题的正确模式（只关注病症，不看症结）。工作问题得不到根本上的解决，员工对绩效考核自发抵制，长此以往，就形成了绩效主义亚文化。

考核后面往往跟着奖惩，如果上级对下属工作满意，就会给予奖励，并希望他再接再厉；如果对下属工作不满意，就会给予惩罚，并警告他痛改前非，即所谓的"奖优罚劣"。管理者喜欢用"考核+奖惩"的手段来影响下属，并以此解决工作中的各种问题。

管理者之所以喜欢这些手段，趋之若鹜，原因之一是因为它对管理者要求甚低。尽管实施奖惩也讲技巧，但即使是最高超的奖惩技巧也很容易掌握。原因有两个：第一，实施奖惩不要求管理者了解下属的真实心理，比如他对工作的理解、他的动机、他的感受、他的应对策略等，这些都不必了解，只需要知道他想要什么和害怕什么就足够用来贿赂他或威胁他了；第二，实施奖惩不要求管理者了解问题产生的根本原因，比如项目延期是因为项目计划不合理、资源没到位还是客户提出了新要求，这些都不必了解，只需要知道项目确实延期了三天就足够了，就可以以此对下属进行惩罚了。

了解下属的真实心理需要高超的人际技能和沟通技能，了解问题产生的根本原因需要深厚的专业背景和分析能力，两者都需要付出大量的时间、精力和耐心。但对于考核者来说，以上都不需要，只需要会表演，要么慷慨激昂，要么痛心疾首就可以了。然而，考核无视人性的复杂性，无视问题产生的根本原因，完全不是问题的解决之道，而是花招、假招、虚招，所以它必然是无效的。

由于考核只针对症状，不解决病根，所以无法痊愈的病根会以各种新的症状反复出现，而各种不良文化就是这种治标不治本的手段的严重副作用之一，是员工对考核激励的消极抵抗的外在表达。

当然我的意思不是实施考核的管理者是肤浅的、麻木不仁的，实施考核的管理者当然也会关心下属，会分析问题、解决问题。但重点不在于实施考核的管理者是什么样的人，而在于这种手段本身，它分散了管理者对下属心理状态和问题产生原因的注意力，助长了不良文化在组织内的蔓延。

六、伤人事决策的信服力

尽管我已经罗列了众多绩效考核的危害，但相信依然会有读者这样说："好吧，我理解也认可这些说法，但即使有这样那样的问题，只要绩效考核结果能如实地反映每个员工的表现，那它就是有价值的，因为它能为薪酬、晋升、岗位配置这样的人事决策提供依据。"

曾有一位人力资源总监对我说，他认为理想情况下，薪酬和晋升都应严格根据考核结果来决定，拒绝人情关系，并说这才是真正的客观公平。我告诉这位总监，当考核结果没有信服力时，以此为依据所做的人事决策必然也没有信服力，难以得到员工的真心认可。

事实上，对于很多企业来讲，以绩效考核结果来决定奖金数额、是否晋升等做法，不仅没有提升这些人事决策的信服力，反而降低了其信服力。因为绩效考核不是单纯的工作评价，其过程中充满了博弈、偏见和漏洞，包括：①考核者的主观偏好；②考核过程中的"平衡"与"人情"；③可以钻的"漏洞"与"空子"；④无法衡量的外部因素；⑤目标制定过程中的讨价还价等。

（一）考核者的主观偏好

研究表明，上级的特质会极大程度地影响考核结果。上级的个人偏好、成见、背景、经历、关系亲疏、利益得失、管理风格都会影响他对下属的看法。与其说考核结果揭示了下属的真实表现，还不如说反映了上级的主观认知。

我为客户做管理咨询时就曾发现，不同的管理者，他们评分的维度、尺度都差别甚大。而且，考核双方往往使用不同的评价维度，下属往往以做事的动机来评价自己，而上级往往以做事的结果来评价他们。从这个意义上来说，不存在客观公平的考核这回事。

管理者对下属进行评价往往是在"盲人摸象"。任何一个管理者都不可能掌握下属全部的工作信息，他脑子里储存的只是一块块关于下属的支离破碎的信息片段，天知道上级储存的是下属晚上加班写报告的那个片段，还是他下午开会打瞌睡的那个片段。对了，后面这种情况的可能性更大一些，因为关注消极方面是人的天性！

想象一下，某下属自拍了十几张照片，这些照片有阳光的、帅气的，但也有邋遢的、忧愁的。下属把这些照片带到领导的办公室，拿出一张西装笔挺、面带微笑的照片问他的上级："这张最像真实的我，对吧？"他的领导犹豫了一会，拿起另一张照片，上面的下属穿着拖鞋，胡子也没刮，满脸倦容，说："我认为这张更真实。"其实，上级对下属的评价就像在一堆照片中抽照片，很大程度上凭运气。下属觉得自己一直兢兢业业，但上级印象最深的却是他上个月出的那次差错，毫无疑问，这会严重影响上级对他的评价。但事实上，他可能还得庆幸那次差错发生在上个月，而不是昨天，如果发生在昨天，上级对他的评价只会更低。

（二）考核过程中的"平衡"与"人情"

管理者在心里怎么评价一个下属是一回事，但如果把评价结果写在纸上、交给他人、存入档案，这又是另一回事了。就像某个演讲者结束演讲时听众热烈鼓掌，你听到掌声这么热烈，猜测听众对他的演讲很满意，但事实上未必是这样，观众鼓掌也可能仅仅是出于礼貌和尊重。

管理者在对下属进行正式评价时往往会搞各种平衡，他们的首要考量可不是客观准确，而是利害、和谐、士气、关系等方面。

有一个中层经理，总经理对他的工作不满意，但他每次的绩效考核分数都在中等水平。总经理解释，本来他的工作积极性就不高，考核分数低了的话他就更没积极性了，但是又不能解聘他，只好把考核分数给高点。

我在客户做调查时就曾发现，那些在面谈时对下属进行严厉批评的高层管理者，往往在评分时依然会给较高的评分。当然，也会有少数领导为了体现自己的严格要求给下属打低分，能想象得到，这些领导最终的结局是悲剧性的，有的被下属追着申诉，有的直接收到下属的转岗或离职申请。

（三）可以钻的"漏洞"与"空子"

最坏的情况是绩效考核已经成为利益博弈和办公室政治的工具，某些人通过它来打击异己、拉帮结派，严重损害了企业的整体利益，这反而让那些擅于钻营投机和明哲保身的人占了便宜。

举个例子，在一家旅游公司中，文案设计是一个关键岗位，主要职责是为旅游项目写文案。该岗位有6~7名员工，任务由主管临时委派，委派过程如下：当有新的文案任务时，主管会先了解一下哪些人有时间，然后根据文案的要求以及员工的特长，把任务安排给最"合适"的员工。考核指标主要是任务完成量和客户投诉量，不能按时完成任务的，每次按问题严重程度扣2~5分；有客户投诉的，按问题严重程度每次扣5~10分。调查发现，那些效率高、水平高的员工往往会被分配更多、更难的任务，结果是接到更多的客户投诉，被扣更多的分；那些工作效率低的员工虽然做同样的任务花费了更多的时间，但往往时间期限更宽松，难度更低，反而客户投诉少，被扣的分也少。

事实一再告诉我们，任何考核方式都有"漏洞"，就像某钢丝厂经理抱怨的那样，如果考核钢丝长度，工人就把它做细；如果考核重量，工人就把它做粗。所以，绩效考核并没有让那些扎实工作的人占便宜，反而培养和保护了那些善于"钻空子"的人。

（四）无法衡量的外部因素

我们考核一个下属的绩效时，真正想考察的是其工作表现、行为、态度和能力，然而其他外部因素也能在很大程度上影响绩效，比如设备故障、材料质量、其他人员的配合、外部宏观环境、家庭矛盾、生病甚至运气等，绩效考核是无法精确分辨和衡量这些外部影响的。因此，尽管绩效考核会得到一个精确的绩效分数，比如85.5分，精确到小数点后一位，但不代表它真的能对绩效进行准确的衡量。实际上，85.5分所包含的有意义的信息是什么，没有人能够说得清。

（五）目标制定过程中的讨价还价

如今，目标管理法被普遍应用于绩效考核，尽管这并非其发明人彼得·德鲁克的初衷。德鲁克认为，好的目标应具有挑战性。那么应该由谁来判断考核目标是否具有挑战性呢？德鲁克认为应该由实现目标的人自己来判断，所以，他将目标管理看成一种员工的自我管理。然而，把目标当成考核的标准后，下属自然不会再去追求什么有挑战性的目标，而是降低目标，以减少考核的风险。越是自我认知低、不自信的下属，越是趋于保守。

于是，保证目标的挑战性这个重担就落在了上级身上，换句话说，在制定考核目标时，上级负有提升目标值的责任。这就演变成一种讨价还价的局面，下属不断强调客观困难，努力压低目标；上级狮子大开口，等着对方来砍价。在这种情况下，一个下属考核得了高分能体现出什么呢，我想这可能能体现出这名下属有很强的讨价还价能力吧。

七、增加了员工负担

绩效考核尽管没有达到任何预期效果，却还是耗费了大量的人力成本。据一家美国调查机构统计，美国的企业管理人员每年花在绩效考核上的时间平均约为 200 小时；普通员工每年花在绩效考核上的时间约为 40 小时。美国德勤会计师事务所称，该所 2015 年花费在绩效考核上的时间约为 200 小时。

对于中国企业，当前还没有绩效考核占用时间的统计数据，而且由于各企业的考核周期、考核方式、考核要求不同，所花费的时间和精力都不相同，但根据我个人观察，每个实施绩效考核的企业都付出了不小的人力成本。

（一）组织部门的负担

负责组织绩效考核的部门，比如人力资源部或其他部门，往往花费了大量的时间构建绩效考核体系，推广贯彻绩效考核流程制度的实施，其中的艰辛，我作为一名管理咨询师感同身受。然而更痛苦的却是在考核工作真正实施之后，催收表单、监督考核、平衡分数、纠正差错、处理申诉、回答质疑，各种预想不到的麻烦接踵而来。尤其是在那些实行月度考核的企业中，组织部门更是焦头烂额。简单地说，一旦开启考核，组织考核的部门就再别想过"清闲"日子了。

（二）管理者的负担

对于管理者来说，在实施考核初期，他们能强烈地感受到一种让人着迷的权力感，但时间一长就会苦不堪言。他们要花费很多时间来考核下属，这还不算，当下属对考核结果不满意时，他们还要花时间去解释，甚至要花时间去修复因考核而产生的关系裂痕。为了减少以上麻烦，有的管理者学会了和稀泥，不再严格执行考核要求，而是开始搞"平衡"，这在别人眼里可能又会变成不认真、不负责、走过场、搞形式。

（三）被考核者的负担

同组织者和上级相比，付出最大成本的还是被考核者。绩效考核活动未必能占用被考核者多少时间,却浪费了他们大量的精力。他们可能在每开始一项工作、每完成一个任务、每一次面对上级、每做出一个决定时都会去想,这会不会影响我的考核结果,会加分还是会减分,会加多少分或减多少分。这些和工作本身无关的念头不但消耗着他们的精力,也消耗着他们的动力,让他们感到疲惫不堪。更不要说不公平(他们自己的看法,与实际的公平与否无关)的评价给他们带来的精神上的打击。到企业中调查一下就能明白,那些看重考核结果的被考核者才是最累的人,最累的不是身累,而是心累。

最后我要说的是,正是因为体会到了所有人的累,所以我才如此积极地推广新的绩效管理方法,并期待着能使管理者在管理下属时更轻松、愉悦和高效。

第二章 错误"药方"的背后

"错误同真理的关系,就像睡梦同清醒的关系一样。一个人从错误中醒来,就会以新的力量走向真理。"

——歌德

"我知道这种转变是痛苦的,但你不会崩溃;你只是陷入了与众不同的事物中,拥有了一种美丽的新能力。"

——William C. Hannan

既然绩效考核造成了巨大伤害,那么为什么众多企业仍然热衷于它?如果绩效考核是一张错误的"药方",那么需要治疗的"疾病"又是什么?现在,我们先去"诊病",弄清楚"病症",分析"病因",然后对症下药、治病祛根。

第一节 "病症"和"迷信"

读完上一章,你可能会产生一个困惑——既然绩效考核是"七伤拳",是自我伤害,为什么还有如此多的企业热衷于搞绩效考核?这是搞的哪一出?

我的回答是"病急乱投医"。我所说的"病"是指管理者在工作中遭遇的困境,不是个别管理者遇到的特殊困境,而是所有管理者遇到的普遍困境。其症状有三,我称之为"三大管理困境"(以下简称"三大困境"),分别是:"监控"困境、"倦怠"困境和"信服力"困境。

"三大困境"是管理者在管理下属和团队时通常都会遭遇的困境，尽管每个人面临的实际情况不同，困难程度也不同，但往往都会因之而困苦不堪，很容易就会把能抓住的任何东西当成救命稻草，绩效考核就这样成了治疗"三大困境"的"药方"。病情越严重，"药方"的诱惑力就越大，就像一个癌症晚期患者会花大价钱去买江湖郎中的药，一个轻感冒患者反而不会这样做。

"病急乱投医"者除了"病急"之外，往往还有另一个缺陷，那就是"迷信"。所谓"迷信"，就是对于一些错误观念，一迷糊就信了，我称之为"三大认知误区"，分别是"为绩效付薪""奖优罚劣"和"让下属分担责任"。这些错误观念脱胎于人们的朴素实践，成熟于商业快餐文化，最终成为很多管理者的信条，严重影响他们的判断力。

绩效考核这张错误的"药方"虽不能治病，还带来了额外的痛苦，却不能丢弃，否则会让管理者更加焦虑。就像痛苦不堪的患者对"得到治疗"有着深深的渴求一样，管理者对绩效考核也有着超乎寻常的依赖。有一个段子说，"人们对绩效考核的厌恶之强烈，只有一件事能与之相比，就是停止考核"，可见说服人们放弃绩效考核，任重而道远！

第二节　三大管理困境

一、"监控"困境

如果你是公司的老板，公司的员工算上你一共就 3 个人，天天在一个屋子里，低头不见抬头见，另外两个人每天说什么、想什么、干什么你都了如指掌，那么你还会定期给他们打分、填单子吗？肯定不会！干活都还来不及呢，哪有时间干那种闲事！

你的公司到了 30 人的规模，随着企业规模扩大，你和员工接触的机会也在减少。虽然你对骨干员工的工作还比较了解，但已经不可能对所有员工都非常了解。这时候，你可能偶尔会想，他们有没有尽全力工作？有没有上班开小差？有没有损公肥私？你可能会从你信任的人那里侧面打听其他员工的工作情况，但你多半依然不会搞什么绩效考核。

你的公司到了 300 人的规模，这时候，大部分的时间里你都不会和你的员工在一起，你好像在他们面前隐形了，他们也好像消失在了你的视野里，你突然恐惧地发现员工已经不在你的掌握里了，你和他们越来越"陌生"。他们每天都在干什么？是在积极工作还是消极怠工？是在为公司目标而奋斗吗？任务完成得怎么样？有没有发挥全部水平？他们看起来任何时候都很忙，是真的忙、装忙还是效率太低不得不忙？你心里发慌了，你陷入了"监控"困境。

"监控"困境实质上是因为缺少关于下属有效的信息反馈而产生的一种焦虑感。某企业老板就和我描述过这种感觉：空空的、慌慌的，感觉缺少控制力，不踏实，没自信，经常担心这担心那、怀疑这怀疑那，还总是想打听小道消息。

直接下属数量多的管理者往往会面临"监控"困境难题，这无疑给他们造成了困扰，给其工作带来了风险。企业搞绩效考核往往是由管理层推动的，动机之一就是用以破解"监控"困境难题。

二、"倦怠"困境

尽管我反对绩效考核，但有一点是毋庸置疑的，那就是员工绩效存在差异，有高低好坏之分。而且绩效高低不是一成不变的，低绩效的员工可能会变成高绩效者，高绩效的员工也可能会变成低绩效者。

许多员工在初进一家企业时往往表现得积极主动，但随着时间流逝就会逐渐失去工作热情。如不采取任何措施，对这些员工放任自流，不加管理和引导，他们不会自行变好，只能越变越坏。这就是管理者遭遇的"倦怠"困境。

我曾为一家电厂提供咨询服务，该厂的运行部有 200 余名员工，大部分是在建厂初期入职的，曾为电厂的建成投产和正常运营立下过汗马功劳。后来，这批员工都成为技术骨干，担任重要职务，但随着工龄的增加和年龄的增长，很多人的责任心却日渐淡薄，消极怠工、发牢骚、不听指挥等现象日益增多。有的迟到早退，请假不打招呼；有的对本职工作能推就推，把工作拖到下一班去做，推不掉就"磨洋工"；有的对本职工作没有了热情，上级催一次就做一点，不催就不动；上级让他怎么干就怎么干，不主动思考，出了差错也不承担责任，等等。

员工一旦失去了责任心，表现就会变差。我去一家制造企业现场调研时发现，车间工人去吃午饭了，个人机床却在空转，尽管会造成无谓的磨损，员工却懒得去按下开关；有的员工明明知道只要改变材料就能给公司带来收益，但因为嫌申请、填表这些事太麻烦，依然按照不合理的工艺生产。

当遇到"倦怠"困境时，管理者在认知误区的误导下，最容易想到的（最容易的往往也是最无效的）解决方法就是运用奖惩手段大力干预，因此，绩效考核就成了转变下属行为的一种手段。

三、"信服力"困境

一位行政经理在抽查卫生时发现个别保洁人员工作不认真，虽然卫生也能达标，但工作过程中偷懒、聊天的现象比较严重。为了"镇住"这些保洁员，让他们"心服口服"，这位经理宣布，以后除了确认卫生达标情况之外，还要检查和记录每一个保洁人员的行为，比如是否遵守工作准则，是否有玩手机、闲聊、偷懒等情况，并根据每个人的表现打分。不仅如此，他还专门设置了一个后勤检查员负责以上工作。

实际情况是，这位经理对每个保洁员都非常了解，他清楚他们每个人的表现。之所以又设检查岗、又要打分，只是想让这些保洁员认可他的决定是"客观公平"的，从而在受罚时"无话可说"。

管理者经常要做一些敏感性决策，这些决策涉及员工的切身利益，容易"得罪人"。比如，让哪些人离职，让哪些人晋升，给哪些人加薪，等等。失望的下属经常会质疑决策的客观公正性，比如，为什么给老李加薪却没给我加，为什么晋升名单里没有我，等等。所以，这些决策不仅要有科学性，而且要得到下属们的认可和接受，还需要缓解失意者的不满和抱怨，这对管理者来说是一个巨大的挑战，即管理者在做敏感性决策时遭遇了"信服力"困境。

如何提升决策的信服力呢，管理者们最容易想到的就是给决策找到"客观依据"，这样别人就不会认为自己是在"拍脑袋"（人们往往认为依靠主观判断就是拍脑袋）决定。于是，绩效考核被声称能为决策提供"客观依据"时，就对管理者产生了巨大的诱惑力。

如上一章所述，绩效考核做不到客观公平，其结论自然也无法成为其他决策的"客观依据"，无法提升决策的信服力。要破除"信服力"困境，需要遵循正确的决策方向和原则，制定规范、公开、高效的决策流程，构建参与式集体决策机制，而不是仅仅依据考核结果决策，这一点我在后面的章节会详细论述。

前面提到的"三大困境"为管理者开展绩效考核提供了强大动机，然而，仅有动机还不够。绩效考核是一条错误的道路，之所以有如此多的管理者被忽悠，或者在看到了绩效考核的一些问题后依然相信它，是因为管理者有"三大认知误区"。

第三节　三大认知误区

一、"为绩效付薪"

在谈到薪酬与绩效时，人们普遍的一个认知误区便是"为绩效付薪"。为绩效付薪的意思就是员工薪酬的多少要由绩效的高低决定，要为高绩效的员工支付高工资，为低绩效的员工支付低工资。与"为绩效付薪"意思差不多的观念包括"多劳多得""优绩优偿""薪酬与绩效挂钩"等。

我猜测，人们可能是这样演绎出"为绩效付薪"的理念的：员工的薪酬应该由员工的价值决定；员工的价值由员工的绩效决定；所以，员工的薪酬应该由员工的绩效决定。以上演绎貌似自然合理，但实际上犯了偷换概念的错误。前一个"员工的价值"的真实含义是员工作为劳动力的市场价值，后一个"员工的价值"的真实含义是员工在当前工作中创造出的价值，这两个"价值"是完全不同的概念。人们混淆了这两个概念，就容易产生绩效决定薪酬的观点。

人们接受"以绩效付薪"的理念与"等价交换"观念的影响有关。人们认为企业在人才市场招聘员工时，薪酬体现了劳动力的价格，绩效体现了劳动力的质量。我们都接受"质量越好价格越高"的交易原则，就像好苹果要比坏苹果贵一样，由此可得出绩效越高薪酬越高这个结论。然而，以上推论错在把绩效等同于劳动力的质量，能力才是劳动力的质量，绩效更像是劳动力的贡献。比方说，一个苹果再好，如果没人吃它的话，它也没有任何贡献，同理，一个员工能力再强，如果得不到合理任用，也做不出突出贡献，不是吗？

"以绩效付薪"最大的问题在于人们把"绩效"等同于"考核结果"，于是"以绩效付薪"在现实中变成了"以考核结果付薪"，这种做法致命的地方在于，它把员工的注意力引向了考核结果而非工作成果。考核结果和工作成果是完全不同的东西，工作成果是产品，是服务，是知识；考核结果是绩效分数、等级、评语。如果说工作成果是被考核者劳动的产物，是被考核者可以在某种程度上掌控的，那么考核结果就是考核者所定规则的产物，是被考核者难以掌控的。因此，被考核者极易不信任和不认同考核结果。当不被信任和认同的考核结果和薪酬挂钩后，员工会感受到强烈的不公平感，而不公平感正是薪酬方案应该尽量避免的。

正确的薪酬理念应该是"公平至上"，这里所说的"公平"要兼具外部竞争力和内部公平感。外部竞争力是指将员工与人力资源市场上从事相似工作、具备相似能力的人比较，其薪酬具有竞争力。

内部公平感是指将员工与同公司内同岗员工及相似岗位员工比较，其薪酬具有公平感。内部公平感与企业的内部文化密切相关，不同的行业、不同的企业、不同的岗位，大家关注的公平因素不一样，职务、责任、风险、工作环境、压力、工作时间、工作强度、产出数量等都可能成为影响公平感的因素。

显然，考核结果可能给员工带来强烈的不公平感。首先，它为员工提供了充足的消极解读空间。员工能从若干方面质疑考核结果的公正性，个人成见、人情关系、以偏概全、尺度差异、派系斗争、利益博弈，等等，而且这些质疑的声音难以被证伪和辩驳。其次，当考核结果与薪酬挂钩后，被考核者会对考核结果更加敏感，从而更容易产生怀疑；考核者也有了更强的潜在动机去操纵考核结果，或者说更难洗清这种嫌疑了。

我曾帮很多企业制定过薪酬方案，最终得出"薪酬无定式"的感悟，在我看来，好的薪酬方案不是一定之规，而是本土化、定制化的，应充分考虑企业的实际情况和文化特点。最后，我提供一个评判方案好坏的检验标准：最好的薪酬方案能让员工最大限度地忘记薪酬这回事，就像空调设置的最佳状态是让人忘记空调的存在。

二、"奖优罚劣"

现在，已经有越来越多的管理者认识到惩罚是有副作用的，并在尽量少地使用它，但也有人依然认可这种手段。某纤维制造集团的董事长就相信惩罚是必要的，并举例说，他曾经去某车间检查，发现一台机器机座下面的地上有油污，于是当场严厉批评了责任人，并扣罚了其1000元，结果车间里再没发生过类似的事情。

我承认，惩罚有时也能帮我们达成某些目的，比如让受罚者停止某些行为。但真正的问题是，惩罚会不会让我们捡了芝麻丢了西瓜。以上例来说，罚款之后，也许员工对那些列在检查表里的事确实更上心了，但同时可能对那些没列在检查表里的事更不上心了，甚至会认为不检查的事情不值得做，随后可能演变成只做那些要检查的事情，最后变成了做事情都是为了应付检查，这就是责任心逐步丧失的过程。其实，这个事完全可以用其他方法解决。只要我们站在员工的角度想想，之所以地面上有油污，可能是因为他不知道机座下面也是清洁点，或者是没认识到机器下面有油污的危害性（其实这一点我现在也不清楚），或者只是单纯的因忙别的事没顾得上去擦。与之相应，只要我们问一下员工为什么没擦，或者只是简单地告诉员工不擦油污的危害，制定一下要求，这个问题就基本解决了，而且没有任何副作用。

管理者更普遍的认知误区不是关于惩罚的，而是关于奖励的（这里的"奖励"是指金钱、晋升、福利待遇等外在物质奖励），很少有人会认为奖励像惩罚那样也有副作用，一般都会认为奖励比惩罚要好。我去企业做调查，当谈到公司存在的管理方面的问题时，就有人反映公司"只罚不奖"，他们的建议是应该"有奖有罚"。这种观点说明了一点，所谓"奖罚不分家"，奖励和惩罚本质上是同一种思维模式，是一个硬币的两面，经常使用奖励手段的人会经常想到惩罚手段，经常使用惩罚手段的人也会经常想到奖励手段。

很多管理者还没意识到，下属工作效率低、责任心差，既是他们大搞奖励和惩罚的理由，也是他们大搞奖励和惩罚的后果。员工绩效不佳和加大奖惩力度形成了恶性循环，用以解决问题的手段恰恰也是导致问题的原因。管理者们陷在了这个怪圈里，难以自拔。

有一项关于皮格马利翁效应的研究的过程如下：将若干企业管理人员分成两组，一组管理者被告知他们的下属不喜欢现在的工作，他们工作只是为了挣钱；另一组管理者被告知他们的下属非常热爱现在的工作，并期待在工作中更好地体现自己的价值。实际上，告知内容并非真实的调查结果，而是为实验而杜撰的，然而，两组管理者的做法却因被告知内容的不同而大相径庭。前一组的管理者几乎都对下属加大了控制力度，采用了更多的监控手段，并实施了更多的奖惩行为。结果是，他们的下属真的对工作失去了兴趣，这又反过来证明他们被告知的信息是可靠的，于是他们又进一步加大了奖惩力度。后一组的管理者因为被告知下属热爱工作，更多地采取了更温和、更民主的管理方式，积极地为下属创造更好的工作环境，并给予了下属更大的自主权。结果是，下属变得更喜欢当前的工作了。

"奖优罚劣"本质上是一种偷懒思维，不愿深入思考不同工作表现背后的原因，贪图"胡萝卜加大棒"手段的方便。孰知打开锁的是钥匙，不是蛮劲，奖励和惩罚只能让人屈从，换不回内在的责任心。真正有效的激励是内在激励，用工作带来的意义感、成就感、参与感、责任感和工作本身的趣味性、挑战性、成长性、协作性来激励下属。

三、"让下属分担责任"

所谓"管理者"，是指那些为整个集团、公司、部门、项目团队、班组等负责的人。从这个意义上来说，管理者承担的似乎是"团队责任"，与普通员工承担的"个人责任"相比，管理者的责任既多又重。于是，有些管理者希望通过绩效考核将"团队责任"分解、分派给下属，以减轻自身的责任压力。

首先，管理者的责任无法下放给下属。我认为，管理者的本质并不是地位，也不是权力，而是能为他人的工作负责。下属的表现本身就是管理者绩效的一部分，无论下属的表现是好是坏，都不只是下属自己的事。自己工作出了错，管理者要承担责任，下属工作出了错，管理者也应承担责任。从某种意义上来说，上级对下属只能授权，不能授责，因为授责意味着放弃管理者的责任。

其次，下属可以通过放弃隐性责任的方式来对抗上级的施压。下属并非不愿承担责任，而是想用"不负责任"的行为来反抗错误的管理方式和他们不喜欢的管理者。优秀的管理者会要求下属承担尽可能多的责任，这些责任有显性的，也有隐性的。显性责任包括完成考核指标任务，履行岗位职责；隐性责任包括积极主动地工作，创造性地工作，在任何时候给予同事帮助和支持，分享信息和经验，维护好与同事的关系，维护公司的整体利益，等等。管理者希望用考核来强化下属的责任，结果却是使员工不断放弃隐性责任，对团队的整体利益越来越淡漠。

最后，下放责任会导致推诿扯皮。刚参加工作时，一位培训师曾对我说："员工的责任越清晰越好。"然而，随着工作阅历的增加，对工作的理解越来越深，我发现，企业中有很多责任难以划分清楚，硬要划分责任的后果就是大家都推诿责任。我曾帮一家旅游公司改进流程，那家公司老板的管理理念就是要明确每个人的职责，出了问题严肃追责。结果是，员工把自己的工作职责减到无法再少的程度，浪费大量的时间和精力来争论某件事应该由谁来做，以及做某件事应获得什么奖励。

"让下属分担责任"的办法并不能真正地减轻上级的压力，正确的做法是全心全意地依靠下属，让下属以恰当的方式参与到管理决策和执行中，激发他们的主动性和创造性，充分发挥出团队的力量来完成任务。

第四节 被考核者的期待

在前面的章节中我描述了管理者的三大管理困境和三大认知误区，并认为它们一起推动和促成了管理者对绩效考核的狂热。接下来我们继续探讨一个相关的问题，就是被考核者有没有可能也会支持绩效考核。

虽然相关的调查结果显示，绝大多数被考核者都厌恶绩效考核，但这不代表他们对绩效考核没有期待，所以以上问题依然有讨论的必要。因为，如果被考核者确实对绩效考核有某种期待，而绩效考核又无法满足时，我们就要考虑如何在新的绩效模式中满足他们的这种期待，从而让管理者和员工都从新绩效模式中受益，实现双赢。

经过大量的访谈，我认为，如果说员工对绩效考核还有正面期待的话，主要体现为以下两项：

一、期待真实的工作反馈

哈克曼与他的同事研究发现，员工希望通过可靠渠道了解自己的努力究竟产生了什么结果，达到了什么状态，以及这样的结果是否令人满意。换句话说，员工希望及时、直接和准确地得到有关自己工作效率、工作质量、满意度等方面的反馈，这体现出下属希望把握自己工作的实际结果。

以上说法符合我们的生活体验。举个例子，如果有一个喜欢打保龄球的人，每当他抛出保龄球后，我们就用一块幕布挡在他的面前，令他无法看到击倒球瓶的情况，也不告诉他击倒了几个球瓶，我们可以想象一下，在这种情况下，打保龄球的人可能投几次之后就索然寡味，没什么兴趣玩下去了。所以，员工对绩效考核所反映的信息是有期待的。

然而，员工之所以对绩效考核失望，是因为发现考核结果更像是对"人"的评价，而非对"事"的反馈，员工很难在考核结果中获得关于具体工作情况的信息。

二、期待受到公平的对待

我们发现，尽管员工对公司的绩效考核不满意，却很少有人提出取消绩效考核，更多的是希望改进考核方式。他们的抱怨可以理解成，他们虽然认为当前的考核不准确、不客观、不公平，但也担心如果取消绩效考核，那么对于"公平"的诉求会更难以实现。

事实上，很多企业也在不断地改变他们的考核方式。只不过，每过一段时间，员工又开始抱怨，公司只能再改，循环往复。

我在前面已论证过，绩效考核无法实现真正的公平公正。但员工对于公平公正的诉求是合情合理的，需要我们在探索新的绩效模式时认真对待。

第五节　考核支撑理论批判

如果说考核是错的"药方"，那么管理者就是"病人"，也是受害者。我们真正的对手不是"病人"，而是"庸医"，因为开出这张"药方"的人是"庸医"，推广这张"药方"的人也是"庸医"。这些"庸医"就是各路的"绩效专家"和一些咨询培训机构。

这些"庸医"并非赤手空拳，他们有系统的理论支撑，而且这些理论看上去很"科学"，很有欺骗性。要想彻底地否定绩效考核，我们需要对支撑它的理论体系进行批驳，只有在其理论支撑倒掉时，绩效考核才会失去存在的根基。

一、过时的"科学管理"

说起来，最早的绩效考核理论源于泰勒的"科学管理"实践，这在当时算得上是划时代的大事件。在泰勒之前，企业主也对工人进行考核，主要采取计时或计件的方式。计时考核就是规定工作时间并按员工的实际劳动时间来计算工资，比如，公司要求员工早上8点上班，晚上5点下班，中间不能迟到和早退，如果某天因事请假了，那么通常会在发工资的时候把该日的工资扣除。计件考核就是按产出数量来计算工资，比如，一个工人一天生产了10件产品，假定其每件产品的计件工资标准是15元，其日工资就是150元。然而泰勒对以上两种考核方式都给予了批评。

泰勒批评计时工资会导致"吃大锅饭"，在这种情况下，"就算是最有进取心的工人，不久也会发现努力工作对他没有好处，最好的办法是尽量减少做工而仍能保持他的地位，这就不可避免地将大家的工作拖到中等以下的水平"。

那么计件考核呢，看上去计件考核讲究多劳多得，然而泰勒批评它"成了延长劳动时间和降低工资的手段"。

以上说法可能比较难理解，我解释一下。泰勒之所以这么说，是因为企业主往往会在生产效率提升后，降低单件工资水平。比如，如果上面提到的那个计件工人通过改进工作方法提高了生产效率，每天能生产 20 件产品，他的日工资就会变为 20×15 = 300 元。但当其他员工都改进了工作方法，生产效率也都变成每天 20 件时，那么企业一方就会降低单件标准，如将每件 15 元降为 12 元，而那些效率没有提升的产品，则单件工资标准不会降低。在这种情况下，工人尽管努力提升效率，也只能获得比原来的日工资略多一点的收入。这就会导致这种情况：企业主想千方百计地使工人增加产量，而工人则会控制工作速度，尽可能压低产量。因为工人知道，一旦他们的工作速度超过了这个数量，单件工资迟早会降低。

在泰勒之前，阿克莱特、亚当·斯密、杜平、巴比奇等人都在工作方法、管理方式上进行了研究，这些管理思想的积累为科学管理理论的产生提供了思想基础。孕育着科学管理诞生的客观环境和物质条件都已具备，在社会需要和学科成熟的交叉点上泰勒站了出来，科学管理的时代到来了。

1911 年泰勒出版了《科学管理原理》，在这本书里，泰勒系统地介绍了定额考核的思想。"科学"的绩效考核理论正是脱胎于这一思想。泰勒在书里还描述了定额考核的具体做法：

（1）要制定有科学依据的工人的"合理日工作量"，必须通过各种试验和测量，进行劳动动作研究和工作研究。其方法是选择合适且技术熟练的工人，研究这些人在工作中使用的基本操作或动作的精确序列，以及每个人所使用的工具；用秒表记录每一基本动作所需时间，加上必要的休息时间和延误时间，找出做每一步工作的最快方法；消除所有错误动作、缓慢动作和无效动作；将最快、最好的动作和最佳工具组合在一起，成为一个序列，从而确定工人的"合理日工作量"，即劳动定额。

（2）根据定额完成情况，实行差别计件工资制，使工人的贡献大小与工资高低紧密挂钩。差别计件工资制即根据工人是否完成定额而采用不同的工资率，如果工人完成或超过定额，就按高的工资率付报酬，通常是正常工资的125%，以资鼓励；如果工人没有完成定额，就将全部工作量按低的工资率付报酬，为正常工资的80%，并发给他一张黄色的工票以示警告，如不改进就将被解雇。

（3）工资的支付对象是工人，而不是根据职位和工种，也就是说，每个人的工资要按他的技能和他所付出的劳动来计算，而不是按他的职位来计算。要对每个人在是否准时上班、出勤率、是否诚实、效率、技能及准确程度方面做出系统和细微的记录，然后根据这些记录不断调整他的工资。其目的是克服工人"磨洋工"现象，同时也是为了调动工人的积极性。

泰勒的理论一经提出就收获了大量的粉丝和追随者，得到了无数的赞誉和高度评价，该理论为资本主义经济的发展提供了动力，在调动工人积极性、提高企业生产效率方面也有其突出优势。同时，这一理论将雇主的效率追求与雇工的公平诉求在科学管理的基础上有机统一起来，促成了劳资双方的合作，集中体现了泰勒科学管理的基本精神和社会情怀。

客观地讲，泰勒的理论对我们管理下属的绩效仍有可借鉴之处，比如：①强调对下属进行工作分析；②区分"胜任"和"不胜任"的下属；③对下属进行绩效反馈和辅导。在新的绩效管理模式中，我们依然要继承这些合理的思想。

然而我们必须指出，"科学管理"及其定额考核思想总体上已经过时，因为定额考核起作用的前提是把人当成机器使用，认为人只是一种会赚钱的高级机器。泰勒说："工人们最想从他们的雇主那里得到的，无非是高工资。"

从科技进步的角度来讲，时代早已发生变化，我看到有一本书称我们现在是"人工智能时代"。我们现在能制造出泰勒那个时代根本制造不出的高自动化的、智能化的、复杂的机器（不信的话，你可以去看大型纪录片《创新中国》），这些机器完全可以替代泰勒那个时代由工人做的工作，而且效率更高、质量更高、更可靠、更稳定、更安全。

当然，我们不能太理想化，今天依然存在很多"落后"的生产方式。我曾参观过一家宰鸡厂，该工厂实施流水线生产，流水线上的员工大多只有 1 个动作，负责切左腿的只切左腿不管右腿，负责切右腿的只切右腿不管左腿，实在枯燥乏味，而这样一个简单的动作员工每天要重复上万次，每天工作时间超过 10 个小时。

即使如此，从社会发展的角度来看，员工已不能接受自己被当作机器。那些在 20 世纪 80、90 年代出生的员工，他们未经历过短缺时代，需求层次高且日益多元化，追求个性、成就、自我实现，甚至我行我素。时代在改变，把员工当机器的做法已经越来越行不通了。

德鲁克对此评价道："尽管科学管理非常成功，却未能成功解决管理员工和工作的问题。"如果把人当成机器，那么人类就是设计拙劣的机器。现实也说明，人们越来越不愿从事简单乏味的流水线工作，富士康等公司遭遇的招聘困境就是明证。

如果说科学管理理论支撑起了绩效考核理论，那么强化理论则让绩效考核更加难以撼动。

二、不适用的强化理论

强化理论最早由美国心理学家斯金纳提出。坦白讲，我对这种说法有点不以为然。因为大家都知道，人类在发明文字之前就已经开始运用强化理论来驯服动物，所以，古人并非不知道这个道理，只是没有把它系统地论述出来而已，而斯金纳充其量只是通过观察类似的现象，对这一理论进行了严谨的描述而已。不管如何，他们的实验过程还是挺有意思的。

研究者把五只猴子关在一个笼子里，在笼子上面挂一串香蕉。实验人员装了一个自动装置，一旦侦测到有猴子要去拿香蕉，马上向笼子里喷冷水，这五只猴子都会被淋湿。

起初，有一只猴子去拿香蕉，结果每只猴子都被淋湿了。之后，每只猴子都做了数次尝试，结果每次所有的猴子都被淋湿。于是猴子们不再去拿香蕉，以免大家都被淋湿。

研究者把其中的一只猴子释放，换进去一只新猴子甲。甲看到香蕉，马上就要去拿，结果被其他四只猴子阻拦。甲几次尝试都没吃到香蕉，反被打得浑身是伤，于是不再去动，之后这五只猴子就相安无事了。

后来研究者又把一只旧猴子释放，换上另外一只新猴子乙。乙看到香蕉，同样迫不及待地去拿，结果同样被其他四只猴子阻拦，一个发现是，猴子甲打得最用力。乙试了几次总是被打，最后作罢。

再后来，研究者慢慢地把所有的旧猴子一只一只地都换成新猴子，大家都不敢去动香蕉。它们都不知道为什么，只知道去动香蕉就会被其他猴子打。

通过一些类似的研究，斯金纳等人认为人或动物为了达到某种目的，会采取一定的行为作用于环境。当这种行为的后果对他有利时，这种行为就会在以后重复出现；不利时，这种行为就会减弱或消失。人们可以用这种正强化或负强化的办法来影响行为的后果，从而修正其行为，这就是强化理论。

最开始，斯金纳只将强化理论用于训练动物，如训练军犬和马戏团的动物。随后，斯金纳又将强化理论进一步发展，并将其应用于人的学习，他强调在学习中应遵循小步子和及时反馈的原则，将大问题分成许多小问题，循序渐进。

强化理论本身没有错，错的是人们将该理论用在管理上，妄图把工作场合的奖惩手段合理化，用强化理论来证明奖惩手段是合理的，而且是有效的。他们认为，按照强化理论，奖励（包括提供奖金、肯定、表扬、改善工作条件和人际关系、安排有挑战性的工作、给予学习和成长的机会等）那些组织上需要的行为，就能加强这种行为；惩罚（包括批评、处分、降级等）能减少组织不希望的行为。

实际上，早期的"霍桑实验"早已证实，人的心理活动是非常复杂的，不是简单的"胡萝卜加大棒"思维所能涵盖的。但强化理论是如此的简单、显而易见，以至于今天依然有很多人迷信它，它也成为绩效考核的第二个重要的理论支撑。

"科学管理"让人们把绩效考核当成了科学,"强化理论"又进一步强化了人们对绩效考核的信心,但真正让当前流行的绩效考核被发扬光大的,却是两个天大的误会。一个是目标管理理论,另一个是平衡计分卡理论,这两个理论都并非为绩效考核而发明,却"莫名其妙"地被运用到绩效考核中,并最终形成了一种流行的绩效考核模式。

总之,我们不能把下属当成动物、幼儿、智障,不能把只适用于简单的操作反应的强化理论强行应用在复杂的工作场景中。正常的人都有自主的心理需求,有追求意义感的心理需求。行为主义者不懂什么叫青春叛逆期,当他们的子女进入青春叛逆期时,天知道强化理论能不能帮助他们;行为主义者也不相信为人民服务这种话,因为这不符合强化理论。但所有的管理者都应该严肃地思考,绩效考核乃至所有控制手段是不是你们企业提升下属积极性的最好或唯一的选择。

三、被错用的目标管理和平衡计分卡

先说说目标管理理论。1954年彼得·德鲁克在《管理的实践》中提出"目标管理"这个概念,他写道:"目标管理的主要贡献在于,我们能够以自我控制的管理方式来取代强制式的管理。"他认为,企业以目标为导向,同时给予员工充分的授权,让他们"自我管理",可以实现比传统的控制模式下更好的绩效。然而半个世纪之后,目标管理却成为管理人员支配他人的隐藏方式。既然不能整天盯着员工,那就给员工定一个目标!

再说说平衡计分卡。1992年卡普兰和诺顿在《哈佛商业评论》上提出"平衡计分卡"概念。卡普兰等人提出平衡计分卡,主要是为了解决战略规划和战略执行相脱节的问题。其原理是通过财务、客户、内部流程、学习与成长这4类综合绩效指标的设置和衡量,让企业管理者能够同时关注财务绩效和非财务绩效、当前绩效和未

来绩效、外部绩效和内部绩效、结果绩效和过程绩效，从而取得多个方面的平衡。后来，平衡计分卡与目标管理相结合，由战略绩效衡量工具沦落为绩效考核工具。

现在，"平衡计分卡＋目标计划"的考核模式已成为最主流的考核模式。该考核绩效模式的流程如图 2.1 所示：

确定考核指标 → 设置目标值 → 过程监控 → 实施考核 → 进行奖励或惩罚
　　　　　　　　↑　　　　　目标值的调整　　　┘

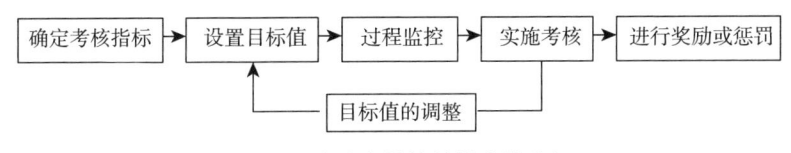

图 2.1　主流考核绩效模式的流程

1. 确定考核指标：一般先确定公司层面的考核指标，然后根据部门职责和岗位职责，将公司层面的指标向下分解为部门考核指标和个人考核指标。该过程通常会应用平衡计分卡和 SMART 原则。

2. 设置目标值：为每个考核指标设置下一个考核周期（一般短的为月度考核，长的为年度考核）的目标值，有的是由上级制定，有的是由上级和被考核方一起制定，最终形成被称为"目标责任状""目标承诺书""业绩合同""绩效计划"之类的成果。

3. 过程监控：在整个考核周期中，考核者追踪工作过程以及目标实现程度，并在必要时为被考核者提供资源支持或辅导。某些情况下，考核者还会重新调整考核指标的目标值。

4. 实施考核：在每个考核周期的末期，考核者收集有关被考核者的绩效数据、表现评价，并给予相应的评分、评级或评价。通常，这一过程既包括量化考核（用数据根据目标值来计算考核结果），又包括主观考核（由考核者进行主观评估）。

5. 进行奖励或惩罚：根据被考核者的评级或绩效分数，发放差异化的绩效工资，或者将其作为是否晋升的依据。对于绩效差的员工，比如未达成目标、违规操作、造成损失等，还可能给予罚款、处分甚至解聘的惩罚。

6. 目标值的调整：考核者可能会根据被考核者的成绩、被考核者的反应，并参考他人的考核结果来调整下一个考核周期的目标值，以进行各方面的平衡。

以上六个步骤就是目标计划考核的基本流程。每个公司的实际情况不同，在制定绩效考核制度时可能会形成自己特有的一些方法，但一般都会包括以上六个基本步骤。

另外，还需要提一下前些年比较流行的"活力曲线"（图2.2）。"活力曲线"理论是由 GE 公司的前 CEO 杰克·韦尔奇提出的，又称末位淘汰法则，通俗来说，就是将绩效考核成绩最差的5%～10%淘汰掉。然而，如果有管理者不愿意淘汰自己的下属，故意评分偏高怎么办？遇到这种情况，韦尔奇就要求各单位"强制分布"，即无论部门员工的实际表现如何，都要按一定的比例进行淘汰。韦尔奇推崇末位淘汰，认为它能给公司带来活力。

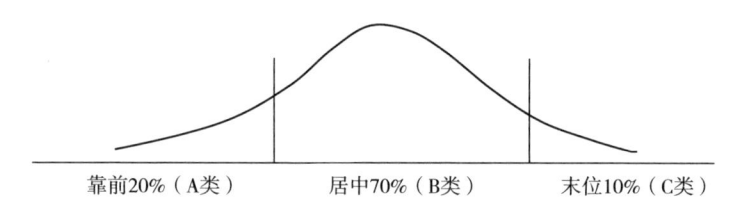

图 2.2　韦尔奇提出的"活力曲线"

以上就是绩效考核理论和实践的发展历程。科学管理理论、强化理论、错用的目标管理法、错用的平衡计分卡理论、活力曲线理论构成了绩效考核的理论基础。在实践中也演化出定额考核、KPI 考核、360 度考核、述职考核、观察法考核、关键事件法考核等具体的操作方法。

然而，这些指导理论或过时或应用错误。这些操作方法无论简单还是繁杂，是借鉴其他公司的还是专家精心设计的，都无一例外的或低效或无效，甚至还会产生负面作用。

第三章　经典理论与最新实践

"理论是实践的眼睛。"　　　　　　　　　　——邹韬奋

"你可以从别人那里得来思想，你的思想方法，即熔铸思想的模子却必须是你自己的。"

——拉姆

在介绍新绩效模式之前，我将专门用一章的篇幅来回顾那些关于绩效管理的真知灼见，以及企业界对于绩效模式的最新实践。这些理论和实践是理论界的瑰宝，是实业界的灯塔，是管理创新的不竭源泉，是让我们站得更高的巨人的肩膀。

第一节　被实践证实的经典理论

实践需要理论来指导，管理实践更需要理论。管理实践极为复杂，在盲目的状态下，管理者很容易陷入各种陷阱。

要想弄清何为正确的绩效模式，就要回顾先驱们对于此领域的探索和思考。这些探索和思考可能有着自身的缺陷，但都蕴含着科学的成分，闪耀着智慧的光芒，为实践指明了方向，我们需要批判性地继承和发展它们。

这些有关绩效的"真理论"包括绩效仪表盘与平衡计分卡、持续改进理念、动机理论、目标管理理论、参与式管理理论等。

一、绩效仪表盘与平衡计分卡

"绩效仪表盘"又称"管理仪表盘"或"管理驾驶舱"，于20

世纪80年代被提出。提出此概念的人把企业比喻成一辆高速行驶的汽车，或者一架在高空飞行的飞机。为了让一辆汽车能够安全、稳定、快速地行驶，司机需随时知道当前位置、车速、车况、油况、距离等信息，这就要依靠仪表盘来读取相关数据。如果没有仪表盘，就只能凭借经验和感觉来开，而经验和感觉虽然有其价值，但因为不太准确，往往会给整个行程带来重大风险。

同理，为了一个企业能够健康、稳定、快速地发展，管理者需要随时了解组织的业务状况、各项工作的进展、各项措施的效果，还需要及时获悉各种突发事件、异常事件等。"绩效仪表盘"就是一种能帮管理者及时掌握以上信息的信息传递和反馈机制。

如果没有绩效仪表盘，管理者当然也会建立其他的信息渠道，比如会议、述职等，但这些渠道收集的信息一方面不系统、不完整，另一方面不够及时。相对于其他方式，绩效仪表盘提倡系统、及时地采集、传递和反馈信息。

在"绩效仪表盘"刚被提出时，人们希望它实现两个目标：第一，让管理者及时获得决策信息；第二，帮助管理者把注意力始终聚焦在真正重要的事情上。

第一个目标很重要，因为绩效信息越及时越有价值，如果信息被延误，其价值就会降低，甚至失效。这一点其实比较容易理解，管理者收集绩效信息是为了更好地决策，比如，及时发现问题和机会，并采取应对措施。如果信息提供时间延误，管理者很可能会失去解决问题的最佳时机，甚至让问题更加严重。比如，严重的客户投诉如果晚知道几天，可能会失去挽回该客户的机会；某些重要项目的实际运行情况如未能及时汇报，可能会失去调整优化的机会；如果等培训全部结束后才告知管理者内部培训的缺勤情况，该信息的最大价值可能已经失去了。

管理者大多有这样的经验，刚发生的事最重要，过去很久的事就不太重要了。很多信息越早知道越好，准确性反而在其次了。这就是为什么有些人更重视小道消息，尽管这些消息未必准确，但如果等消息核实了才告知,最好的应对时机也错过了。

第二个目标也很重要,因为管理者普遍存在注意力发散的问题。即使是一个做事目标性很强的人,在日复一日的管理工作中,也很容易失去注意力焦点,将精力发散得很广、很远。

从管理者的工作性质来看,他们每天要处理大量的信息和事务,渐渐地会养成快速决策和被动应付(俗称"救火")的工作模式。在管理人员每天接收的信息中,重要的和不重要的、紧急的和不紧急的、不同性质的、不同来源的各种信息混杂在一起,他们的注意力往往会被那些不重要但看起来需要立刻处理的事务占据,而留给那些真正重要的事务的精力反而没剩多少了。

那么,绩效仪表盘经过这么多年的实践,把这两个目标都实现了吗?应该说,第一个目标实现得还算比较好,至少对高层管理者来说是有价值的。但第二个目标实现得不好,因为绩效仪表盘并没有告诉人们什么样的事才是"真正重要的事"。正如,尽管人们提出了KPI的概念,即关键绩效指标,希望以此来界定那些真正重要的绩效信息,但在实践中,任何一个绩效指标似乎都有可能被称为"关键"绩效指标。这个"关键"是至关重要的意思,但没有人能准确地界定它。

后面"平衡计分卡"的出现就是为了界定什么是"重要",它告诉人们应该从四个维度来界定"重要",分别是财务、客户、内部运营、学习和成长。一个企业如果要实现持久的成功,就要把这四个维度都做好。只在某个维度"偏科"的企业,不能算真正的高绩效,"平衡"得好,才是真的好。

平衡计分卡一经诞生就风靡全球,但我们现在也已经看清了它的缺陷。第一,它主要适合高层管理者,用于监测企业战略的执行情况,对中基层管理者的价值不大;第二,它提供的信息属于低频率的战略绩效数据,一般每月或每季度汇报一次,很难应用到日常管理决策上。

尤其是当平衡计分卡被大量应用于绩效考核之后,重要的指标可能就会由于满足不了考核要求而被弃用，比如"员工的改进建议条数""上个月被中止的项目数""下个月要拜访的大客户数"等，以上指标虽然提供了重要的信息，但无法用于考核，因而得不到重视。所以，平衡计分卡的效果就进一步减弱了。

二、持续改进理念

持续改进理念发源于日本，一度成为日本企业最重要的管理理念。随着戴明等专家归纳出一系列的持续改进工具，如PDCA循环、精益生产、5S现场管理法、ISO9000标准等，持续改进思想已经被全世界认可。

我曾在讲课时提到这样一个观点，对于中层管理者来说，其主要责任就是持续改进。为什么这么说呢？假如我们把持续改进从中层管理者的责任中删除，那么他们还剩两种责任，一种是维持以前的活动，另一种就是实施大的企业变革。维持以前的活动主要是基层管理者的责任，如果把它作为中层管理者的主要责任，那中层管理者这个岗位就太容易干了，缺少挑战性。实施企业变革主要是高层管理者的责任，如果把实施变革的主要责任交给中层，那对中层管理者的挑战就太大了。所以，中层管理者的主要责任应该是持续改进。

高露洁的前CEO鲁本·马克曾经说："企业领导人应把公司的绩效看成一条贝尔曲线（即正态分布曲线），曲线的左边代表低绩效，右边代表高绩效，但大多数公司的绩效都处于中间位置，那管理者的责任就是持续地逐步改进，使公司在曲线上的位置不断向右移动。这个过程不是革命性的，也没有那么引人注目，但只要持之以恒，企业就能取得成功。"

持续改进理念是对绩效管理理论的重要支撑，可以这样说，如果没有持续改进理念，绩效管理理论就失去了根。我们在前面讲过，所谓绩效管理，其核心理念是依赖全体成员来提高团队的绩效水平，而不是依赖少数几个精英。让全体成员发挥能动性，提高团队绩效的最好方式，就是持续改进。

管理学家贝桑特对持续改进的定义是"公司广泛集中参与的过程和持续的渐进性创新"。波尔对持续改进的定义是"一种全公司广泛参与的对现行行为进行的渐进式改变过程，这个过程是有计划、有组织的系统性过程"。

以上两个定义都强调了持续改进的"全员参与"特征。可以这么说，如果一个企业开展绩效管理，却没能促进公司的持续改进，那么这个绩效管理已经失败一半了。之所以说"一半"，而不是"全部"，是考虑到实施绩效管理还可能有其他目的，比如促进战略落地、减少经营风险等。

除了全员性，持续改进理念还强调计划性、组织性和系统性，这些特点是持续的主动改进和偶发的被动改进之间的根本区别。一个企业偶有改进，却没能实现绩效飞跃，最重要的原因是它没有建立主动的、持续的改进，因此一直都是在被动地"不得不"改进。持续改进不是心血来潮，不是搞运动，不是一阵风，而是要有一套机制做保证，最终实现积跬步以至千里、汇小流以成江河的效果。

应该说，与战略变革和管理、技术创新相比，持续改进是所有企业都应该去做也更容易做到的，你可以把持续改进看成若干领域的一系列的微变革、微创新。相较于大的变革和创新，持续改进的风险更可控，所花的成本更低，也更能调动下属的参与感和积极性。

好的绩效管理就要为全员的持续改进创造良好的环境，包括更好地识别工作中存在的问题和改进机会，更好地激发全体成员的主动性和创造性，给予下属充分的资源支持和工作自主权，为具有创造性的下属创造更好的发展空间等。

三、动机理论

人们为什么工作？为什么自觉地工作？为什么自觉地全身心投入地工作？为什么自觉地全身心投入地创造性地工作？这就是动机

理论要给我们揭示的秘密。

如果一个下属在做某事时非常消极被动，推一推他就动一动，甚至推了也不动，那么此人处于动机匮乏的状态。什么情况下下属会匮乏动机呢？①认为该事是没意思的；②认为该事是无意义的；③认为自己对该事无须负责；④认为该事对自己没有影响。当下属同时具有以上四种认知时，就会处于动机匮乏状态。

想要改变某下属的动机匮乏状态，最容易做的就是改变他的第四种认知，让他认识到做不做该事对他是有影响的。比如，做了会有好处，如获得奖金、表扬、别人的尊重、更高的考核得分等，或者不做会有坏处，如遭遇罚款、批评、别人的冷眼、更低的考核分数等。在这种情况下，此员工出于趋利避害的本能就有可能去做该事。通过施加外部压力而让下属产生的动机，称为"外部调节"。

通过改变下属的第三种认知使其产生的动机，称为"内投调节"，一般要比"外部调节"稍微难一点。"内投调节"需让下属认识到自己对该事"有责任"，自己"应该"去做这件事，如果不去做那就是不负责任，从而使他产生内疚感、负罪感。总经理对老李说："老李，你是党员，这事你可要带头。"如果老李认识到"党员什么事都应该带头"，那么就会产生"内投调节"动机。企业出台《员工行为规范》，制定各种制度、标准，都在很大程度上增强了员工的"内投调节"动机。

通过改变下属的第二种认知，让他认识到做该事是"有意义的"，这样产生的动机称为"认同调节"。比如，如果下属认为打扫卫生的价值很低，缺乏意义，那么就要让他认识到，打扫卫生是"为大家创造一个舒适的环境，无论对个人的效率还是对公司的形象，都是至关重要的"，下属就会产生"认同调节"动机。同理，让那些经常迟到的人认识到准时上班是诚信的体现，让那些沉默寡言的人认识到说出自己的看法是为团队贡献力量，都会增加他们的动机。要想增强下属的"认同调节"动机，需要将他的工作与他的价值观联系起来，给工作赋予意义。

如果一个员工在做某事时,以上三种动机,即"认同调节""内投调节"和"外部调节"是一致的,没有冲突的话,我们称该员工具有"整合调节"动机。比如,一名员工认为在午休时间帮助新员工了解公司情况是一件很有意义的事,另外这也是他作为老员工的责任之一,而且不会影响自己的工作,甚至会使他得到同事的称赞,那他在帮助新员工了解公司这件事上就具有了"整合调节"动机。如果他认为虽然这事有意义,自己也有责任,但会耽误自己的事,那他的动机就会产生冲突,尽管他依然有动机去做,但那就不是"整合调节"动机了。

无论是"外部调节""内投调节"还是"认同调节",都属于外在动机。和外在动机不同,一个具有内在动机的人,做事完全是因为觉得这件事有意思、充满乐趣,他在做事时乐在其中,并非为了追求好处或避免害处。处在内在动机下的人,基本心理需求会得到高度满足,因此会充满活力,极富创造力。在这种状态下,"工作本身就是对工作最好的回报"。

对激发下属的积极主动性和创造性而言,以上各种动机中的内在动机最有效,"认同调节""内投调节""外部调节"依次逐渐失效。所以,员工的内在动机水平越高越好。

让人沮丧的是,研究者发现,内在动机虽然很宝贵,但也非常脆弱,很容易受到外在动机的干扰。一些作家发现,当自己想去讨好读者,猜测他们的阅读偏好时,写作水平就会明显下降。科学家们取得各项科研成果都是在内在动机的驱动下完成的,外在奖励不但不会带来帮助,还会对科学家的创造性造成损害。同样,一个下属如果总是想着领导会怎么评价自己,那么他对工作的热情和创造力就会大幅下降。就像中国的高考制度让很多考上大学的学生讨厌听课一样,企业的考核制度也削弱了员工对工作的内在动机。真正有能力的员工都是热爱工作的人,很难想象一个讨厌工作、只是为了钱而去工作的人能去深究细研,把工作做好做精,他最可能做的只是屈服于外部压力,把工作"应付"过去。

那么如何提升下属的内在动机呢？动机理论的学者认为，自主、胜任和关系是人类的三个基本心理需求，如果能促进这三个基本心理需求的满足，则内在动机就会得到加强，反之，内在动机会被削弱。

（1）所有强化外部管控的手段，如考核、奖惩等都会削弱人们的自主性，从而降低内在动机，尤其是当外在奖惩与工作直接挂钩并且影响显著时，对内在动机的挤出效应会非常明显；反之，提高下属的参与度、采纳他们的建议、授权等方法可以提升内在动机。

（2）提供辅导、给予资源支持、提供结果反馈、降低工作难度等手段可以提升下属的胜任感，从而提升内在动机。

（3）帮下属创造良好的人际关系氛围。支持性的人际关系氛围，如相互帮助、相互关心，能提升内在动机；控制性的人际关系氛围，如相互竞争、相互施压，会削弱内在动机。

四、目标管理理论

说到目标每个人都很熟悉，在企业里，这两个字出现的频率太高了。然而，我们现在对目标的使用已经偏离了初衷，也偏离了正轨。上级把目标作为考核标准来控制下属，施加压力，这种做法恰恰是提出者所反对的情景。现在很多企业制定目标更像是一种传统或流行的仪式，为制定目标而制定目标。错误的使用方式，让目标失去了导向作用和激励作用。目标管理需要拨乱反正！

彼得·德鲁克在1954年首次明确提出"目标管理"的概念，他写道："任何企业都必须建立起真正的团队，把每个人的努力融合为共同的力量。"那如何才能做到这一点呢？他说："从大老板到工厂领班或高级职员，每位管理者都需要有明确的目标……这些目标应该根据企业的整体目标来制定。"那目标应该如何确定呢？他接着说："每位管理者必须自行发展和设定本单位的目标。当然，高层管理者需要保留对目标的审核权，但是发展出这些目标则是管理者自己的职责所在。"

我来解读一下德鲁克的话,为什么每个管理人员要制定目标?因为管理人员的决策容易偏离企业的整体目标,需要目标来统一每个人的努力方向。谁为管理人员制定目标?只能自己来制定。管理人员的上级要发挥什么作用?对目标进行审核,确保个体目标符合企业的整体目标。

德鲁克能提出用目标管理的方式来取代直接指挥和命令,是因为他对企业里人们的行为模式有着睿智的洞察。他举例说,如果上级用指挥的方式来管理下属,那么上级的一个无意的动作、漫不经心的只言片语甚至个人的怪癖,都可能被下属解读出具有特殊意义的信息。于是,领导为了避免误导下属开始变得谨言慎行,结果不但让自己与下属的关系变得紧张,还会引来下属的抱怨:"救救我们吧,以前我们还知道他对我们的要求是什么,但现在我们只好去猜了。"

另外,由于不同单位、部门的立场、职能不同,即使他们都忠于自己的职责,也有可能损害企业的整体利益。德鲁克举例说,美国一家铁路公司的一位总裁为了节约经费,规定只给每个小车站的售票员配备一把洗手间的钥匙,如果要花两毛钱来配一把新钥匙,须走审批流程。另一方面,售票员有权申请"紧急维修"费。那么,万一遇到旅客借钥匙(要求洗手间平时上锁)后忘记归还怎么办呢?毕竟上厕所这事急,等不得走完流程。于是,每个小车站都准备了一把斧头,以便随时破门而入。为了捡一粒芝麻而去砸一个西瓜,如此荒谬的事情在团队里却是屡见不鲜。

所以,德鲁克说:"企业的每一份子都有不同的贡献,但是所有的贡献都必须为了共同的目标。他们的努力必须凝聚到共同的方向,他们的贡献也必须紧密结合为整体,其中没有裂痕,没有摩擦,也没有不必要的重复努力。"

德鲁克认为,目标管理是以更严格、更精确和更有效的自我控制取代外部控制。"管理者的工作动机不再是因为别人命令他或说服他去做某件事,而是因为管理者的任务本身必须达到这样的目标。

他不再是听命行事，而是自己决定必须这样做。"

而当我们要求下属进行目标承诺，或者以目标为标准考核下属时，就走向了德鲁克所反对的"靠压力进行管理"。德鲁克认为，靠"压力"或"危机"进行管理是一种普遍的、有害的惯例，而不是例外。他说："在一个靠压力管理的企业中，人们或是将他们的工作置之一旁去对付当前的压力，或是悄悄地对压力采取一种集体怠工的态度，以便做好他们的工作。"他批评靠压力进行管理像靠"严厉措施"进行管理一样，是一种困惑的标志，是一种对无能的承认。它说明公司不知道怎么引导管理人员，并对他们进行了误导。

事实上，目标的滥用已经严重压制了下属的挑战精神。思考一下，当以目标作为考核标准时，影响下属绩效分数的因素除了工作结果的好坏外，还有目标值的高低。在工作结果不变的情况下，目标越高则得分越低，目标越低则得分越高，这会导致下属在与上级讨论目标时不愿意设定有挑战性的目标，他们在制定目标时刻意压低自己能实现的目标，在考核时又刻意夸大自己的成果表现，以图给上级留下一个超越预期达成目标的印象。

举个例子，为了避免人才流失，某公司在某次制定目标时考核某车间的"一线员工流失率"。车间根据以往员工流失率的数据，初步预测今年的员工流失率会在10%左右，但如果采取一些措施并且措施得当的话，有可能把流失率控制在8%。经过车间讨论，保险起见，最终上报的目标值为10%。也就是说，车间上报的目标是不用怎么努力就可以达成的目标。

最后，让我们回顾德鲁克的箴言，"目标管理和自我控制代表了真正的自由，合法的自由"。

五、参与式管理理论

为什么要搞参与式管理？有人总结了参与式管理带来的10个好处，分别是：①改善员工士气；②提升组织中上下级之间的沟通效率；③使管理人员能早些发现问题并及时采取行动；④在给员工带来满足感的同时提高了生产力；⑤增强员工和管理人员之间的信任；⑥降低旷工率和人员流动率；⑦让管理层更愿意制定有利于员工的措施；⑧使员工更支持各种管理计划和行动；⑨改善劳资关系；⑩提升作业效率和公司竞争地位。

我在企业做调查时经常听到管理者抱怨一个让他们头疼的问题，那就是"被动执行"的问题。所谓"被动执行"，就是只听命行事，而不主动思考。比如，上级让下属去询问客户来公司的时间，下属就会只问客户什么时候来，不会想到进一步了解一下客户乘火车还是坐飞机、是否需要安排接送、是否需要预订酒店等。

还有另一种形式的被动执行：一项制度或方案出台后，相关人员没兴趣了解，了解了也不真心认可，也不会主动地按照制度或方案的要求去做，只有在应付检查时或在上级多次施压后才不情愿地去做。

当有人向我请教怎么解决"被动执行"问题时，我开出的药方是"让下属参与进来"，这里的"参与"是指执行前的参与，在决定做什么、怎么做、由谁做的时候就参与进来，而不是在都决定了以后再参与。但听到这个答案后，提问者往往都会摇头，说他们也搞过合理化建议什么的，但没什么用，下属对此都不积极，而且一般也提不出什么有价值的建议。

我必须声明，参与式管理可不只是征求一下合理化建议，或者是开一下员工代表大会、搞一下员工投票这么简单，而是建立在最新的组织发展理论和领导力技术之上，比如授权理论、教练技术、引导技术等。

事实证明，只有让执行者用某种恰当的方式参与方案的制定过程，他才能真正地理解、接受和执行方案，才能建立一种有利于执行的合作氛围。

其实，对于员工参与，德鲁克在 20 世纪中期就有过非常精彩的论述，他在批判科学管理的时候谈道，把计划和执行区分开来是科学管理的盲点。他说："在分析工作时，将计划和执行区分开来，并不表示计划者和执行者必然是不同的两群人，而且产业界也不应该把人区分为两类，由少数人决定有哪些工作需要完成，同时设计工作，设定工作步调、节奏和动作，并且发号施令，其他多数人则听命行事。"为什么这么说呢？因为，"计划和执行是同一项工作的两个不同部分，而不是两项不同的工作，必须两者兼顾，才能有效完成工作"。他用了一个比喻来说明这一点，"主张把两者分开，就好像要求应该有不同的身体来担负食物吞咽和消化的功能。但是同一个身体需要兼具这两种功能，才能吸收到营养，就好像工作也必须兼具计划和执行两个方面一样"。

德鲁克的这个观点具有惊人的洞察力，因为直到现在还有很多人相信，企业应该由一群最聪明的精英搞决策，另外的人只需要负责执行就可以了。

参与分为不同方式、不同程度的参与。把有关决定、方案、制度告知对方，这是一种较低层次的参与；把方案告知对方后征求一下反馈，参与度就有所提升。在决策前征求对方的建议是一种简单参与，与对方进行讨论是一种更深入的参与，开研讨会进行集体讨论就是复杂的高技术含量的参与。不同性质的决策需要不同的参与方式和参与深度。

现代的参与式管理理论发展了一系列的技术、工具、方法、流程来支持高效率的参与。参与式管理对企业和管理者都提出了更高的要求：一方面，企业要建立一套新的决策机制来支持参与式管理；另一方面，每个管理者都应学习和提升管理和领导力技能，如引导技术、教练技术以及各种支持群体决策的工具等。

第二节 理论指导下的最新实践

如果某个绩效管理方案中含有绩效考核，那它属于传统绩效管理，所有新绩效管理模式都不包含绩效考核的内容。OKR 模式、自组织管理模式、Check–In 系统、绩效管理定制化模式都不再包含绩效考核的内容，因而都属于绩效管理新实践。

一、OKR 模式

OKR（Objectives and Key Results）即目标与关键成果法，最早发源于英特尔公司，现在广泛应用于 IT、风险投资、游戏、创意等以项目为主要经营单位的大小企业。本·拉莫尔特对 OKR 的定义是：一套严密的思考框架和持续的纪律要求，旨在确保员工紧密协作，把精力聚焦在能促进组织成长的、可衡量的贡献上。

所谓"O"，指的是努力方向（定性描述），而"KR"则是支撑努力方向的可测量结果（定量描述）。举例说明，如果我把目标（"O"）设定为"下个月缩减家庭开支"，那么关键结果可以设定如下：KR1，饮食开支比上个月节省 10%；KR2，水电费比上个月节省 50 元；KR3，打车次数不超过 5 次。

OKR 的本质是一套明确目标和跟踪其完成情况的管理工具和方法，是对德鲁克的 MBO 目标管理法的继承和发展。其实早在 20 世纪 80 年代，英特尔公司就在 MBO 的基础上发展出了 OKR 模式，但并未产生太大影响。直到 21 世纪初，谷歌公司引入这套绩效管理模式，并与自身开放、平等、自由的文化氛围融合后，OKR 才开始大显神威，并得到广泛关注。可以说，英特尔为 OKR 塑了身，谷歌为 OKR 注入了魂，身魂兼备之后，OKR 化茧为蝶，终臻大成。我们现在经常说到的 OKR，一般是指谷歌之后的 OKR。

OKR 之所以有效，是因为它坚持了正确的原则：

（1）目标完成情况不作为考核以及奖惩的依据。在 OKR 模式下，目标完成情况仅用于改进，也就是说它的出发点是为了员工发展。在这种情况下，下属更容易接受批评和负面意见。

（2）下属充分参与。在团队与个人目标的制定过程中，下属都要充分地参与。下属不是仅仅被告知团队目标，也不是被强加目标，而是与管理者一起打造共同的未来。只有在这种情况下，下属才会对团队目标和个人目标产生责任感和承诺感，才会产生为目标奋斗的意愿和热情。

（3）开放、透明和公开。在OKR模式下，所有的目标（保密信息除外）都是开放的、透明的。这种情况首先有利于将个人目标和团队目标协同起来；其次有利于增加团队成员之间的了解，从而促进合作；最后能够引起围观效应，增强下属的承诺感。

（4）全天候、全方位的平等沟通。在OKR模式下，上下级之间、同事之间的沟通不规定时机、不规定场合、不规定发起人、不规定内容，取消各种条条框框，强调坦诚、及时和平等。这样就避免了传统绩效面谈的"被动沟通"问题，把"走过场"的例行沟通变为有营养、有乐趣的互动沟通。

OKR作为一种绩效管理的实操方法，其操作流程如下（图3.1）：

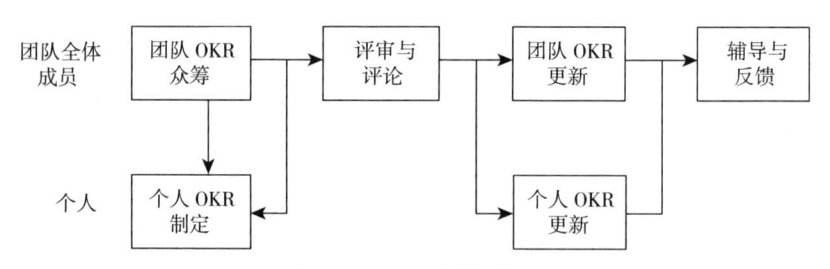

图3.1 OKR操作流程

（1）团队OKR众筹：团队成员群策群力，共同讨论制定团队OKR，明确团队努力方向。

（2）个人OKR制定：团队成员个人以团队OKR为参照，制定个人OKR，明确个人努力方向。团队成员可以认领某些团队OKR，必要时，也可以把团队OKR分配给成员个人。

（3）评审与评论：所有团队成员（包括其他团队成员）都可以随时查阅团队OKR和每个人的个人OKR，并可以进行评论、提出意见。

（4）团队、个人OKR更新：团队负责人根据评论意见更新团队OKR；团队成员根据评论意见更新个人OKR。

（5）辅导与反馈：在 OKR 的实施过程中，团队成员（包括团队负责人）提供团队 OKR 及个人 OKR 达成情况的反馈意见。

可以预期，一个策划良好并运转良好的 OKR 可能会给企业带来如下收益：①促进团队成员之间的沟通；②把成员的注意力聚焦在最重要的工作上；③促进跨部门协同；④让团队和个人对目标更有责任感；⑤激发员工去做面向未来的思考。

二、自组织管理模式

自组织作为哲学概念最早可追溯至笛卡尔的《方法论》及康德的《审判批判》，而作为现象最早由法国物理学家贝纳德发现。自组织理论于 20 世纪 60 年末期开始建立并发展，是由 1969 年西德科学家赫尔曼·哈肯提出的"协同学"、1969 年比利时科学家普里戈金提出的"耗散结构理论"、1972 年法国数学家提出的"突变论"及其他相关理论共同组成的，即自组织理论是一系列理论的统称。

自组织管理是企业管理的一种敏捷实践。自组织团队中的每一位成员都是团队的核心骨干，都为团队的目标负责，在团队事务上没有一位绝对的管理者，每位团队成员都可以成为团队事务的管理者，自组织团队中的所有成员一起完成团队事务。自组织管理的最大特点是鼓励团队成员自我管理，主动思考，多担当。团队成员具有强烈的自我驱动、自我完善、自我管理的意识，不仅能主动支持团队的公共事务，还能主动发现团队和业务中的问题，对这些问题提出改进建议，努力解决这些问题。

举例来说，如果有几个工人不靠外部命令，而靠相互默契来协同工作，各尽其责地开展生产作业，那么这种组织方式就叫"自组织"，这几个人在一起就形成了一个"自组织"团队。

在企业实践中，像合伙人制、"阿米巴"模式、"品牌三人行"、腾讯的"领航员项目"、海尔的员工创客等都是在进行自组织管理的探索。

自组织管理的一个典型案例是巴西的 SEFCO 公司。该公司在 20 世纪 80 年代时遇到了危机，为渡过危机，公司和员工达成一份协议：①员工集体降薪，但在薪水恢复之前，享受较高利润分享计划；②管理层降薪 40%；③员工自主决定工作方式和工作开支。这是一份带有"自组织管理"韵味的协议。令人满意的是，员工们在自主管理权扩大以后变得积极主动，生产效率得到极大提升，成本大幅降低，最终，"民间"智慧帮助 SEFCO 转危为安。

如今的 SEFCO，自组织的特性更加彻底：公司的核心层是一个共有 6 个人的委员会，负责制定公司的基本运行规则和长期战略；第二层是合伙人，即各个部门的负责人；其余的人都被称作"伙伴"。每个伙伴设定自己的薪水，所有人的薪水都是公开的，所有的会议也都是开放的，任何一个伙伴都有权参加。公司的财务信息完全透明，任何人都可以看到。SEFCO 正是通过这种方式，将公司化整为零，建立起一个个内部自治的小团体，从而获得了不俗的经营业绩。

自组织之所以有效，根本原因在于自组织是由团队成员的内驱力驱动的，而不是受外界的压力驱动。如果要在传统企业里维持这种内驱力，就要坚持自组织管理的三个核心原则：共创、共享和共治。共创，就是把每个成员都看成价值创造者；共享，就是要构建资源共享、信息共享机制，形成利益共同体；共治，就是成员高度参与，大家一起来制定规则，并达成共识。

当团队面临的环境处于高度不确定状态时，团队如果要适应环境的变化，就必须加强自我调节、自我适应和自我修复的能力。变化的外部环境对团队的组织方式提出了新的要求，要求上级对下属（尤其是知识型员工）改变传统的控制型管理，进行组织创新，以激发下属创造价值的活力。这就是自组织管理被越来越多团队选择的背景。

最后要强调一下，自组织并非无组织。自组织内部不是无序的，恰恰相反，自组织有着灵活的运行机制和高适应性的内部结构。自组织和传统控制型组织只是在组织形态上有所不同，本质都是追求活力、效率和协同价值。

三、Check – In 系统

2013 年，奥比多公司用 Check – In 系统取代了绩效考核。与绩效考核关注员工过去的表现不同，Check – In 系统关注的是员工未来的表现，从而有效地把员工的注意力聚焦到持续改进上来，并获得了员工的支持。据说，该公司实施 Check – In 系统后，离职率大幅度下降，很多员工的绩效得到了改善，公司的美誉度也得到了很大的提升。当前，已经有很多企业在尝试引进这套系统。

Check – In 系统通过三个环节来激发员工的内在动机，分别是明确期望、持续反馈和聚焦发展。

（1）明确期望。在这个环节中主要有三个动作：①上级与下属进行面谈，双方协商确定接下来的目标（这里的"目标"指努力方向，例如加强新客户开发）；②下属根据目标，制定下一个阶段的期望清单（该清单包括目标、成功标准和完成日期），提交上级进行审核，清单的格式见下表（表3.1）；③双方可随时就期望清单进行沟通、重新审视或修订。

表 3.1　期望清单

目标	期望	
	成功标准	完成日期
加强新客户开发	开发 3 个新客户	××月××日
	召开 1 次新客户开发研讨会	××月××日

（2）持续反馈。奥比多公司把持续反馈作为 Check – In 系统中的重要一环，要求员工进行双向的持续反馈，反馈既可以由上级发起，也可以由下属发起，但必须实时、具体和中肯。为了保证反馈的效果，奥比多公司专门加强了这方面的培训。

（3）聚焦发展。奥比多公司还会定期收集员工的个人发展计划，包括对工作的满意度、技能掌握情况、职业目标和未来设想等，并把这些作为员工岗位调配的重要依据。

四、绩效管理定制化模式

塔玛拉·钱德勒在《绩效革命》一书中解释了绩效管理方案为什么需要"定制"，她认为每个组织都是独一无二的，因此每个组织都需要一个支持这种唯一性的绩效管理解决方案。她接着说："在独特性和个性的层面上，我们被迫意识到，将一个企业、一个部门团体甚至个人的绩效管理方式'一刀切'地用到另一个企业、部门或个人上，很可能会失败。"

既然是"定制化"的方案，自然不能由一群专家躲在办公室里"闭门造车"，员工参与才是成功的关键。为了保证员工充分地参与方案的制定过程，钱德勒建议首先要建立一个能代表企业各个组成部分的设计团队，然后邀请更大、更广泛的群体来开展对话和研讨。为了保证参与效果，企业还应尽量使用先进的 IT 工具，她举例说，Adobe 公司就曾使用微博来向全体员工征求意见。

定制化的绩效方案和传统方案看起来一点也不像，以至于让人怀疑它是不是绩效管理。假如说，我们开展绩效管理的目的包括激发下属积极性、获得绩效数据、实现员工发展、明确努力方向、保证薪酬公平等，那么传统做法就是试图把以上全部目标纳入一个高度集成的解决方案中，但是这个解决方案会由于过于复杂而无法实现。而定制化的绩效方案不是一个高度集成的方案，而是许多有针对性的微型方案的集合，这些微型方案相对独立，互不影响。

根据不同目的和性质，钱德勒将所有的微型方案划分为 6 个类别：①目标和保持一致性；②反馈和对绩效的洞见；③教练与辅导；④职业与发展规划；⑤人才评审和对人才的深入了解；⑥整体薪酬方案。每个微型方案都应该明确其参与者、时机、主导者和评估方式。表 3.2 是某公司的定制化绩效方案的示例。

表 3.2　某公司定制化绩效方案示例

类别	方案	内容注释	参与者	时机	主导者	评估方式
目标和保持一致性	合作制定战略规划	让员工参与到年度战略制定和季度回顾中以增强个人与战略的关联；和团队成员公开讨论运营战略、投资战略	所有员工	年度计划、季度计划回顾	总经理	根据目标评估团队绩效
	个人承诺宣言	员工个人写一个简短的个人承诺宣言，即"我为什么在这里以及我希望今年取得什么成绩"	所有员工	每年完成一次，其间随时分享	员工	不适用
反馈和对绩效的洞见	同事认可	每周五的总结会加入号召努力工作的内容	所有员工	每周或临时	团队	不适用
	强化持续改进的文化和习惯	项目管理方法里将包括关键里程碑的讨论和项目结束会议以寻求持续改进	所有员工	视项目进展而定	项目负责人	不适用
	员工推动的反馈	鼓励员工个人针对他们的工作表现主动寻求反馈	所有员工	需要时	员工	不适用
教练与辅导	经理参与指南	经理每两个月都要和其下属进行一对一的谈话。为经理进行这些谈话提供资源（例如，可能的谈话主题清单等）	所有员工	每两个月一次面谈	经理	不适用
职业与发展规划	员工推动的计划并包含在个人承诺里	鼓励员工进行更深入（在当前领域内）或更广（在其他领域）的探索；员工在个人承诺里概述他们的职业追求和经验	所有员工	每年完成一次，其间随时分享	员工	不适用
	项目分配的选择流程	把项目分配作为培养员工的关键手段	所有员工	项目驱动	项目负责人	不适用

续表

类别	方案	内容注释	参与者	时机	主导者	评估方式
人才评审和对人才的深入了解	年度人员规划	制定人员策略以支持年度战略规划；安排好有计划的晋升和职业变动以满足组织需求和员工追求；关注组织的新需求和提升团队能力	所有员工	与战略规划一致并根据项目的需求调整	总经理和高管团队	不适用
整体薪酬方案	薪酬战略回顾	保持薪资调整与生活成本的变化同步，以及与同行业相似岗位一致	所有员工	员工的周年回顾	HR/运营	与同行其他企业比较
整体薪酬方案	周年评审	总经理每年和员工面谈，评审其作用，检查做得如何，以及分享对未来的期许	所有员工	员工的周年回顾	总经理	不适用
整体薪酬方案	董事会赞助的福利	董事会对关键的里程碑提供阶段性认可	所有员工	随时（事件驱动）	董事会	不适用
整体薪酬方案	项目奖励	寻求除金钱外的其他方式来认可和奖励员工，如提供任务机会以及认可贡献等	所有员工	项目驱动	总经理	不适用

　　钱德勒还发展出一套流程来保证定制化绩效方案的生成及其实施的效果，该流程包括五个步骤，分别是：第一步，动员（计划，邀请参与者，项目开始）；第二步，起草（参与者就设计原则达成一致）；第三步，配置（配置解决方案，测试以及验证）；第四步，搭建（搭建解决方案，验证细节设计）；第五步，实施（计划变革，实施并评估）。

　　当我开始了解这种定制化的绩效管理模式时，直觉告诉我这是正确的做法，是有效的方法。如果一定要给这套模式挑毛病的话，我认为是它太挑战大家的固有思维。就像当时的人们很难接受哥白尼的日心说一样，可能企业管理者也比较难接受这种模式，因而在实施中会遇到很大的阻力。但我也相信，一旦当事人开始参与到该模式带来的变革中，他对该模式的排斥就会逐渐消失，最终成为该模式的拥护者和受益者。

第四章　非考核绩效体系概述

"要发挥好人才评价'指挥棒'作用，为人才发挥作用、施展才华提供更加广阔的天地，让做出贡献的人才有成就感、获得感。"

——习近平

与考核绩效模式相比，非考核绩效模式的主要特点是：①拓展了绩效管理的目的，不仅要突破"三大困境"，还要实现"两个提升"；②改变了解决思路，不再追求用一个方案解决所有问题，而是将绩效基本问题归结为六大主题，并以六个模块分别解决之；③重新界定了责任主体，职能部门不再承担绩效管理责任，管理者成为责任主体。

第一节　新模式的常规问题

一、新模式怎么理解"绩效"

简单来说，"绩效"就是工作表现。

"绩效"分为个人绩效和团队绩效。本书在前面几章提到"绩效"这个词时，并未严格地区分个人绩效和团队绩效，因为无论是哪一种，都适用于之前的所有论断。

但是，我们在后面章节中讨论非考核绩效模式时，需要注意区分"个人绩效"和"团队绩效"。在第五、八、九、十章，如果没有特殊说明，"绩效"指"个人绩效"；在第六、七章，如果没有特殊说明,"绩效"指"团队绩效"。

(一) 个人绩效与团队绩效

所谓个人绩效,指的是团队成员个人的工作表现;所谓团队绩效,指的是团队成员整体的工作表现。

对于个人的工作表现,管理者应关心哪些方面呢?我认为主要是工作积极性、熟练度、创造力、对工作的认知以及个人素质。对于团队整体的工作表现,人们的关注点主要在于工作成果,比如产品质量、盈利情况、履行社会责任情况等。

我们知道团队是个人之和,团队工作也是个人工作之和,那么团队绩效是否等于个人绩效之和呢?

应该说,个人绩效和团队绩效之间有高度的一致性,但可能并不完全对应,简单来说,个人绩效和团队绩效的平均水平差不多,但团队绩效不一定是个人绩效之和。把单打独斗最厉害的士兵集合在一起,未必能造出一支"王牌"部队,甚至可能沦为"杂牌"部队;把协作配合很好的士兵放在一起,即使个人表现不是那么突出,却更有可能打胜仗。这提醒管理者,那些看似表现不错的员工,可能因缺乏对他人的支持而给团队带来隐性损失;那些看似表现不怎么样的员工,可能因维系了团队成员间的合作而让团队整体获益。

我们知道绩效考核会破坏团队成员之间的协作关系,因而,在考核模式下,个人绩效和团队绩效往往是不一致的。很多实施绩效考核的企业中存在一种现象,就是虽然部门绩效很差,但部门内绝大部分员工的个人绩效都挺好,这就是个人绩效和团队绩效割裂的体现。而非考核绩效模式能消除个体之间的竞争,实现个人绩效和团队绩效的统一,即团队的平均个人绩效和团队绩效是大致一样的。

(二)"低"绩效与"高"绩效

简单来说,"低"绩效就是工作表现不好,"高"绩效就是工作表现好。

对个人绩效而言,"低"绩效就是指管理者对下属的工作表现不满意;反之,"高绩效"就是指管理者对下属的工作表现非常满意。

对团队绩效而言,"低"绩效就是指"人们"对团队整体工作表现不满意,这里的"人们"主要是指各个相关方,如上级单位、股东、客户等;相反,"高绩效"就是指"人们"对团队整体工作表现非常满意。

无论是个人还是团队工作,都可以从多个角度来审视,而审视后,评价者可能会产生以下三种感受之一:不满意、满意或非常满意(感到"惊喜")。

有人会将以上的感受再进行细分,比如将"不满意"分为非常不满意、比较不满意、一般不满意等,我在做满意度调查时也经常使用这样的一些词。这些词也许能表现感受的强烈程度,比如非常不满意是一种强烈的感受,一般不满意是一种不强烈的感受,但从本质上来讲,它们没有什么不同。也就是说,无论"非常不满意""比较不满意"还是"一般不满意",它们的内在含义都是"诉求没得到满足",只是在没有满足的程度上有差异而已。因此,在本书中我们只应用这三种感受,不再细分。

这些感受是自发产生的,属于人们的本能反应。这是一种提醒机制,提醒人们思考被评价方的工作是否满足了自己的诉求,以便采取相应的措施和行动。

一般来讲,人们如果对个人或团队工作不满意,便会督促他或他们改进工作;相反,人们如果对个人或团队的工作感到惊喜,便会希望他们继续保持或发扬;人们如果对个人或团队的工作感到满意,则不会在该项工作上长期保持注意力,而是会将注意力转移到更需要关注的地方。

考核模式与非考核模式下的"低绩效"的含义是完全不同的。在考核模式下,"低绩效"是对被考核者的警告、威胁和施压,它的含义是"你将要被惩罚"或者"你面临被惩罚的危险"。在非考核模式下,"低绩效"是一种警报、提醒,它的含义是"人们感到不满意""人们的诉求没有得到满足"或者"人们认为你有很大的改进或提升空间"。

由此可见,在考核模式下,"低绩效"的评价只具有负面意义,其应对措施指向的是惩罚,因此被考核者往往害怕得到这样的评价。而在非考核绩效模式下,"低绩效"有着正面的意义,可能会使员工得到更适合的工作机会或者额外的辅导和帮助,在这种情况下,员工往往更愿意面对它、接受它而不是逃避它、遮掩它。

另外,在非考核模式下,"中等绩效"的含义是"人们感到基本满意"或者"人们未提出重大改进意见";"高绩效"的含义是"评价者感到惊喜"或者"评价者希望你的某些方面能得到发扬"。

最重要的区别是,考核模式对"低绩效"的态度是施压和惩罚,而非考核模式则是改进和帮助。

二、新模式有没有"绩效评价"

(一)什么是工作反馈和工作评价

我们知道,在考核模式中,"绩效评价"是一个关键术语,有"个人绩效评价"和"团队绩效评价"之分,有时等同于"绩效考核"。

在非考核模式下,上级要对下属的工作进行反馈,但这种反馈不是关于优劣等级,而是关于下属应如何更好地工作,因此被称为"个人工作反馈"。有时候上级也要对下属进行评价,但评价的不是"绩效",而是"是否胜任",或者参与评价下属的"工作能力水平"。因此,非考核绩效模式中不存在"个人绩效评价"这样的概念。

个人工作反馈不再被下属看作"威胁",而是有利于自我提升的"有益信息"。下属不再需要向上级隐瞒"负面"信息,而是力求反映自己工作的真实状态;上级不再需要"平衡",而是力求反映自己的真实诉求。大家开诚布公，信息得以顺畅地传递，内耗减少到最低，员工的时间和精力被最大限度地用于价值创造。

在非考核模式下，团队工作也需要被评价，但这种评价不是传统意义上的"绩效评价"，不再是给团队搞绩效评分或绩效排名，也不是划分绩效等级，而是给予团队反馈意见，即针对团队的工作表现说明哪些方面不满意、哪些方面满意，寻找可能的改进点，以便为持续改进明确方向。本书所说的"工作评价"，也可被称为"团队工作评价""评价团队工作"或"评价团队绩效"。

举几个评价的例子，"我对你们部门上个月的工作不太满意"，虽然没有评分，但这本质上还是"绩效评价"；"我对你们部门上个月的党建工作不太满意"，这就有"工作评价"的味道了，接下来部门员工可能会询问"您对我们党建工作的哪些方面不满意"，于是一场对话就开始了。判断一个评价是"工作评价"还是"绩效评价"，关键在于它是否能明确地指出团队工作的改进点和亮点在哪里，能明确指出来的就是"工作评价"，未能指出的只能称为"绩效评价"。

（二）由谁进行工作的反馈和评价

在非考核模式中，个人工作反馈主要由直接上级来实施；团队工作可以由任何相关方评价，但最终由管理者在整合其他相关方评价的基础上形成结论。个人工作反馈和团队工作评价可以定期进行，也可以不定期，没有时间和空间的限制。

在考核模式中，"自己不能考核自己"，否则就是"既当运动员又当裁判员"，是不公平的。但在非考核模式中，团队工作评价不会成为奖惩团队的依据，其目的是为了改进工作，因此不存在所谓的"公平或不公平"的问题。团队工作评价追求的是及时、准确、全面、抓住要害，而不是公平。所以，团队自我评价可以有，也应该有。

管理者有责任对下属进行工作反馈，而且有责任帮助下属提升和进步。管理者对下属的工作反馈包括哪些方面需要改进，为什么需要改进，如何改进，以及应改进成什么样子。如果管理者的反馈不能帮助到下属，其价值就会大幅度缩水，也难以被下属认同，甚至让下属产生抵触情绪。管理者还有责任保证下属的薪酬水平、岗位要求与其能力水平匹配。管理者需要评估下属的能力水平，并将其用于薪酬调整、晋升、任免等人事决策上，这些人事决策也属于团队绩效改进措施。

管理者对团队工作评价负有最终责任，这意味着管理者必须：①整合各个相关方对团队的评价并形成自己的意见。管理者的最终评价整合了主管领导、客户、股东、合作单位、团队成员的意见和自己的观察分析，比传统的绩效考核结果更全面、更具体、更有指导价值、更能被团队接受。②坚持团队的持续改进。管理者的评价结论是团队持续改进的输入，为改进指明了方向，因此管理者应深度参与团队持续改进的过程，包括改进方案的产生过程和执行过程，以保证改进结果符合相关方的整体利益。

管理者把个人工作反馈和团队工作评价统一了起来，有利于保证员工努力方向和团队保持一致，避免因为评价者不同而导致个人和团队的方向不一致。另外，管理者用全局视角对各项工作进行审视，这对维持团队的正确方向，维护所有相关方的整体利益具有重要意义。

（三）怎么看待"客观"与"主观"

众多企业在制定绩效考核方案时，都要求考核结果是"客观"的。

什么是"客观"呢？按我的理解就是，无论考核者是谁，只要他走同一个考核流程，就会得到同样的结果。换句话说，考核结果不会因考核者的偏见、好恶、立场而不同。

我认为，企业管理层提出这样的要求是可以理解的，因为绩效考核被抨击最多的缺点就是"不客观"，以及因"不客观"而产生的"不公平"。所以，他们认为绩效考核的关键就是做到"客观公平"，如果解决了这个问题，绩效考核就是无可置疑的了。

为了实现"客观公平",企业纷纷制定所谓的"绩效标准",以便做到用"标准"衡量绩效,而非用"人"来衡量。用标准衡量绩效,这种做法最大的特点是先有标准后有考核。

我承认,如果绩效标准足够明确(比如用数字表达)的话,的确可以做到考核结果不因人而异。比如,对于一个在考核中被评为"差"的员工,考核者不需要了解该员工遇到了什么困难,也不需要了解员工付出了多大的努力,更不需要了解团队的工作要求是否合理,考核者只需要将该员工的工作产出和标准进行比较,就能轻松得出结论。

然而,这种看上去"客观"的做法却导致了另外一个重大的缺陷,那就是违反了实事求是原则。这就好比一个大学生在参加工作前先把未来的职业生涯规划好,在未来参加工作后,用以前制定的职业生涯规划来评判当前的发展路径是否正确。坦率地讲,这会导致荒谬的结论,可能会误导该大学生未来的职业选择。同理,根据"绩效标准"计算出的"客观"的绩效考核结果,因为无视工作中的现实因素,也失去了对现实的指导意义。

我认为,最有价值的工作反馈和评价一定是"主观"的,应包含上级对下属工作或相关方对团队工作的方式方法、行为态度、影响因素(如环境、条件、突发事件等)和改进措施的分析、判断和思考,这些"主观"的分析、判断和思考比"客观"的按标准打出的评分更有价值,更具有启发性和指导性。

"主观"不代表缺少依据。主观评价可以建立在庞大的绩效数据的基础之上,绩效数据越全面、越准确、越及时,依据就会越牢靠。

"主观"也不代表可以不负责任或者损人利己,因为任何评价都有一个明确的指向,那就是要更好地满足相关方的诉求。经营一个企业是为了满足股东、客户、员工、政府机关等的诉求;设立一个部门是为了满足上级、内部客户、协作单位等的诉求;运作一个项目是为了满足发起人、用户等的诉求。因此,任何不利于实现以上诉求的评价都是应该被质疑甚至被拒绝的。

第二节　新模式的六大主题

一、"三大困境"与"两个提升"

前面讲过，企业之所以要搞绩效考核，其深层原因是管理层遇到了"三大管理困境"——监控困境、倦怠困境和信服力困境，他们希望用绩效考核来破解"三大困境"。

但问题在于，绩效考核做不到啊，是真的做不到啊！其实，学术界和企业界并非没有发现这一点，从 20 世纪 70 年代开始，众多学者开始对绩效考核的理念和方法进行改良。当然，这种改良是在保留绩效考核的前提下进行的，通常的做法是增加若干的活动，如绩效计划、绩效辅导、绩效面谈等。这时，绩效考核就变成了"绩效管理"的其中一个环节，但仍然是关键的一环。

在如今的绩效咨询实践中，客户往往要求咨询机构解决实际问题，而不仅仅是传授理念和方法。咨询顾问在压力之下开始自发地淡化绩效管理方案中的考核色彩，并强调绩效沟通的重要性，比如他们经常引用的一句格言是，"沟通是绩效管理的灵魂"。

当把绩效考核升级为绩效管理之后，管理专家们拓展了绩效管理的目的，除了破解"三大困境"外，又增添了两项新目的，分别是：第一项，促进团队绩效持续改进；第二项，促进员工工作能力提升。

我们可以把这两项统称为"两个提升"，那么绩效管理的目的可以归结为：破解"三大困境" + 促进"两个提升"。

（一）促进团队绩效持续改进

有充分的事实说明，持续改进是提升团队绩效的有效方法，是企业走向成功的窍门。传统绩效管理的 PDCA 循环（图 4.1）正是借鉴了持续改进的理念。

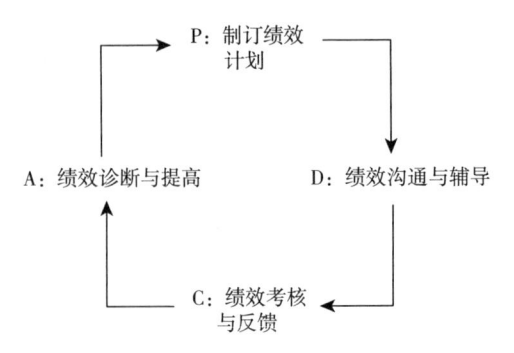

```
        P：制订绩效
           计划
A：绩效诊断与提高       D：绩效沟通与辅导
        C：绩效考核
           与反馈
```

图 4.1　绩效管理的 PDCA 循环

我们在管理咨询服务中发现，即使是那些成立了几十年的成熟企业也依然存在大量的"薄弱环节"和"漏洞"，它们存在于战略规划、质量管理、市场营销、工艺设计、生产制造、产品研发、人才储备管理等各个方面。

这些"薄弱环节"和"漏洞"的其中一部分是管理者知道的，还有一部分是需要管理者去发现的。管理者当然希望能及时加强"薄弱环节"，堵上"漏洞"，然而在实际中却常常遇到困难。

对于那些管理者已经知道的问题，困难在于制定各方都能接受的改进方案。在一家制造企业中，大多数中层管理人员都承认运营成本过高、存在大量浪费，但当大家讨论如何降低成本时，几乎每个降低成本的建议都有人反对，结果，3 个小时的会议仅通过了几条诸如"双面打印文件资料""调高夏天的空调温度"之类的无关痛痒的措施。

对于那些需要管理者去发现的问题，挑战在于某些"薄弱环节"和"漏洞"在损害发生以前难以被觉察。有一次我和同事去一家化工企业调研，在翻看以前的台账时发现一辆车的"吨平费用"（一个运输成本指标）高达 2278 元，远高于正常水平，经过深入调查才发现，该公司在物流管理方面存在严重漏洞。再比如，某企业和员工的劳动合同存在严重的法律问题，直到该企业被一个员工以"克扣加班费"为由告到劳动仲裁机构后，以上问题才被发现。

PDCA 循环最早是由美国质量管理专家休哈特博士提出的，后由戴明推广普及，作为全面质量管理的思想基础和方法依据获得了巨大的成功，所以又称戴明环。一些专家把 PDCA 循环借鉴到绩效管理中，希望以此来推动团队绩效的持续提升，却并没有成功，持续改进并没有如预期那样发生。就我个人的观察，那些考核严厉、奖惩文化盛行的团队恰恰在持续改进方面流于形式、停滞不前。

为什么会这样？我们仔细分析一下就会发现，在质量管理中，PDCA 中的"C"指的是检查；而在绩效管理中，PDCA 中的"C"指的是考核。"检查"与"考核"听起来差不多，但实质完全不同。举个例子，一个小学生晚上做完作业，家长帮助过一遍，看看有没有错误，这叫"检查"，后面老师再过一遍，看看有多少错误，还要点名批评错误多的学生，这叫"考核"。虽然都是"挑错"，但学生们欢迎"检查"，害怕"考核"，这就是根本的区别。

绩效考核在推进持续改进方面失败的原因有很多，如：①"水涨船高效应"。很多员工发现，当他们努力提高自己的生产效率后，考核标准也会相应地提升，于是产生了"上当受骗"的感觉，就好比原来工资低买不起房子，后来经过奋斗工资翻倍了，然而房价也跟着翻了倍，结果还是买不起。②反"帕累托效应"。一项改进措施虽然让团队整体受益，却可能因影响少数人的考核绩效而遭到抵制，比如，降低库存的措施可能会影响生产部门的交货及时率，降低成本的措施可能会影响某些员工的产量指标等。③考核过程造成员工创造力下降。据我的观察，在那些奉行严厉考核制度的公司或单位里，员工唯唯诺诺，管理变革和技术革新都维持在一个较低的水平，而在那些考核压力较小的团队里，员工的冒险意愿和创造力明显都会高一个层次。④考核数据往往难以用于改进分析。比如，"成本费用率"是某生产部门的一个考核指标，从该指标数据中很难发现问题，而当我们开始分析"成本费用的构成"时，很快就能发现其中的物流成本存在很大改进空间，很显然，像"成本费用的构成"这样的有效数据并不适合用于考核。

非考核绩效模式把促进团队持续改进作为其核心任务之一，其中最重要的是发展出一系列的策略、方法和工具来支持团队工作的持续改进。

非考核绩效模式是如何支持团队持续改进的呢？主要有以下几种措施：①把团队持续改进作为新绩效模式的核心模块之一；②通过完善的监控指标体系、数据传递系统来寻找问题线索和改进机会；③通过全方位的工作评价来确保改进方向和改进重点的正确性；④通过群策群力、团队共创来激发下属的变革力、创造力和执行力；⑤通过构建持续改进的流程、组织（比如试点团队）和文化来打造有利于持续改进的环境。在阅读后面的章节时，大家会对以上几点产生愈来愈深刻的理解。

（二）促进员工工作能力提升

提升工作能力无论对员工自己还是对团队来说都意义重大。

对员工而言，个人进步主要体现为工作能力提升，每个员工在职业生涯过程中都希望能不断提升自己的工作能力，因为它不仅能带来升职、加薪等物质收益，还能带来成就感、安全感、意义感、自信、尊重、被关注等心理收益。

对团队而言，员工能力提升可带来如下好处：①拥有更强的人才储备；②增强团队工作效率；③提升员工对团队的归属感。

在员工的能力提升之路上，别人是外因，自己是内因，外因通过内因起作用。从某种意义上讲，员工的能力提升其实是自我提升。

考核绩效模式尽管看重员工工作能力的提升，并规定了"绩效辅导""绩效面谈"等培训和辅导措施，但往往效果不佳。因为绩效考核制度一般会要求管理者对那些绩效"差"的员工进行培训和辅导，但这些"差"员工未必愿意接受培训和辅导，因为他们往往不认可考核结果，把它归因于考核者的偏见，或者归因于不可控因素，或者单纯觉得是因为运气差，很少有人承认自己的工作能力差。强制性地帮人提升，这就叫"揠苗助长"，或者"好心办坏事"，这就是培训和辅导效果不佳的深层次原因，正所谓"通往地狱的路上铺满了好心好意"。

非考核模式同样把提升员工工作能力作为它的核心任务之一，而且效果要比考核模式更好。

为什么非考核模式更有利于下属的能力提升呢？可以从上级反馈的及时性、环境的安全性和发展的自主性上找到原因。下表（表4.1）是两种绩效模式在以上三个方面的差异。

表4.1 两种模式在工作反馈与辅导方面的差异

	非考核模式	考核模式
反馈的及时性	即时性反馈：提供即时辅导和训练，帮助下属了解正在进行的工作，哪些进展顺利，哪些需要调整，以及下一步应增强什么	周期性反馈：把对下属的反馈积攒起来，等到了月度考核甚至年度考核时才提出来，这些反馈不但对员工发展失去了价值，反而让下属感觉是在"挑刺"或"找理由"
环境的安全性	安全的环境：下属坦诚自身的不足时会得到真诚的支持和对待；下属的能力得到提升时会被"看到"。在这样的环境中，下属通过吸收反馈建议来成长	冒险的环境：下属坦诚自身的不足可能会被当成"低绩效"、扣罚、降级等惩罚措施的依据。在这样的环境中，下属会感觉受到威胁因而排斥反馈建议
发展的自主性	高自主性：下属了解自己当前的角色期望，以及未来晋升的职位要求和需达到的能力水平。因此，下属会积极参与自身的工作规划、岗位规划和职业生涯规划	低自主性：下属更倾向于服从上级的指示和安排，缺少自主性。往往由上级对下属的工作和岗位进行规划，下属只是被动接受，对自身的职业未来也感到迷茫

管理者要想促进下属的能力提升，关键要抓住三点：第一，让下属产生自我提升的意愿；第二，让下属清楚自我提升的方向；第三，及时给予下属辅导和支持。

在非考核模式下，管理者是这样做的：全面、及时地收集下属的工作信息，了解他们的工作状态，并给予反馈（包括转达他人的反馈），让下属对自己的工作有明确的、准确的认知，并督促下属进行自我反思，从而使他认识到自我提升的必要性和方向。

二、新绩效模式的六大主题

要深入讨论绩效管理，首先要明确绩效管理的主题是什么。

绩效管理的主题就是绩效管理活动要解决的基本问题。所谓"基本问题"，就是指绩效管理不能回避的问题，是绩效管理存在的理由，也是绩效管理与其他职能管理的区别。譬如，人们一般认为薪酬管理的基本问题是实现外部公平、内部公平和自我公平，这就是薪酬管理与其他职能的区别所在。

我们在研究和实践绩效管理时应该紧紧围绕其主题，避免"偏题"。就像写命题作文必须抓题眼，把握表意重心，这样才不会下笔千言却离题万里。

应该说，无论什么模式，只要与绩效管理有关，其主题就基本是一致的，我称之为"破解'三大困境'+促进'两个提升'"。"三大困境"是对管理者而言的，是管理者必须要面对和克服的障碍；"两个提升"是对被管理的对象而言的，包括下属能力提升和团队工作改进，是管理者应该担负的责任。

"三大困境"催生出绩效考核，当绩效考核升级为PDCA循环的绩效管理之后，"两个提升"才得到足够的重视。

我对非考核模式的绩效管理主题进行了梳理和重组，并将其归结为"六大主题"，分别是：①破解下属监控困境，并保证个人努力方向与团队一致；②破解团队监控困境，并保证团队改进方向符合相关方诉求；③促进团队持续改进；④破解下属倦怠困境（提升那些对工作倦怠的下属的工作主动性和积极性）；⑤促进下属工作能力提升；⑥破解信服力困境（提升薪酬调整、岗位调整和职业发展规划等决策的信服力）。

按性质分类，"六大主题"可分为三类，分别是"监控""执行"和"支持"。所谓"监控"，就是管理者和员工如何在正确的时间获得恰当的工作信息，以支持他们做出正确的决定；所谓"执行"，就是如何消除影响绩效的因素，保证工作方式、方法得到持续改进；所谓"支持"，就是将绩效管理和人事决策（如薪酬调整、岗位调整和职业发展规划等）结合起来，起到相互支持的作用。

按面向对象分类，"六大主题"可分为两类，分别是"个人"和"团队"。所谓"个人"就是指该类主题主要与团队成员个人的工作相关，相关的要求和决策主要针对个人；所谓"团队"就是指该类主题主要与团队的整体工作有关，相关的要求和决策针对整个团队（表4.2）。

表4.2　绩效管理六大主题的分类

主题性质	个人	团队
监控	破解下属监控困境，并保证个人努力方向与团队一致	破解团队监控困境，并保证团队改进方向符合相关方诉求
执行	破解下属倦怠困境（提升那些对工作倦怠的下属的工作主动性和积极性）	促进团队持续改进
	促进下属工作能力提升	
支持	破解信服力困境（提升薪酬调整、岗位调整和职业发展等决策的信服力）	—

了解这六大主题是我们理解非考核绩效模式的前提，这就像在开始规划旅游路线之前，先要确定去哪些景点。新模式就是在研讨如何解决这六大主题的过程中产生的。

这六大主题也可作为我们评判一种绩效模式是否有效的标准。如果一种绩效模式能有效解决这六大主题，则该模式就是有效的，否则就是无效的。

第三节　非考核绩效体系概述

一、两项基本原则

（一）以事实为依据

很多管理者不认为"以事实为依据"是个值得探讨的问题，因为他们相信自己平时就是这样做的。

然而真实情况是，人们很容易将自己的认知和成见当成事实。比如，"像他这么自私的人怎么会帮助我呢"这个判断就把"他是自私的人"这个成见当成了"他不会帮助自己"的依据。你也可以自查一下，你在评价下属工作时，经常依据的是"我觉得""我认为"，还是"我看到""我发现"？如果是前者，那么你可能要反思一下了。

以事实为依据，就要重视数据信息的收集。新绩效模式非常注重信息监控，强调工作评价、绩效改进、薪酬调整、人事任命等都应该依据充分的事实和数据，拒绝盲目性和经验主义。新模式对个人工作信息监控和团队工作监控都有很多方法和工具，以便让管理者更及时、更准确、更全面地获取数据信息。

以事实为依据，还要重视事实和数据后面的"背景"或"特殊情况"，比如，一个员工上班迟到，可能是因为他在途中见义勇为。管理者在了解一项工作时，还要了解该工作的背景、现实条件和影响因素。再比如，在对某公司的销售工作进行评价时你会发现今年的销售额比去年低，但这不是全部事实，你还要考虑到销售额下降的背景是百年一遇的疫情。忽略数据的背景很可能会让决策有失偏颇。

任何理论和经验都有其适用的范围，一旦超过范围就会变成"错"的，不再有指导意义了。

（二）基于真实人性

人性是复杂的。我想起我的一个同班同学的硕士论文题目好像是"动物行为对管理的启示"，我记不太清了，大概是这个意思。但创新型管理者不能用管理动物的方式（如"强化理论"所支持的方式）去管理人，因为人的行为动机的复杂程度远远不是动物可比的。

100年前管理专家发现，对于那些从事简单劳动（比如流水线作业）的员工，其工作动机的差异貌似对工作效率和质量影响不大。根据这种观念，企业主更愿意把员工看作"经济人"，即工作的唯一动机就是获取外在报酬，并使用简单的"胡萝卜＋大棒"的激励方式来驱动员工努力工作。

在当今社会，那些依然把员工当成"经济人"的管理者显然过时了，他们无法理解年轻人的想法和感受，看不懂员工的行为，"胡萝卜＋大棒"的方式越来越不起作用。

新绩效模式要想激发员工的潜能，必须从真实的人性出发，基于当代的"动机理论"，全面、深入地审视人与工作的关系，采用那些被实践证明有效的管理方式，摒弃过时的方式方法。

创新型管理者要努力去理解员工的深层次诉求，相信"工作本身"而非外在报酬是满足这些诉求的唯一途径，并有能力搭建起"工作"和"诉求"之间的桥梁，让员工对工作本身发自内心地热爱。

二、六个基础模块

前面讲过，非考核绩效模式将绩效管理的基本问题归结为六大主题。我们把解决某一个主题所使用的理论、方法、工具、技术整合起来，称之为"模块"。如果我们把"主题"比作一道数学题，那么模块就是解答这道数学题所用到的定理、推论、解题思路和解题步骤。

与六大主题一一对应，非考核绩效模式共有六个基础模块（图

4.2），分别是：①个人工作信息监控；②团队工作监控与评价；③促进团队持续改进；④破解下属倦怠困境；⑤提升下属工作能力；⑥调薪、解聘与人才选拔。

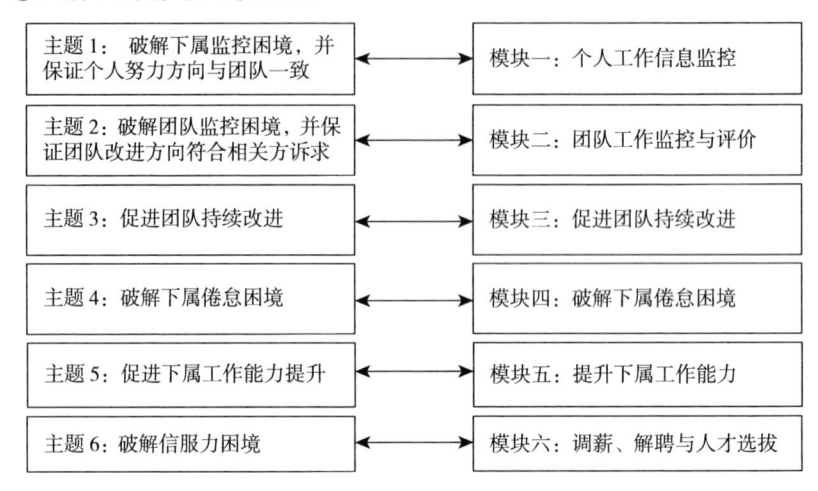

主题1：破解下属监控困境，并保证个人努力方向与团队一致	↔	模块一：个人工作信息监控
主题2：破解团队监控困境，并保证团队改进方向符合相关方诉求	↔	模块二：团队工作监控与评价
主题3：促进团队持续改进	↔	模块三：促进团队持续改进
主题4：破解下属倦怠困境	↔	模块四：破解下属倦怠困境
主题5：促进下属工作能力提升	↔	模块五：提升下属工作能力
主题6：破解信服力困境	↔	模块六：调薪、解聘与人才选拔

图4.2 "主题"与"模块"之间的对应关系

（一）个人工作信息监控

该模块的重点在于让管理者高效地获取下属的工作信息，以便及时处理各种状况，或对下属做出指导，使下属的努力方向与团队保持一致。

管理者获取下属工作信息的一个重要渠道是听取汇报，为了保证汇报的效率，需要对汇报进行规划。管理者必须和下属明确如下事项：①哪些工作信息必须向上级汇报；②在什么时机汇报；③以什么样的方式汇报。

管理者还应及时对下属的工作进行反馈，提出意见和建议，或者对其行为进行矫正。

管理者要分辨那些绩效好的下属和绩效差的下属，并用不同的方式进行绩效开发。对于绩效好的下属，要找到其成功因素，并在团队中推而广之；对于绩效差的下属，同样要找到其影响因素，帮助他们提升绩效，或者将他们调整到更适合的岗位上。

（二）团队工作监控与评价

该模块的重点在于让管理者高效、全面地了解团队工作状况，及时发现团队工作中可能存在的问题、风险和改进机会，另外，管理者还要保证团队的方向符合相关方的诉求。

管理者了解团队工作状况需要凭借指标数据。比如，人力资源部经理要想了解招聘工作状况，需要知道每个月入职人员的数量、用人单位的满意度等数据，这就是指标数据。指标数据能帮助管理者用最少的精力来获取最有价值的信息。

本模块的难点在于确定哪些指标数据是真正重要的。判断某指标是否重要有两个标准：第一个标准是判断该指标所承载的信息是否是管理者或其他相关方所关注的；第二个标准是判断该指标是否有助于发现存在的风险或改进机会。

从上面可以看出，这些指标数据并非用于考核，它们不是考核指标，而是监控指标。监控指标不同于考核指标，其重点不在于是否可量化，也不在于是否公平，更不用操心评分标准，它的重点在于其数据的行动性和及时性。

行动性，即假设数据的异常很可能会触发进一步的行动，包括预防措施、问题解决、改进措施等，而不是被用来支撑"做得好""做得不好"这样的评价。及时性，即假设数据有时效性，数据提供越及时，对改进工作或避免风险的益处越大，随着时间的延误，其益处也在流失。

管理者及其他相关方都可以也应该评价团队的工作，但这种评价不是"评优"或"评分"，而是要指出不满意哪些方面，满意哪些方面，因为工作评价的意义在于改进工作，而不是施加压力。

（三）促进团队持续改进

非考核绩效模式认为持续改进是团队能持久存在和发展的关键。本模块的重点是建立促进团队持续改进的机制，包括改进触发、方案生成和方案执行三个阶段。其中难点在于方案的生成，有的改进方案是明显的，只要问题找到了，方案也就出来了；有的改进方案是不明显的，需要挖掘、探讨和试错。

改进方案的产生过程是以团队工作评价为输入，以最终方案为输出，以群策群力、团队共创为方法，以引导技术为工具。

在方案生成阶段，请团队成员参与进来至关重要。一方面，他们作为方案的执行者，对方案有着最实事求是和细致入微的思考，他们的意见直接决定方案的质量；另一方面，他们对方案的接受度直接决定后面的执行效果，接受度越高，执行过程就会越顺利，而员工的参与度又直接影响他们对方案的接受度，所以员工只有了解方案产生的过程，才有可能发自内心地接受它。

（四）破解下属倦怠困境

该模块的重点在于解决员工在工作中逐渐倦怠的问题。

老员工逐步丧失对工作的热情，变得消极被动，这是一种常见现象。非考核绩效模式认为，其根本原因是员工在工作中积累起来的五种负面感受，分别是无意义感、不自主感、不胜任感、无归属感和不公平感。而解决员工倦怠问题的根本途径就是帮员工消除以上五种感受。

被很多人奉为圭臬的奖惩机制无法消除这五种感受，某些时候甚至可能强化之，并不能从根本上解决员工倦怠问题。

本书提供了若干有效做法以供借鉴，比如开展工作对话、消除低价值工作等。另外，落实好非考核绩效的其他模块，也有助于解决员工倦怠问题。

管理者的领导力在提升员工的积极性和主动性方面起着关键作用。领导不同于管理，领导力区别于制度、流程等管理工具，它不止步于规范人的行为，更能直指人心，激发员工的内在驱动力。

（五）提升下属工作能力

本模块的重点在于矫正下属对工作和自身能力的认知偏差。调查显示，员工对工作的认知偏差是其表现不佳的主因，比如不知道"为什么该做这件工作""如何做这件工作""该做什么工作"，或者觉得"上级的办法行不通""自己的办法更好"，等等；而员工对自身的认知偏差阻碍了其学习和接受新的知识，也是培训、辅导等措施效果不佳的主因。

为了矫正下属的认知偏差，管理者要行使好"信息中转站"的功能，让下属及时准确地了解同事、客户、合作者等对自己工作的看法，以便有能力和条件矫正自己的认知。

另外，管理者还要督促下属进行"自我反思"和"自我承诺"，总结过去的经验和教训，认清自己的优势和不足，思考未来的方向和行动，这是员工能力成长的开始。

（六）调薪、解聘与人才选拔

本模块的重点在于明确绩效管理和人力资源管理的接口，明确以上模块如何支持薪酬调整、人事任命等敏感性决策，保证人事决策的信服力。

在考核绩效模式下，管理者往往把考核成绩作为奖励、调薪、晋升、任免、培训等人事决策的依据，他们认为这种做法能督促员工更努力地提升绩效。然而事实告诉我们，以上预期并没有发生，不仅如此，员工的积极性反而因为没有信服力的人事决策而受到了损害。

在非考核绩效模式下，过去的绩效表现会影响当前的人事决策，当前的人事决策又会影响未来的绩效表现。人事决策如果能改善未来绩效，那么该决策就是有信服力的；如果不能改善未来绩效，即使看似有道理，最终也会失去信服力。

人事决策可以从以下几个方面影响未来绩效：①员工的不公平感程度。员工在涉及自身利益的人事决策中所感受到的不公平感越高，则积极性就会越低。②人岗匹配程度。员工的能力和岗位要求的匹配度越高，就越容易有好的工作表现。③员工进步速度。员工进步越快，则绩效改善速度越快。

为了保证人事决策的信服力，非考核绩效模式下的人事决策的依据不再是考核结果，而是员工行为表现和员工能力评估结果。根据员工行为表现和员工能力评估结果做出的人事决策能降低员工的不公平感，提高人岗匹配程度，有利于员工的快速进步。

依据员工行为表现做出人事决策的例子有：①某采购员因接受供应商贿赂而被解雇；②某生产工人因产品合格率低于90%而被要求参加质量培训课程。

依据员工能力评估结果做出人事决策的例子有：①某员工通过能力评估流程从高级技工晋升为技师；②某员工经过能力评估流程后，其月薪提高了2个档级；③某员工经过能力评估流程后，从副经理晋升为经理。

三、组织保障体系

接下来这一部分要谈谈非考核绩效模式的组织保障体系，即要设立哪些机构，规定哪些权责，以保证六个基础模块能落地生根并高效地运行。

（一）主要特点

与考核绩效模式相比，非考核绩效模式的组织体系更简单，但对管理者、团队成员及相关方的沟通能力要求更高一些。

首先，该模式无须过多的绩效职能管理人员。新模式下最多、最重要的活动就是与绩效相关的信息交流和沟通，这些交流和沟通大部分发生在管理者和下属之间，少部分发生在外部相关方和团队之间以及团队成员之间。也就是说，它更多地依赖管理者和团队成员的互动，而不是职能人员的专业操作。当然，设置绩效管理岗位进行绩效数据的收集、汇报和管理，同时执行和协调各项绩效管理活动还是有必要的，但这方面的工作量和难度要远小于绩效考核。

其次，在该模式下，大多数活动受团队以外的组织形式的影响很小。在这六个模块中，与团队外部接口较多的是"团队工作监控与评价"与"调薪、解聘与人才选拔"这两个模块，其他四个模块与团队外部接口少，甚至无接口，这表明这四个模块的活动主要属于团队内部活动。"团队工作监控与评价"模块与外部的接口主要是与外部相关方的信息交换，和其组织形式关系很小。"调薪、解聘与人才选拔"模块倒确实可能受到外部的影响，因为该模块要求管理者在团队成员的薪酬调整、任免等方面具有高度的自主决策权，而这对于中基层管理者而言是需要高层管理者进行授权的。

最后，在该模式下，整体的绩效组织体系从形式上来看更像"联邦制"而非"中央集权制"。在一个大团队中，各个子团队在绩效管理上具有高度的独立性，它们可能根据实际情况各有侧重，其具体操作也存在差异，这都没有问题。因为我们不追求大一统的绩效方案，我们追求的是实际效果，这就要求管理者在本书提供的模式框架的基础上因地制宜，构建最合适的组织体系和活动体系。

（二）参与角色

（1）管理者：管理者是绩效管理的核心和灵魂。无论是管理一个公司的总经理、管理一个部门的部门经理还是管理一个项目的项目经理，其主要的精力都应该放在绩效管理上，而非事务性管理上。管理者要构建整个绩效体系，还要推动这个体系良好运转，毫不夸张地说，管理者在该领域起着无可替代的作用。

（2）直接下属：管理者直接下属的个人绩效是管理者需要管理的两个对象之一（另一个是团队绩效），他们能否积极地参与到各项活动中，是绩效管理胜败的重要影响因素。

（3）绩效助理岗位（可兼职）：规模较大的团队的管理者往往需要配备一个绩效助理，不一定是专职的，但应该指定这样一个角色。大量的绩效管理活动需要由绩效助理来组织和协调，另外，还需要由该岗位来收集、汇报和管理大量的绩效数据信息。

（4）内部临时小组：包括绩效改进小组、员工能力评估小组等，这些小组都是因某些临时性任务而成立的，比如生成绩效改进方案、界定员工能力水平等，一旦任务完成，小组就会解散。

（5）人力资源部门：在企业中，人力资源部门应该成为新绩效模式的倡导者、引进者、辅导者和支持者，帮助企业内的各位管理者掌握新的绩效管理理念和方法，推动新模式在整个企业层面的应用。另外，人力资源部门还应该调整公司层面的薪酬、晋升、人事任免制度，以便和新的绩效模式相匹配。

（6）其他外部相关方：包括客户、上级领导、股东、协作方等，其主要作用是对团队工作给出自己的反馈，以保证团队工作的方向正确。

（三）职责权限

管理者和团队成员在各项活动中都有自身的权限和职责，大家也都应该行使好这些权限并履行好自己的职责，但这一过程不宜带有过高的强制性，最好的状态是大家自发、自愿去做。因此，非考核绩效模式非常重视沟通能力、领导力、引导技术、群策群力等软技能，这可能对很多经理人来说是一种挑战，但要想成为创新型管理者，这样一个挑战是大家必须去面对的。在下表（表4.3）中我将界定管理者与团队成员在六大模块中的职责和权限，最好把它当成一种指导性规范，而不是强制性规范。

表4.3 管理者与团队成员在六大模块中的职责和权限

模块	职责和权限			
	管理者	直接下属	绩效助理岗位	内部临时小组
一、下属工作信息监控	对下属工作信息进行监控；给予下属工作反馈	向上级汇报自己的工作情况	组织与协调各项绩效活动	—

续表

模块	职责和权限			
	管理者	直接下属	绩效助理岗位	内部临时小组
二、团队工作监控与评价	实施团队工作评价	—	收集、汇报和管理团队绩效数据信息	—
三、促进团队持续改进	启动团队改进活动	—	组织与协调各项绩效活动	改进小组（负责改进方案的生成和实施）
四、破解下属倦怠困境	问题解决决策	向管理者表达自己的感受和诉求	组织与协调各项绩效活动	—
五、提升下属工作能力	向下属转达来自各方的反馈	自我反思和承诺	组织与协调各项绩效活动	—
六、调薪、解聘与人才选拔	做出人事决策初步建议	—	组织员工工作能力评估；提供相关人事决策提案	员工能力评估小组（负责评估员工能力水平）

四、匹配的团队文化

相匹配的团队文化能让新绩效模式运行得更顺畅，反之，不相匹配的团队文化会阻滞新绩效模式的运行。

举例来说，当初谷歌实施 OKR 很顺畅是因为谷歌是一家知识密集型企业，其文化特征与众多传统企业相比更开放、更自主、更平等，上级与下属之间的权力距离更小。中国很多企业引进 OKR 后，其效果大打折扣，这是因为他们只重视有形的制度，忽视了无形的文化。与西方企业相比，中国企业中下属与上级的权力距离更远，管理者更像一个家长，具有更高的"威权"，团队文化的不匹配让OKR很难发挥应有的效果。

接下来，我们来归纳一下与非考核绩效模式相匹配的文化的特征。

（一）弱化"平庸"文化，强化持续改进和创新

所谓"平庸"文化，就是满足于现状，得过且过。应该说，所有的绩效管理思想都是反对"平庸"的，只不过新绩效模式更为突出。新绩效模式把促进持续改进作为其核心主题，并把创新型管理者作为理想受众。

要想强化团队的持续改进和创新意识，管理者就要推行新的绩效观，让大家认识到绩效管理过程就是不断推动绩效改进和创新的过程，认识到绩效监控与工作评价的过程就是不断寻找改进和创新机会的过程，认识到持续改进和创新是每个成员的责任。

管理者需要在工作中鼓励改进和创新，事事提改进，时时讲创新，持之以恒，大家的重视度就会逐步提升。最重要的是管理者要以身作则，改进自己的工作方法，进行管理创新，为大家带好头，千万要避免"叶公好龙"。

（二）弱化"奖惩"文化，强化反思和庆祝

凡是"奖惩"文化盛行的团队，都充斥着恐惧、焦虑、推诿、冲突和隐瞒，这是一种和新模式对立的需要改变的文化。

团队要改变他们对待工作中的"坏事"和"好事"的态度。对待"坏事"的理性态度并不是简单的惩罚，而是反思，反思它的危害、起因，更要反思如何预防它再次发生。只有反思才能保证"坏事"不再出现，而惩罚带来的可能是隐瞒或推责。对待"好事"的理性态度并不是奖赏，而是庆祝，庆祝我们的成功，庆祝我们的努力，庆祝我们的勇气和智慧。庆祝能让"好事"重复出现，能让大家充满激情地去创造更多的"好事"。

团队还要改变他们对待"低绩效员工"和"高绩效员工"的态度。"低绩效员工"是指工作上需要进行很多改进的人,往往也是需要帮助的人,但他们不是需要被鄙视的人,更不是需要被惩罚的人。"高绩效员工"是指那些在工作上已完美适应环境,体现出人与工作的理想互动状态的人,他们需要被发现、被尊重、被学习、被模仿,需要与能力相匹配的待遇和职位,而不是简单地被表彰、被奖励。

当然,团队不需要取消所有的惩罚或奖励措施,但这些惩罚或奖励的依据应该是员工具体的行为,而不应该是考核结果。比如,可以惩罚具体的违规行为、工作失误等,但不要惩罚那些"绩效差"的员工。如果一定要进行奖惩的话,我们的态度应该是把惩罚当成警钟,把奖励当成一种感谢的表达。

(三)弱化"一言堂"文化,强化共创和参与

"一言堂"文化与新绩效模式背道而驰。

首先,新绩效模式重视数据信息在绩效管理中的作用,并推动数据信息在团队内外的高效传输。新绩效模式认为,良好的决策应该是基于充分的、真实的、有针对性的数据信息的理性决策,而"一言堂"文化会削弱数据信息在决策中的作用,使员工更重视管理者的"脸色"而非事实,同时"一言堂"会阻塞沟通渠道从而影响数据信息的传输。

其次,新绩效模式重视团队成员的参与。新绩效模式认为绩效管理是全体员工的事情,需要全员参与,员工不只是执行者和被管理的对象,也是策划者和管理参与者。在新绩效模式下,好的决策需要充分吸取团队的智慧,得到执行者的认可,并取得相关方的认可。事实上,只有得到大家一致认可的方案,才会被顺利地执行。全员参与规划决策的过程,本身就是最好的动员和宣传过程。

想要改变"一言堂"文化,管理者就需要相信员工的智慧,真心倾听他们的看法和建议;管理者还要转变"事必躬亲"的观念,

信任和依赖员工，给予他们充分的授权，让他们能对专业范围内的工作自主决策；管理者还要掌握现代的团队决策技术，只有科学的决策过程才能真正发挥团队的价值。

第四节　实施新绩效体系变革

和考核体系用一个方案解决所有问题不同，非考核绩效体系是"模块化"的，用六个相对独立的模块解决绩效的六个基本问题，类似于ISO9000质量管理体系或项目管理知识体系（PMBOK），团队可以根据自己的实际情况，对这六个模块进行剪裁，或者有不同的侧重。

实际上，不同管理者可能面临不同的绩效主题，有的管理者主要是想激励下属，有的是想加强监控，有的关注下属的能力，有的希望实现薪酬公平，有的希望实现绩效改善，等等。这就像一群人在一起吃饭，有的想吃酸，有的想吃甜，有的爱吃苦，有的爱吃辣，如何才能让所有人满意？一个解决思路是把酸甜苦辣都炒在一个菜里，让这一个菜满足所有人的诉求，这就是所谓的整体方案。考核绩效模式就是这样的一个思路，它期望用一套完整方案来实现所有绩效主题。

而"模块化"模式有点像吃自助餐，你分别做好酸甜苦辣四道菜，每个人都可以按自己的口味和食量进行搭配。按照这种思路，我们可以针对不同的绩效主题，分别提出对应的解决方案，而管理者则可以根据自己的侧重点对模块进行组合和剪裁，把无关的模块简化或剪裁掉，这样就能形成最适合团队的绩效管理方案。

当然，六个基础模块之间也存在着输入输出关系，比如"下属个人工作信息监控"模块的输出就是"破解下属倦怠困境"和"提升下属工作能力"两个模块的输入；"团队工作监控和评价"模块的输出就是"促进团队持续改进"模块的输入。所以，每个模块的建设结果都会对其他模块产生影响。

我认为可以经过三个步骤顺利地建立非考核绩效体系，分别是：调研诊断、方案生成和落地执行。见下图（图4.3）：

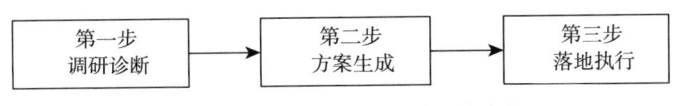

```
第一步          第二步          第三步
调研诊断  →    方案生成   →    落地执行
```

图4.3　建立非考核绩效体系的步骤

一、调研诊断

如果想要建成一个能高效运行的新绩效体系，首先要对团队当前的绩效管理现状进行调研诊断。

对当前的绩效管理现状进行调研诊断，就是根据新绩效模式的六个主题的要求来判定当前绩效体系中的问题和薄弱环节，包括与要求以及管理者期望的差距。解决这些问题、薄弱环节和差距，是构建非考核绩效体系的主要任务。

调研诊断的另一个作用就是让团队成员认识到变革绩效模式的必要性，让团队成员看到现有绩效管理中的种种问题以及未来要达成的状态，可以增强他们对变革的认同感。

调研诊断可以由团队内部成立临时小组来完成，也可以通过聘请外部咨询机构来开展。外部咨询机构的优势是其调研方法更加专业、形成的结论更有信服力，缺点是花费更多的时间，费用也会增加。

调研诊断要围绕着六个主题展开，明确每个主题所存在的问题以及问题的严重程度，比如针对"下属个人工作信息监控"这个主题，就应明确当前是否存在工作信息汇报不及时、不准确、不全面或反馈不及时的问题，并且要搜集事实、数据以支撑以上结论。

调研方法包括查询文件记录、访谈、问卷调查、现场观察等，针对不同的主题和不同的对象要灵活使用最适当的调研方法。

调研诊断结束后一般要生成文字报告，发送给管理者和团队成员进行讨论，经过调整完善后作为下一步"方案生成"的输入。

二、方案生成

在调研诊断过程中，你们的团队成员理解了实施绩效变革的必要性，只有变革才能解决绩效基本问题，才能实现六大绩效主题。

尽管本书对于如何构建新绩效体系给出了理论、思路和方法，但毫无疑问的是，所有理论、思路和方法都是指导性的，都是有适用范围的，所有具体措施都要根据团队实际进行本土化、定制化。对待新绩效体系的态度应该是没有最正确的，只有最适用的。

为了保证方案的适用性，新绩效变革方案需要团队共创，即要由团队在管理者或专家的引导下一起讨论和制定。一个适用性强的方案，需要在制定过程中倾听来自各方面的看法，需要兼顾各方的利益和诉求，需要得到绝大多数人的一致认可。只有这样的方案才能得到大家的拥护，在执行过程中才会不走样、不变形、不打折。

讨论方案的过程是一个复杂的过程，一般需要一位专家（管理者也可以）来主持。主持人的工作有很高的技术含量，其主持的能力和娴熟程度会在很大程度上影响讨论的效率和质量。因为绩效活动往往具有较高的敏感性，所以在讨论这样的议题时，主持人需要做好引导工作，既要保证大家畅所欲言，充分表达自己的看法，又要消解讨论时出现的矛盾冲突，引导参与者贡献建设性的观点。

绩效体系方案的主体部分是对六个模块的描述，每个模块的描述应主要包括如下内容：①本模块要实现的愿景是什么；②要采取哪些措施、方法、工具和活动来实现以上目标；③接下来的行动计划是什么。

（一）明确愿景

愿景体现了团队对绩效变革的预期。在变革之初，大家最想知道的就是变革结束后团队能变成什么样，一个可预期的、有吸引力的愿景是驱动变革的强大力量。这个愿景不能只体现管理者的诉求，还应体现绝大部分团队成员及相关方的诉求，给他们带来好处。同时，愿景为变革方案明确了目标。说到底，如果大家对团队应追求的未来不清晰，又如何搭建一个去实现这种未来的方案呢？

新绩效模式通过六个维度来描述绩效管理的未来，针对每个维度，我都提供了一组问题供你的团队考虑（表4.4）。当你的团队成员能回答出这些问题并达成一致时，你们对绩效体系方案的取舍将耗时更短且更高效，同时，也将更快到达你们的理想未来。

表 4.4 明确绩效变革的愿景

模块	问题组
一、下属工作信息监控	• 上级对下属的工作情况是否足够清楚 • 下属是否足够了解应向上级汇报哪些信息 • 下属是否足够了解应在什么时候向上级汇报什么信息 • 下属是否总是能在恰当的时机向上级汇报正确的信息 • 上级和下属之间的沟通渠道是否足够畅通 • 下属和上级之间的沟通效率是否足够高 • 上级是否给予下属工作足够的反馈 • 上级是否给予下属工作足够的关心
二、团队工作监控与评价	• 团队负责人是否对团队工作表现足够清楚 • 重要的团队工作信息是否都已经指标化 • 团队是否建立了绩效数据信息的收集、传递机制 • 绩效数据信息是否属于相关方的绩效关注点 • 绩效数据信息是否都能及时传递给需要它的人 • 绩效数据信息是否已成为团队重大决策的依据 • 团队绩效数据信息的传递和使用的效率是否足够高 • 团队绩效数据信息的传递渠道是否畅通 • 所有关键相关方是否都参与了团队工作评价 • 工作评价是否指出了团队工作中存在的所有主要问题 • 工作评价是否以团队持续改进为目的 • 工作评价是否总能得到团队成员的认可

续表

模块	问题组
三、促进团队持续改进	• 团队是否建立了持续改进机制 • 团队成员是否足够重视团队持续改进 • 团队持续改进的效果是否足够令人满意 • 每个团队成员是否都参与了持续改进过程 • 团队是否以群策群力的方式来生成改进方案 • 持续改进方案是否总能得到执行者的理解和接受 • 持续改进方案的落地执行是否足够顺利 • 持续改进方案的执行过程是否都经过了周密的计划和组织
四、破解下属倦怠困境	• 员工倦怠现象是否足够严重 • 倦怠员工在工作中是否有较强的无意义感 • 倦怠员工在工作中是否有较强的不自主感 • 倦怠员工在工作中是否有较强的不胜任感 • 倦怠员工在工作中是否有较强的无归属感 • 倦怠员工在工作中是否有较强的不公平感 • 团队是否采取了有效的方法来消除员工的各种负面感受
五、提升下属工作能力	• 员工的工作能力水平是否得到足够快的提升 • 员工能力不足是否已经成为团队绩效提升的严重障碍 • 员工对提升自己的工作能力是否有足够的动力 • 员工对其工作的意义、要求和方式方法是否都清楚和认同 • 员工对自身的工作能力是否有正确的认知 • 对员工的培训和辅导效果是否足够理想 • 总体上，员工是否在工作中进行了足够的自我反思 • 员工对自己的成长进步是否有自我承诺

续表

模块	问题组
六、调薪、解聘与人才选拔	• 团队负责人在薪酬调整、人事任免、晋升方面是否有足够的话语权 • 员工对自己的薪酬水平是否有强烈的不公平感 • 员工的薪酬水平是否依据其能力和市场水平 • 员工的能力提升后，其薪酬是否得到相应的提升 • 员工的能力提升后，其职位是否得到相应的晋升 • 不胜任的员工是否及时调整了岗位 • 总体上，团队是否做到了员工能力与岗位要求匹配 • 有能力的人才是否得到了重用

用以上问题作为指南，让你的工作小组开始集体讨论并回答这些问题。抓住你们一致的看法，处理不同的看法，并确定未来要达到的目标。请谨记，管理者的使命是推动团队达成一致，以便创造出未来的你需要的清晰愿景，使你能在这个基础上搭建你的方案。这里最为关键的是，在管理者开始构建或执行方案之前，工作小组内部及有影响力的人需要就以上愿景达成共识。目标一致是最好的资产，将在后面的旅程中给管理者带来十倍的回报。

（二）配置解决方案

"愿景"好比装修房子时的"效果图"，接下来要为每个模块配置"解决方案"，相当于要画"设计图"，要选择"地砖材料和家具样式"了。

开始配置时，要先定义绩效管理实践组合，这些实践放在一起就构成了完整方案。绩效管理实践指的是具体的措施、方法、工具和活动。在本书后面的章节中，我将介绍一些新绩效模式下的实践供你们选择使用。

在配置解决方案时，大家可以将在阅读本书时所学到的知识、所做的思考、所获得的想法等应用到方案讨论中。你们可以通过头脑风暴来生成实践备选清单，再通过投票来选择最适用的实践项。

选择适用的实践后，你们还要更详细地界定每一项实践，为每一项实践确定"谁""何时""如何"等属性。比如，你们如果把"实施员工能力评估"作为"调薪、解聘与人才选拔"模块的实践项，就要明确谁来参加，什么时候举行，以及评估流程是怎样的。

（1）备选清单

我建议方案设计工作小组的成员通过头脑风暴的方法来生成实践备选清单，让管理者和工作小组成员坐在一间会议室里，在对绩效管理的愿景达成一致后就如何到达那里开始头脑风暴。

在头脑风暴中，个人的观点不一定是完善的，这没有关系，只要能体现其想法、思索和视角即可。大家应克制批评或辩论的念头，让想法流动起来。

（2）选择实践项

大家一旦穷尽了可以用来头脑风暴的存货，就可以开始选择实际适用的实践项了。这个选择的步骤是强制性的，推动大家把那些在头脑风暴中得到的想法具化为具体方法、工具、行为和活动。在选择之前，应先对头脑风暴获得的实践清单进行整理，包括完善表述方式、合并重复项和同类项、删掉明显不适用的选项等。

选择实践项时可以使用协商法，也可以使用投票法。大家对各个实践项进行不记名投票，并将选项按照得票多少排序，最后选择那些得票多的选项。有几点注意事项：①允许游说；②限制每个人的总票数；③可先进行一轮试投票，再正式投票。

（3）配置属性

"配置属性"就是为每一个被选择的绩效管理实践项确定操作属性，使之能在真实世界里被执行下去。一般来讲，一个实践项的主要操作属性有四项：主导者、参与者、时机（节奏和频率）和结束标志。以"管理者和下属经常面谈"这个实践项为例，我们要思考：谁来主导和发起这项活动？参与者都有谁？多长时间一次算"经常"？我们如何知道事情已经做完？通过界定以上四个属性，回答何人、何时、何处和如何的问题,我们的解决方案将变得具体、生动、可操作。下表(表4.5)是为两个相似的绩效管理实践配置属性的例子:

表4.5 为绩效管理实践配置属性示例

绩效管理实践项	主导者	参与者	时机	结束标志
非正式辅导	被辅导者	所有员工	随机(由被辅导者推动)	问题被解决或双方认为暂时无法解决问题
正式辅导	辅导者	高潜力员工	每月一次	实现既定要求(如考试通过、完成计划内容等)

三、落地执行

落地执行包含两方面内容,一是"落地",二是"执行"。"落地"就是要让新绩效体系尘埃落定,将其以制度、规定、要求、决定等方式确定下来,赋予其法定效力;"执行"就是将方案的内容一一付诸实施,按照计划展开行动,并在实践中进一步完善方案。

一个方案要想得到良好的落地执行,必须先被执行者理解和接受。我去过很多"执行力差"的企事业单位,在那些单位里,很多看起来不错的规章制度、战略规划、任务指令都得不到很好的贯彻,归根结底,它们要么不被执行者理解,不理解其目的、具体要求、产生过程等,要么不被执行者接受。有充分的证据说明,那些高度参与方案生成过程的员工对方案的理解和接受程度要远远高于低参与度的员工。

在一个方案落地之前,要广泛地收集各相关方的意见和建议,尤其是那些之前没有参加方案讨论的人,收集他们的意见和建议会有显著效果。必要时可请专家进行讲解,帮助受众更好地理解制定该方案的初衷、决策过程、遇到的难点、收益和风险等。对于相关方提出的意见和建议也应认真对待，或者将其融入方案中，或者给予回应。

方案落地的方式是灵活的，可以专门形成一套绩效体系文件，也可以将相应措施分散到其他制度、流程和计划中去。我在做咨询项目时多采取前一种方式，这种方式的好处是便于理解、查询和以后的修订。

方案的执行过程有全面执行和试点执行两种，前者主要针对规模较小的团队，后者针对拥有大量子团队的大团队。根据我们的经验，无论是哪种方式，在执行前期都会遇到各种各样的问题，而顺利地解决这些问题对于保证执行效果来说至关重要。一个好的方法是请那些参与过方案讨论、对方案非常熟悉又非常支持的员工以专家的身份来进行指导。

在方案执行阶段，管理者需要加强监控，及时了解方案执行进度和遇到的各种问题，并帮助工作小组排除落地执行过程中的障碍。一般情况下，在开始执行三个月后，方案执行就进入了比较稳定的时期，员工对各种活动操作已经比较熟悉，问题越来越少，效果也已开始呈现。到了这一步，团队的绩效管理变革就可以说是成功了。

四、更大范围的推广

如果你是一个部门经理，或者一个更大团队的子团队的负责人，你可能会希望在自己团队之外的更大范围内推广新绩效模式。我的建议是，你首先要改变上级的看法。

某公司的企管部负责人曾和我讲过他的一个经历。因为深刻地了解现行绩效方案的种种弊端，该负责人组织相关人员制定了一套新的公司绩效管理方案。虽然这套新方案还比较粗糙，缺少细节，但他们对它很有信心，并希望能得到公司高层的认可，这样他们就能进一步去完善细节部分了。该负责人为他的团队争取到一个向高层汇报的机会，安排在一次月度会议结束后。负责汇报演示的是一名口才很好的员工，这名员工向高管们激情满满地讲了一遍新方案，逻辑清晰，声音洪亮，讲得不错。演讲结束时，企管部负责人开始鼓掌，然而掌声寥寥，其他高管一个也没有鼓掌。一阵尴尬之后，总经理问该负责人："你为什么鼓掌？"听到这句话，该负责人就知道，这次革新失败了。

经验告诉我们，新绩效模式不被上级采纳不是因为上级领导因循守旧，或者缺少魄力，而是因为上级领导很可能不知道当前绩效管理模式的问题，也不知道还存在其他的绩效模式。对他们而言，绩效管理的很多做法好像是"常识"，就像饿了就要吃饭，累了就要休息一样简单，难道这也会出错么？

人们往往相信上级无所不知，于是也自然地认为，绩效考核的种种弊端和原因，上级已经心知肚明。然而有意思的是，我们的调查显示，管理者虽然普遍对考核实施效果不满意，但对"如何实施正确的绩效管理"这个主题了解很少，他们在这方面的知识远远少于一些专业的人力资源经理或战略经理。我们的调查还显示，尽管下属经常向上级抱怨他们在考核时得到了"不公正"的待遇，但很少有下属当着领导的面质疑绩效考核这种做法。

当然，我们也理解下属的处境。毕竟，告诉领导他相信的都是错的，怎么看都像是"我不想干了"的意思。所以，得到上级的支持是你在上级部门推广正确模式的前提。

如何才能获得上级的支持呢？把你在自己的团队内推广新绩效模式的效果展示给上级看就是一个好办法。"事实胜于雄辩"，如果上级看到了你们团队运作良好的新绩效管理体系，就会对它产生浓厚的兴趣。

其他方法还有很多，不同的人会有不同的方法，正所谓"八仙过海，各显神通"。无论是什么方法，有一点是肯定的，那就是要让上级领导知道，只有新模式才能帮他们摆脱三大困境，帮助团队持续改进和员工个人能力提升。

山重水复疑无路，柳暗花明又一村。希望新绩效模式能成为那些挣扎在绩效考核苦海中的人们的一艘方舟。

总结一下，前四章主要做了两件事，第一件事是论证了考核绩效模式的失败并剖析了其失败的根源；第二件事是论证了非考核绩效模式的正确性并对其做了整体性的鸟瞰。接下来，我们将进入到局部层面，把非考核绩效模式的六个模块逐个展开，将细节展现在大家的面前。

第五章　个人工作信息监控

"信任固然好，监控更重要。"
　　　　　　　　　　　　　　　　——列宁

"如果强调什么，你就检查什么；你不检查，就等于不重视。"
　　　　　　　　　　　　　　　　——郭士纳

本章的主要目的是破解管理者对下属的监控困境，次要目的是保证下属及时得到上级的反馈。只有通过高效率的个人工作信息监控，管理者才能深入了解下属的行为、心态、特长及短板，发现其消极倦怠的根源，帮助其克服工作中的困难，引导其成长，有效地管理下属的个人绩效。

第一节　工作信息监控的重要性

一、信息是管理者的"粮食"

随着团队规模的扩大，管理者遇到的第一个挑战就是对下属的工作越来越不知情，不知道他们每天在做什么，不知道他们每天做得怎么样，不知道他们每天的工作状态，不知道他们是否尽心尽力……直到有一天，你发现下属频频违规、出错，不能按时完成任务，缺少工作热情，这种现象在向你发出警报，提醒你是时候加强个人工作信息监控了。

即使你不想做一个集权型管理者，一心想做一个授权型管理者，你依然要做好下属的工作信息监控。没有监控的授权就是放任，而放任是最差的管理。上级了解下属的工作情况，这是一种权力，也是一种责任。有责任心的经理们都希望能了解下属的工作情况，他们遇到的困境是随着下属越来越多而逐渐力不从心了。管理者如何在非常有限的时间和精力范围内实现最好的监控效果，这是本模块要探讨的主要课题。

我去一家公司调研时发现一些中层干部满腹怨气，工作态度消极懈怠，各种问题频发。再后来我了解到，他们的上级（某副总）很少找他们单独聊天，而且经常出差，有时几个星期都不见人影，在公司时也总是在开会。当我问该副总为什么和下属交流这么少时，他竟然有些恼火："这些人整天捅娄子，我每天都在'灭火'，哪还有时间陪他们聊天？"

下属各种问题频发，领导只好频频"灭火"，忙得焦头烂额、辛苦万分，但如果不去管源头，只是头痛医头、脚痛医脚，我相信，在可见的未来，这种辛苦还会持续下去。

问题的源头在哪里？在下属那里！只有加强对下属工作信息的监控，提前发现"火情"征兆，并将其扑灭于萌芽之时，才是正确的管理之道。

信息是管理者开展管理工作的首要条件，是管理者的"粮食"，任何管理决策和管理行为都应以获得信息为前提。管理者了解下属工作，这是管"事"的开始，也是管"人"的开始，是管理者"识人""用人""育人"和"留人"的前提。所谓"识人"就是通过监控了解下属的长处和短处；所谓"用人"就是用人所长、避人所短；所谓"育人"就是用反馈来促进下属的反思和进步；所谓"留人"就是理解下属的诉求并把其个人利益和团队利益统一起来。没有监控就谈不上对人的管理。

管理者要帮助下属走在正确的路上，即"做正确的事"和"正确地做事"。所谓"做正确的事"，是指要分得清轻重缓急，把注意力放在当前最重要、最紧急的事上；所谓"正确地做事"，是指要发挥主观能动性来很好地完成任务。

有经验的管理者清楚，下属不一定会听上级说什么，但是会看上级检查什么。通过工作信息监控，管理者能让下属认识到哪些方面更重要、更紧急，从而使他能更有效地分配自己的工作精力。

管理者要全面、及时、准确地了解下属工作现状，包括：他们在做什么，用什么方式在做，为什么要这么做，取得了哪些成果，遇到了哪些问题，如何看待自己的工作，在工作中收获了什么。管理者不仅要详细了解直接下属的工作，还要大致了解间接下属的工作，了解他们在做什么，努力方向是否正确，当前工作中的问题是什么，积极性如何。

管理者无法全面、及时地获得下属的工作信息时，就会陷入"监控"困境。"监控"困境让管理者处于风险之中，无法有效管理下属的行为，团队变得混乱和无序，内耗增加，工作效率下降。

二、下属愿意被监控

下属愿意被监控吗？可能大多数人认为他们不愿意，但事实并非如此。

一位非常出色的生产经理曾给我讲述他的管理方法：他每天都要去几趟一线生产车间，来确认之前定下的生产计划进展到了哪一步，遇到了哪些问题；即使出差在外，他也要每天跟几个车间主任电话沟通，听汇报，提建议。

他认为，这种频繁的干预表面上看是对下属的"不信任"，其实恰好相反，他绝对相信他的团队能完成任务，事实上他们也经常超额完成。这样做的目的，一是分享下属阶段性成果的喜悦，他很享受这个过程；二是及时发现过程中存在的问题或者新的创新点，马上优化，既节约时间，又少走弯路。

管理者如果不能了解下属的工作，就不能给予明确的反馈。这将导致下属过度"揣度上意"，上级一个无意的动作、一句无心的话、一个不经意的眼神都可能被过分解读。在这种状态下下属会感到迷茫和劳累。

在上级和下属的关系中,"看见感"是很重要的,"看不见"下属的管理者不是合格的管理者。

我有一个朋友的口头禅是"用人不疑",他通常的做法就是将工作交给下属后就不再过问,任由其放手发挥。后来,直到他手下的一个业务骨干辞职时,他才发现自己的"充分信任"换来的却是下属的抱怨和不信任。下属认为他没有水平,没有思路,没有魄力,没有担当,以及没有人情味。

没有监控的盲目"信任"实际上是管理者失职、渎职的遮羞布,而这正是造成人才埋没或流失的罪魁祸首,因为人一旦被"放任",就会"自流"。

我曾询问一位资深的人力总监员工离职的主要原因有哪些。她说,离职其实就和离婚一样,没有什么主要原因,都是因为很多小事没有及时解决,日积月累,员工情绪爆发之时就是离职之日,如果一定要找出一个主要原因,那就是管理者没有及时了解员工的问题并给予解决。

当然,绝大多数情况下,管理者陷入"监控"困境的原因并非是想放任,而是不得不放任。毕竟管理者的时间和精力有限,很难全面、及时地获得有关下属和团队工作的信息。这才是管理者面临的真正挑战,也是让管理者焦头烂额、焦虑不堪的原因。归根结底,"监控"困境本质上是沟通效率问题。

三、不要误解"监控"这个词

(一)"监控"不是"监工"或"监视"

有人内心排斥"监控"这个词,因为它听上去很像"监工"或"监视",而监工和监视当然都不适合用在员工身上。

监控不是监工,也不是监视。监控的对象是信息,不是人,监控不会限制人身自由,也不会侵犯员工的隐私权。

监工的心态和做法会让经理人疲于奔命,因为他们总是对下属持有一种怀疑的心态，怀疑他们的行为，怀疑他们的动机，怀疑他们的能力，还要寻找蛛丝马迹以验证这些怀疑，这让那些监工者陷入了细节信息的汪洋大海中，产生了信息过载后遗症。另外，他们还将"胡萝卜加大棒"看作解决一切问题的灵丹妙药，妄想着一招鲜吃遍天，如果奖惩不起作用，那就"加大奖惩力度"！

一位研发工程师在谈起自己的上级时是这样说的："我的经理就像一个出色的减压器，每次公司高层向他施压，无论压力多大，他都不会把这种压力传递给我们。另一个部门经理的做法正好相反，他每个月都要对下属进行考核，但即便如此，他们在新产品研发上花的时间仍然比我们长两三个月。"

与监工不同，监控型管理者信任下属、依赖下属，他们获取下属工作信息不是为了防止下属偷懒，而是为了更好地发现问题、分析问题和解决问题，为了更好地发挥管理者的作用。

（二）"监控"不代表集权

十几年前我经历过的一次失败的咨询，我接到一个房地产企业的"管控体系建设咨询项目"，项目是由另一名合伙人发起的，他和那位董事长客户谈完需求后就直接启动了项目。当时是 11 月份，客户要求两个月后提交初步成果，时间很紧。我们项目组在进行了一些简单调研后，就按通常做法开始撰写管控手册。管控手册的主要内容是界定集团总部与子公司、子公司总部与各部门之间的权责关系，换句话说，就是划清各单位的权责和界限。两个月后，当我们把初稿提交给董事长客户审核时，他告诉我们说，他要的不是这个。我们当时懵圈了，费了很大劲才弄明白，原来他想要的"管控体系"其实是一套监控指标体系。

我们不能只从字面意思上去理解"监控"，不能认为加强监控就是要集权，就是减少下属的权力，而是应该抓住监控的本质，那就是信息、信息、信息，重要的事情要说三遍。

在非考核绩效模式下，监控与授权相互依存，而非相互排斥。

授权越多越要监控，充分监控才敢充分授权，因为授权必然伴随着风险，而监控的目的就是降低风险。这个辩证的道理很容易理解。

在我看来，监控过程应该是最温柔、充满关爱、有耐心、人性化的。管理者在监控过程中与下属建立连接，让上下级之间加深理解，心意相通。

第二节　通过规划提升监控效率

回想一下，其实每个管理者每天都在不断地或主动或被动地获取有关下属工作情况的信息，换句话说，每个管理者实际上都在做着监控下属工作信息的工作，所谓的"监控困境"，不过是这些信息不全面、不及时、不准确，或者没有抓到重点罢了。说到底，"监控困境"是沟通效率的问题，本模块的意义就在于帮助管理者运用专业的知识、方法和工具，提升上下级之间沟通的效率。

要想提升沟通交流的效率，最重要的事就是要想清楚一些关键问题，比如需要哪些信息，需要什么时候得到这些信息，通过什么方式得到这些信息等。这些问题应该在沟通前规划好，这样按图索骥，能避免很多无效劳动和无用信息。

接下来，我们就沟通方面的这些基本问题展开探讨。

一、管理者应获取的信息内容

（一）五类信息

简单来讲，所有关于下属的信息只要是真实的，就都有助于管理者的工作。但管理者不可能得到有关下属工作的所有信息：首先，任何人都不可能拥有如此庞大的信息通道；其次，任何人都不可能有足够的精力去处理这些信息；最后，管理者也完全没有必要获得所有信息，因为绝大多数信息的价值非常微小。

所以，管理者要把精力用于获取那些真正重要的信息，这些信息之所以重要，是因为它们能帮助管理者更好地决策。

我认为和下属有关的决策可能包括以下方面：①为下属安排工作任务；②解决工作中出现的紧急问题；③支持和帮助下属更好地完成任务；④激励下属更积极主动地工作；⑤对下属的薪酬调整、岗位调整等提供建议。

应该说，管理者对不同的下属需要了解的方面也不同，但总体来讲，应重点获取以下五类信息：①下属遇到的突发事件、紧急情况和例外情况；②下属正在做的工作的进展和成果；③下属的工作认知、思路、方法和技巧；④下属在工作中遇到的问题、困难和他需要的帮助；⑤下属的工作心态。

（1）管理者需要及时了解团队中发生的突发事件、预警信号和例外情况，如各种事故、工作出错、计划变更等。这类信息的特点是紧急性高、影响大，管理者不仅要了解，还需要第一时间了解，否则可能产生重大影响。某飞机制造公司的一名员工在加工一个零件时进行了误操作，为了规避考核的惩罚，他没有选择上报，而是隐瞒了误操作的事实，并自行对零件进行了修补。万幸的是，在飞机试飞前这个质量缺陷被发现了，因而避免了一场机毁人亡的惨剧，但依然给公司造成了巨大的损失。

（2）管理者需要了解下属当前的重点工作内容及结果。下属的努力方向经常和管理者所希望的不一致，而了解下属的重点工作内容无疑是发现这种不一致的好方法。比如，一家研学旅行公司的总经理希望那些销售经验丰富的老业务员努力开拓新客户，以提升公司的市场覆盖度，结果，专家通过调查发现，老业务员把大部分时间都用来拜访老客户了，而只用小部分时间来开发新客户，这说明老业务员们的工作重点偏离了总经理的要求。了解下属的重点工作内容，有利于及时矫正员工的努力方向。

（3）管理者需要了解下属的工作认知、思路、方法和技巧，因为它们会直接影响下属工作的效率和效果。有时候，管理者难以直接判断下属工作效率的高低，却可以通过检查其工作方法发现问题。我有一次做管理咨询项目时请客户的一名员工帮我们处理一批数据，结果三天后他还没有处理完，于是我到现场去了解他是怎么工作的。我到现场一看才发现，他用的数据处理方法是最笨拙的那种，在我帮他矫正数据处理方法后，这项工作几个小时就完成了。

（4）管理者需要了解下属在工作中遇到的问题、困难和他需要的帮助。要想维持上下级之间的良好的沟通氛围，有一点很重要，就是让下属在这种沟通中受益。下属在沟通中能得到的最直观的收益，就是上级的关心、指导、支持和承诺。因此，管理者了解下属遇到的问题和困难，既有助于推进工作，又有助于下属的能力提升，还有助于维持双方的关系。要注意的是，管理者应抱有真诚帮助之意，而非挑剔惩戒之心，只有这样，下属才敢放下防御，暴露自己的弱点。

（5）管理者要了解下属的工作心态。抱怨和情绪最能反映下属的心态。如果员工有负面感受，而且这些负面感受源于工作，那么其积极主动性必然受到影响。我们在为客户做咨询项目时有一个显著的特点，就是能很快和客户的各级员工建立信任关系，而诀窍就是倾听。我们在与客户员工的交流过程中会认真地倾听他们的抱怨、牢骚和不满，不仅听，还会努力去理解他们的处境。一次几十分钟的交流结束后，他们会对我们产生很好的印象，几次交流之后，大家就会建立起信任关系。如果管理者都能重视下属的心态，认真地倾听他们的意见，这无疑对提高员工的积极主动性有非常大的帮助。

（二）细化成"信息项"

以上描述的五类信息为管理者提供了一个参照框架，那么接下来，管理者需要和下属在这个参照框架的基础上更进一步，将这五类信息展开和丰富，细化成具体的信息事项。举例说明，见下表（表5.1）：

表 5.1 将五类信息展开为重点信息项示例

信息类别	重点信息项
①下属遇到的突发事件、紧急情况和例外情况	工作中遇到的各种事故（安全、质量、人身、设备、停电、卫生等）和存在的事故隐患
	客户或相关方对本部门的抱怨
	客户或相关方对本部门的各种评价
	工作中发现的风险征兆
	工作中发生的其他异常事件
②下属正在做的工作的进展和成果	某项工作结束
	上周重点工作的完成情况
	上个月重点工作的完成情况
	本周重点工作
	当前从事的工作
	提前完成工作
③下属的工作认知、思路、方法和技巧	月度工作计划
	里程碑节点，上阶段工作总结和下阶段工作计划
	周工作计划
	下属自我评价
	工作改进思路
	请求工作内容调整
	请求工作授权
④下属在工作中遇到的问题、困难和他需要的帮助	约谈
	请假、请求参加活动
	当前工作面临的困难
	工作中发生的异常情况
	发现自己解决不了的问题
	工作中出错（严重）
	工作中出错（轻微）

续表

信息类别	重点信息项
④下属在工作中遇到的问题、困难和他需要的帮助	请求工作计划变更（紧急）
	请求工作计划变更（普通）
	发现不能按计划完成工作
	处理自己权限以外的事情（紧急）
	处理自己权限以外的事情（普通）
	办事遇阻（人员配合问题、资源问题、权限问题等）
	请上级描述某项工作的目的、成果或要求
	上级辅导以及建议
⑤下属的工作心态	对工作及相关方的抱怨
	工作中的情绪和感受
	对当前工作意义的认识
	在工作中遭受的不公平对待

二、管理者可使用的信息获取方法

（一）工作日志（不推荐）

我刚大学毕业的时候进入了一家国企工作，记得当时单位要求我们每个管理人员都写工作日志，过了很长一段时间之后，我突然意识到从来没有人和我谈论我写的那些东西。我当时有一个疑问，上级看过我写的那些东西吗？虽然疑惑，但我一直没有去找上级问。后来换了新的领导，也就不再要求我们写这些了，于是，我的这个问题就成了一个未解之谜。

现在，依然有企业要求员工写工作日志。这些做法坚持一段时间后，最后往往变成鸡肋一样的存在，原因很简单，因为它没有用！上级无法从这些材料中获得多少有用的信息，下属无法通过这种方式获得资源和帮助，而且浪费了双方大量的时间。

判断一种沟通方式是否有效，标准就是看它是否方便员工得到指导和帮助。方便员工得到帮助的沟通方式就是有效的，不方便员工得到帮助的沟通方式就是无效的。

工作日志之所以无效，是因为它沟通效率低、保密性差、单向沟通等，紧急的信息、重要的信息、敏感的信息都不会通过这种方式来传递。

（二）现场观察（需要管理者身体力行）

按上面这个标准来看，比让下属写日志更好的方法就是去他工作的现场，看看他在干什么，他是怎么干的，他的工作环境怎样，他的精神状态如何等。美国的麦克唐纳公司推崇"走动管理"，鼓励管理者从办公室中走出来，深入到工作现场，了解生产经营的实际情况，改掉在舒适的办公室里指手画脚的习惯。为了帮管理者做到这一点，公司总裁克罗克竟然要求所有经理把椅背锯掉。后来麦克唐纳公司扭亏为盈，锯椅背的故事被传为美谈，成了众多培训讲师口中的经典案例。

这种现场观察的方法虽然简便易行，但也有很多局限性，比如，需要大量的时间和精力，能观察到的情况都比较表面化等。看到一个员工在电脑后面敲敲点点，你以为他是在写报告，但他可能是在玩游戏。

（三）工作汇报（最常用）

最有效的方式是下属主动汇报，无论是下属主动走进你的办公室，还是他主动给你打电话、发微信，这都是一个好现象。因为在下属和上级的沟通中，下属往往是压力更大的一方，主动汇报能让沟通氛围更轻松、更坦诚。要知道，沟通的氛围对沟通效果有很大的影响。

如何才能让下属主动汇报呢？首先你应该想一想，你愿意给什么样的上级主动打电话，当然是那些愿意真心理解你、帮助你的人，不可能是那些随时想给你挑毛病、考核你和对你冷漠的人。所以你属于哪种上级呢？

等待下属主动汇报的最大的问题在于，本来应该汇报的时候，下属可能没有汇报，这种情况可能会让你错失重要的信息。所以，要就汇报的时机、内容、发起方和方式等问题与下属进行讨论和规划，并保证双方理解一致。

听取汇报还有其他局限性。员工说的是他最想说的，但他最想说的不一定是你最想听的，所以，除非你规定好了要汇报哪些内容，否则汇报的效率一定不会太高。调查显示，很多员工做不到有效汇报，他们通常抓不住重点，说不到点上，也经常只报喜不报忧，隐瞒信息。事实上，如果你过于依赖听取汇报这种方法，也会给下属造成很大的压力，在获得上级的肯定和认可方面，下属会觉得"会做的不如会说的"，那些不善表达的下属会觉得吃亏并产生挫败感。

工作汇报是监控下属工作信息的重要方法，我们将在后面做详细介绍。

（四）问卷调查（面向所有人）

通过问卷调查，管理者可以了解下属的满意度情况、对当前工作的看法并收集建议。举例，下表（表5.2）是关于下属的心理需求满足程度的调查问卷。

表5.2 下属心理需求满足程度调查问卷

序号	问题描述	得分	序号	问题描述	得分
1	我自由决定我的工作和生活而不受任何约束		11	日常生活中，我经常性地做那些被告知不得不做的事	
2	我真的特别喜欢和我打交道的那些人		12	我觉得周边的人都很关心我	

续表

序号	问题描述	得分	序号	问题描述	得分
3	我经常觉得我在工作上有些吃力		13	绝大多数的时候,我觉得完成手头工作并不是很困难	
4	我会感受到来自生活的压力		14	每天和我互动的人都会特别在意我的感受	
5	从周边同事给我的反馈来看,我能很好地胜任我的工作		15	在我的工作中,我没有太多机会展现自我	
6	我和大家相处得很融洽		16	我没有太多特别亲近的人	
7	我喜欢独处,没有特别多的朋友		17	日常生活中,我觉得我可以真实地做自己而不用隐藏什么	
8	一般来说,我都会畅所欲言地表达自己的想法和观点		18	和我经常打交道的那些人似乎并不是特别喜欢我	
9	我会把经常和我互动的那些人当成我的朋友		19	我经常觉得在工作上力不从心	
10	最近我又顺利地掌握了一些有趣的新技能		20	日常工作中,我不能自由决定如何开展我的工作	

(五) 专项调查 (最专业)

有时候,管理者为了更真实、更全面、更深刻地了解下属的感受及看法,会请专家进行专项调查。

管理咨询机构在为客户服务时,第一项工作往往就是专项调查,所用手段包括访谈、座谈会、研讨会、现场调查、问卷调查等方式。一般来讲,专家会对调查得到的数据进行分析处理,并生成专项报告提交给管理者。

人们推崇专项调查法的理由有很多，比如：调查方法更加专业，因不涉及利益关系从而更加客观真实等。尽管以上理由都有道理，专项调查还是无法替代管理者和下属的直接对话，这有点像谈恋爱，再巧舌如簧的红娘也带不来情侣间谈心的那种情意绵绵的感觉。

（六）相关方反馈（兼听则明）

管理者还可以通过相关方对下属的看法和态度来获取下属的工作信息。所谓的相关方包括客户、管理者的上级、其他重要的合作者，等等。管理者了解相关方的看法并反馈给下属，对于下属改进工作、提升能力很有用。从这个意义上来看，管理者应该作为下属和相关方之间的信息桥梁。比如，在工作中，客户对我的项目成员有任何看法我都会及时反馈，以此让大家的行为一直保持在正轨上。

（七）间接汇报（适用多层级团队）

所谓"间接汇报"，指的是直接下属把间接下属的工作信息汇报给管理者（图5.1）。比如，某副总经理把下属几个部门经理的工作信息向总经理汇报。

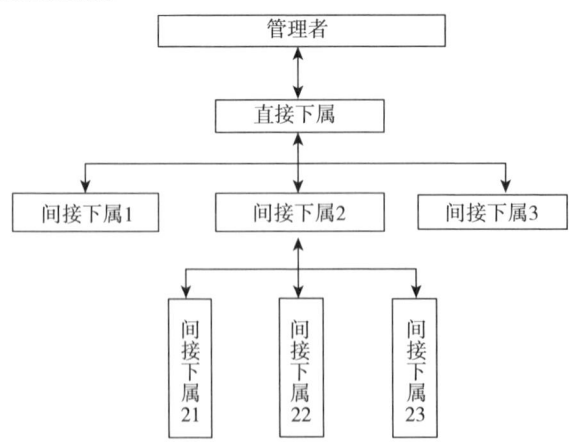

图5.1 多层级团队的间接汇报

在听取间接汇报时，最关键的是要明确汇报信息。平时，一般性的汇报可包括以下内容：①大家在工作中有哪些抱怨；②大家的协作氛围怎么样；③大家对工作有了哪些改进；④谁在工作中遇到了什么困难；⑤谁的工作能力有了明显的进步；⑥你最满意的下属是哪几个；⑦你最不满意的下属是哪几个。

三、监控频率与信息颗粒度

（一）对于时效性和重要性不同的信息

先解释一下几个概念："监控频率"反映了获取某类信息的频繁程度，监控频率越高，获取同一类信息的时间间隔越短；"信息颗粒度"即信息的详细程度，信息颗粒度越细则信息越详细具体；"信息时效性"是指信息的价值随时间而流逝的快慢程度，信息时效性越强，则信息的价值贬值越快；"信息重要性"是指信息价值的大小，信息重要性越高，则信息价值越大。

获取工作信息不仅要花费管理者较多的时间和精力，还会占用下属的时间和精力。获取信息的行为越频繁，获取的信息越详细，花费的时间和精力越多。为了将监控效率最大化，对于不同时效性和重要性的信息项，管理者要采取不同的监控频率和信息颗粒度。

一般来讲，信息越重要、时效性越强，则监控越频繁、信息颗粒度越细，具体见下图（图5.2）：

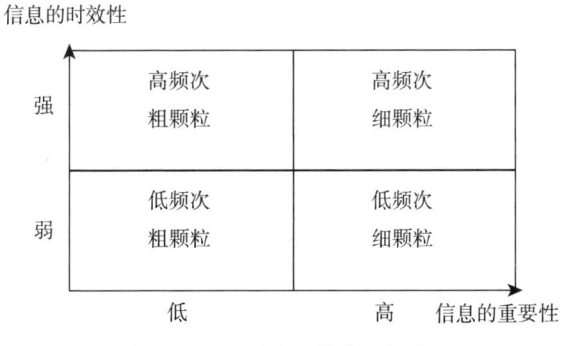

信息的时效性	低	高
强	高频次 粗颗粒	高频次 细颗粒
弱	低频次 粗颗粒	低频次 细颗粒

信息的重要性

图5.2　不同信息的监控策略

（二）对于成熟度和熟悉度不同的下属

管理者应该根据下属的成熟度和熟悉度，采取不同的监控频率和信息颗粒度（图5.3）。

新部下的工作能力还不成熟，而且上级对其也不太熟悉，那么通过高频度和细颗粒度的监控，上级就能快速地了解新部下。老部下的工作能力强，上级也对其很信任，那么监控的频率就可以适当降低，信息的颗粒度也可以粗一些。但如果给他布置了一项挑战性很强的新任务，而他又缺少这方面经验的话，那么他的成熟度对这项工作而言属于低成熟度，管理者应要求信息颗粒度足够细，以降低风险。

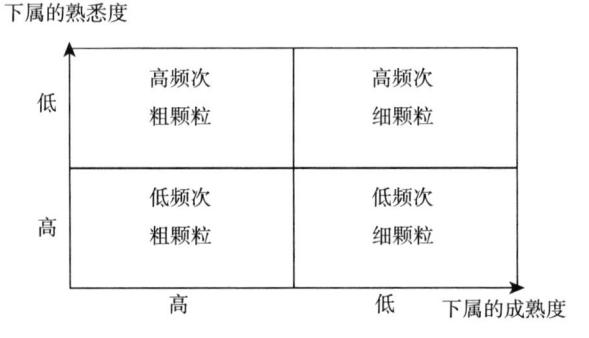

下属的熟悉度	高（成熟度）	低（成熟度）
低	高频次 粗颗粒	高频次 细颗粒
高	低频次 粗颗粒	低频次 细颗粒

图5.3 不同下属的监控策略

其实在很多时候，下属和上级能在信息监控方面达成一种默契，比如，下属能凭直觉决定在什么时候进行汇报以及汇报要详细到什么程度。某项工作可能每天都要汇报，另外一项可能只在重要成果出来时才需要汇报，汇报有时可能只是几句话，有时可能要写成详尽的报告，具体怎么做可能只是由与上级长时间共事磨合出来的直觉来决定。

四、"信息监控"的整体规划

提升监控效率的关键在于把"自发监控"升级为"自觉监控"。

如果你之前是出于本能地、无意识地自发监控，那么以后你就要有意识、有目的、有方法、有计划地进行自觉监控。就像穿衣服，以前你只是凭感觉，自己感觉怎么好看就怎么穿，当你学习了着装礼仪和审美、懂得了服装搭配技巧之后，你在选衣服时就应该有意识地根据场合着装了。

（一）找到需加强的信息短板

我们在前面论述了管理者需要获取的五类下属工作信息，管理者可以对照检查，看哪方面的信息不够全面、不够详细。管理者也可以根据当前存在的问题进行反思，比如说，很多员工发牢骚、有怨气，你可能需要反思自己对他们遇到的困难的了解够不够；一些员工的积极性下降，你可能需要多关注员工的工作心态；某些员工经常不能按时完成任务，你可能需要多了解他们的工作方法和能力。总之，管理者应该从现状出发，找到工作信息监控方面的短板，这是提升监控效率的第一步。

（二）匹配最适合的监控方法

接下来，管理者要根据需要选择适合的监控方法，应为不同性质的信息匹配相应的监控方法，以达到最高的效率。每种监控方法都有自己的优势和劣势，因此有最适合的场景。比如，工作汇报的优势是主题明确、内涵深刻、随时可行，劣势是花费较多的时间和精力、覆盖面窄且有"报喜不报忧"的风险。下表（表5.3）是工作信息和监控方法的匹配建议。

表5.3　不同性质工作信息对应的监控方法

工作信息	监控方法
①下属遇到的突发事件、预警信号和例外情况	工作汇报

续表

工作信息	监控方法
②下属当前的重点工作内容及结果	工作汇报 相关方反馈 现场观察
③下属的工作思路及其使用的工作方法和手段	工作汇报 现场观察
④下属在工作中遇到的问题、困难及其需要的帮助支持	工作汇报 相关方反馈
⑤下属的工作心态	工作汇报 现场观察
⑥间接下属的工作信息	间接汇报 问卷调查 专项调查

我观察过很多管理者是如何监控下属工作信息的，那些表现出色的管理者的共同之处是，他们以工作汇报作为最主要的监控手段，其他方法作为辅助。不同层级的管理者在选择监控方法时也存在一些规律，比如高层管理者最依赖工作汇报和专项调查，中层管理者最为看重相关方反馈，而基层管理者使用现场观察的次数最多。

你在决定要使用什么样的监控方式时要通盘考虑你的情境因素，包括你的下属的数量、工作性质、沟通习惯等，还包括你自己的沟通风格，比如你更习惯听汇报还是看报告。无论怎样，请记住，提高监控效率是一个持续探索和改进的过程，但每一次尝试都能加深你对管理工作的理解。

五、"工作汇报"的详细规划

（一）"绩效面谈"的研究发现

在刚从事绩效咨询工作时，我相信绩效面谈是打开绩效管理的钥匙，然而令人沮丧的是，理论上无可挑剔的绩效面谈在实践中的效果并不好，在很多企业中沦为走过场。我相信这是因为经理们缺少绩效面谈的技巧，于是我花了很多时间去研究绩效面谈的技巧，并热衷于绩效面谈培训，手把手地教经理们如何去创造好的交流氛围、如何表达赞赏、如何批评、如何提问、如何提出建设性建议，甚至对肢体动作都有详细的介绍。但一圈圈培训下来，效果依然不好，即使那些平时沟通能力较强的经理们也只是堪堪满足基本要求而已。

后来，我为绩效面谈做了一个话术模板，把沟通过程进行了"傻瓜式"的设计，把它大大简化，在这个模板下面谈双方通常只需要照稿子读就可以了。在实践中，我发现这种做法确实能让双方在沟通中更好地抓住重点，偶尔也有跑题现象，但真正的问题出在沟通氛围上，双方不像是在交流，更像是在表演，所以沟通很难深入。

多次失败后，我重新反思绩效面谈，终于认识到它有两个根本缺陷，这两个缺陷是无解的。

第一个缺陷是绩效面谈违反了沟通的及时性原则。例如，某公司要求在绩效考核结束后一周内开展绩效面谈，然而，可以拖到一周后才去了解的信息还能叫重要信息吗？良好的沟通是及时性甚至即时性的，想说的时候就得说，不能往后拖，拖到后面可能信息会失效，也可能员工已经不想说了。比如，一个下属提交的报告出现了几处错误，你发现以后最好立刻告知他，尽量不要拖，拖得越久他越不觉得你是在帮他改进工作，反而会觉得你是在抓他的小辫子。

第二个缺陷是绩效面谈将"考核"和"帮助"混在了一起。当下属认为你是在"考核"他时，他会努力向你展示最"强"的一面，当下属认为你是在"帮助"他时，他会努力向你展示最"弱"的一面。你如果想在一次谈话中既"考核"下属又"帮助"下属，就会把下属弄糊涂，他不知道该向你展示"强"的一面还是"弱"的一面。也许你会说，那就实事求是好了，把最真实的一面展示出来，但这就好比你对参加考试的人说，不用紧张，正常发挥就行。问题是，紧张是他的本能反应，你这是在劝他舍弃本能，他做不到啊！

所以，研究绩效面谈给我最大的启示就是：沟通要趁早！

（二）工作汇报为什么需要规划

工作汇报是管理者最主要的监控手段，管理者所需要的大多数重要信息都是通过这种方式获得的。工作汇报这种方法的一个优势是信息传递效率高、准确度高，另一个优势是管理者能即时给予反馈，形成双向沟通。

然而，在工作汇报过程中依然存在大量的低效环节：下属汇报的不是上级想听的，上级想听的下属又说不出来；上级需要信息的时候下属没有汇报，下属汇报的时候上级已无能为力了。尤其是在上下级之间没有达成默契的情况下，工作汇报就像"鸡同鸭讲"。

曾有一位经理向我抱怨他的下属不能及时汇报工作，我反问他为什么不在之前就向下属提出要求，他惊讶地说："这难道还用要求吗？这不是他们应该知道的吗？"事实是，也许下属应该知道，但他们真的不知道，我觉得与其互相猜谜，倒不如直截了当地告诉他们你的要求，或者一起商量汇报时间。

规划工作汇报是一件很有用的事，每个认真对待的经理人都能或多或少地提升与下属的沟通效率和默契。

首先，管理者和下属就汇报的信息进行选择，明确那些重要的、紧急的信息，舍弃那些不重要的、低价值的信息，从而提升沟通效率。一些管理者经过简单的规划后发现，之前下属汇报时漏掉了很多重要的工作信息，同时下属也发现，之前汇报的很多内容是上级不感兴趣的。

其次，管理者和下属明确各项信息的汇报时机，从而保证信息的及时性。调查发现，很多管理者和下属沟通不畅的一个重要原因是时机不合。下属需要汇报的时候，上级没有时间听；上级有时间听的时候，下属没准备好。通过规划工作汇报，管理者和下属就能安排好汇报的时间，从而保证汇报的顺利完成。

最后，不同的管理者有不同的管理风格，不同的下属也有不同的工作模式，如果双方能就工作汇报的内容和时机进行协商，并达成一致，显然能让双方的配合更顺利。从绩效监控的角度讲，这样更有利于上级及时、全面地获得信息，减少因信息漏报、迟报引起的麻烦，也有利于下属得到上级的支持和帮助。

（三）工作汇报如何规划

工作汇报的规划过程是管理者和下属一起讨论、协商并达成一致意见的过程。这个讨论的过程也很有意义，大家可能会在这个过程中惊讶地发现，原来上下级在沟通方面存在如此多的误解和分歧。这样的讨论可能会颠覆很多人之前的认知，很多人会因此找到矛盾冲突的根源，这对恢复上下级之间的关系有着积极的作用。

工作汇报规划至少要明确以下关键点：工作信息项、汇报时机和发起方，也就是要明确在什么时候由谁就什么信息发起汇报。下表（表5.4）是工作汇报规划表的样例：

表 5.4 工作汇报规划表

工作信息项		上级询问	下属汇报	备注
团队中发生的突发事件、预警信号和例外情况	工作中遇到的各种事故（安全、质量、人身、设备、停电、卫生等）和存在的事故隐患		第一时间	
	客户或相关方对本部门的抱怨		第一时间	
	客户或相关方对本部门的各种评价		例会时	
	工作中发现的风险征兆		第一时间	
	工作中发生的其他异常事件		第一时间	

续表

工作信息项		上级询问	下属汇报	备注
当前的重点工作内容	某项工作结束		第二天早会	
	上周重点工作完成情况		每周一	
	上个月重点工作完成情况		每月初	
	本周重点工作		每周一	
	当前从事的工作	随时		
	提前完成工作		第一时间	
工作思路以及使用的工作方法和手段	月度工作计划		每月初	
	里程碑节点，上阶段工作总结和下阶段工作计划		第二天早会	
	周工作计划		每周一	
	下属自我评价		每月一次	
	工作改进思路	随时	约定时间	
	请求工作内容调整	随时	约定时间	
	请求工作授权	随时	约定时间	
在工作中遇到的问题、困难和需要的帮助支持	约谈	约定时间	约定时间	
	请假、请求参加活动		第一时间	
	当前工作面临的困难	随时	随时	

续表

工作信息项		上级询问	下属汇报	备注
在工作中遇到的问题、困难和需要的帮助支持	工作中发生的异常情况		第一时间	
	解决不了的问题		第一时间	
	工作中出错（严重）		第一时间	
	工作中出错（轻微）		自行选择时间	
	请求工作计划变更（紧急）		第一时间	
	请求工作计划变更（普通）		第二天早会	
	发现不能按计划完成工作		第一时间	
	处理自己权限以外的事情（紧急）		第一时间	
	处理自己权限以外的事情（普通）		第二天早会	
	办事遇阻（人员配合问题、资源问题、权限问题等）		第一时间	
	请上级描述某项工作的目的、成果或要求	随时	约定时间	
	上级辅导以及建议	随时	约定时间	

续表

工作信息项		上级询问	下属汇报	备注
工作心态	对工作及相关方的抱怨	随时	约定时间	
	在工作中的情绪和感受	随时	约定时间	
	对当前工作意义的认识	随时	约定时间	
	在工作中遭受的不公平对待	随时	约定时间	

在做以上规划时，应注意以下几点：

（1）列在表中的"工作信息项"不需要事无巨细，主要是针对那些重要的或容易出错的。对于那些不太重要的或者平时沟通比较默契的情况，口头强调一下即可，没必要全部落实在文件上。

（2）如果管理者有多名下属，且下属的职责差异很大，可在"备注"栏标明每一条的适应对象，对哪些下属适用或者对哪些下属不适用。

（3）对工作汇报的方式、地点要少做限制，无论是通过面谈、打电话、微信、会议的方式，还是在办公室、车间、食堂、户外进行工作汇报都可以，就像吃饭一样，偶尔换个环境，反而会有更好的体验。

第三节　下属工作反馈与绩效开发

一、高效的工作反馈

管理者在充分了解下属工作情况后，能够也应该给予及时的、真实的、有效的反馈，这也是下属所期待的。

（一）有效工作反馈的价值

（1）有利于让下属的努力方向与团队方向保持一致。如果下属的努力方向与团队方向不一致，则会产生下属工作能力与团队绩效水平不相符的现象。能否保持员工努力方向与团队方向一致，是区分一流企业和一般企业的重要标志（图5.4）。

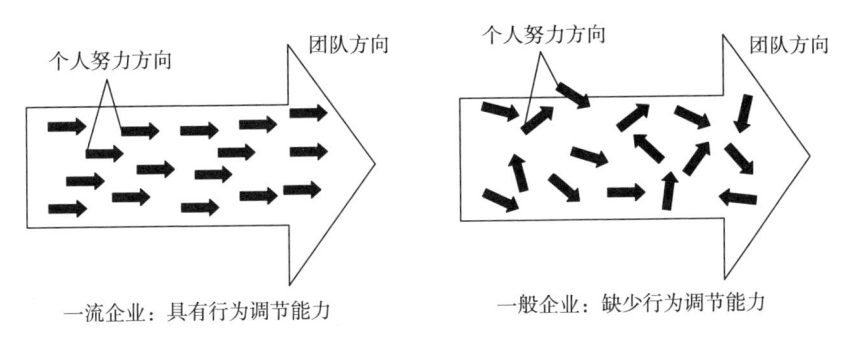

图5.4　一流企业与一般企业在员工行为调节能力上的差异

而据我们观察，对于那些缺少经验的员工来讲，其个人努力方向经常会偏离团队方向。比如，某物流公司因为连续几年亏损，邀请我们提供咨询建议。我们在调研时发现，员工总体上很辛苦，业务能力也不算差，当时很多员工认为亏损的原因是外部经营环境恶劣，并非自身能力不足。后来，我们在进行数据分析时发现某些资源的利用率很低，存在大量的浪费，比如，很多配送车辆没满载就上路，甚至为了送几瓶红酒跑很远的路。当我们询问为什么这么做时，当事人回答说，这是为了保证及时送货，如果要等满载再发货的话，客户就可能因等待过久而投诉。我们进一步调查发现，公司曾再三强调要改善服务，提升客户满意度，很多时候客户要得急，公司就临时加车去送。于是我们在向客户高层汇报时说，公司当前最紧迫的任务是扭亏，其关键是提升资源利用效率，但员工的努力方向是确保及时送货，这和公司方向是不一致的，所以，员工做得越"出色"，亏损问题就越严重。这就是个体努力方向与团队方向不一致的后果。

（2）有助于提升下属的积极性，促进其成长进步并改善上下级关系。这一点我们将在以后的章节中详述。

（二）如何提高反馈的效率

其实，每个管理者每天都在给予下属工作反馈，但未必每个人都擅长反馈。就我的了解，很多经理人对下属的反馈大多是无效的，甚至在反馈过程中发生矛盾冲突的情况也屡见不鲜。

我在研究了有效反馈的内在机理后发现，反馈之所以有效，是因为它能给下属带来帮助，从而被下属真心地认可和接受。那什么样的反馈会有效呢？我把有效反馈分为五类：事实反馈、感受反馈、诉求反馈、观点反馈和行动反馈（表5.5）。管理者要想提高反馈的效率，就要学习使用这五种反馈方式。

表5.5 对下属的五种有效反馈

序号	反馈方式	说明
1	事实反馈	了解到的有助于下属工作的各种信息。例：我知道有一本书对你的工作有帮助 了解到的相关方对下属的看法、态度。例：客户孙总说你昨天的建议很不错
2	感受反馈	对下属当前工作的满意度。例：我对你写的这份报告不太满意
3	诉求反馈	对下属工作的需求和期望。例：我希望你们部门把成本再降一降
4	观点反馈	对当前工作问题的分析。例：我认为你们的问题在于资源利用效率太低了 对下属工作的思路和看法。例：我认为你们部门的成本还有下降空间
5	行动反馈	希望下属接下来采取的行动。例：你统计一下哪些设备处于闲置状态 询问下属需要自己怎么帮助他。例：你想让我帮你联系一下孙总吗

反馈时，要注意以下事项：

（1）为了营造和谐的氛围，管理者要尽量减少评判性语言的使用，比如，"你的做法是错误的""你的表现太差了"，更有效的表达是"我不认同你的做法""我对你的表现不满意"。

（2）聪明的管理者会把工作反馈与培训、辅导结合起来，这当然是很好的做法。

（3）管理者如果经常用提问题的方式反馈，往往能提升下属独立思考的能力。真实的工作情境中的问题比案例讨论中的问题，价值要高得太多。前者具有确切的背景信息和制约条件，后者需要一个又一个的假设条件；前者能通过实践很快地检验你的决策是否正确，后者只能是推理又推理。所以，管理者应该认识到，工作本身是提升下属思考力的最佳路径，而你们要做的只是在工作中不断地向下属提出问题，引导他们去思考，并在实践中进行检验。

二、对下属的绩效开发

按照新绩效模式的定义，管理者的工作评价是评判下属绩效水平的主要依据，因此可以这样理解，所谓"低绩效员工"就是管理者对其工作表现不满意的员工，而"高绩效员工"就是经常给管理者带来惊喜的员工。

（一）"低绩效员工"的绩效开发

一个管理者如果对下属"高标准严要求"，且期望越来越高的话，昨天让他"满意"的表现，今天可能就会让他"不满"。

所以可将"低绩效员工"分为两类，一类是"一直低"，另一类是没有跟上新的要求而"变低"。

这些下属的表现之所以达不到预期，可能是因为能力跟不上，或者岗位不匹配，或者对新环境不适应，或者遇到了其他方面的障碍。而无论是因为哪种因素都表明该下属需要帮助。

也许只要管理者为他们提供一些培训和辅导，或者解决一些困难，或者调整一下工作内容，他们就会从"低"变成"中等"。不要小看这样的提升，因为这是持续改进的过程，永无尽头，我敢说，最终你们公司最"低"的员工也会比对手公司的好。

当然，我们不能理想主义，肯定会有员工即使进行了干预，其某些表现依然不能让人满意。但我们至少表现出了对这些员工处境的理解，我们也与他们一起进行了努力，所以他们在主动或被动地离开时，会倾向于认为是因为自己已经不适合当前工作，把原因归于自己，而非抱怨公司。

调查显示，员工的表现在很大程度上受到公司的文化、管理机制等环境的影响，同一个人在不同的公司干相同的工作，其表现可能会大相径庭。因此，当员工个人绩效通过干预依然不能提升时，换一个环境也许是最佳的选择，无论是对企业还是对员工自己都好。这一点需要让员工明白，留在公司未必是好事，只有找到适合自己的平台，自己才会更优秀，也会更幸福。

（二）"高绩效员工"的绩效开发

对那些工作表现经常超出预期、很少让人失望的"高绩效员工"，应该怎么对待呢？我们应对其进行研究，并组织大家向他学习。

"高绩效员工"的表现很大程度上取决于环境因素。为什么公司请一些外部的销售专家来给员工讲课，效果却总是不尽如人意，是因为该专家是为其他公司销售其他产品的人，他的方法和技巧也许适用于那家公司，但未必适用于本公司。而那些总是超越期望的员工，他的某些特质或习惯可能非常适合公司的环境。

所以，我们要研究这些员工，理解他们在公司特定环境下的成功因素。这些因素可能在其他环境下并没有效果，但这正是其宝贵之处，正所谓"适合的才是最好的"。这些因素可能正是那些不太成功的员工所缺乏的，因此可以通过普及与推广（比如，把他们的一些动作制成检查清单，以检查和引导其他员工的行为），全面提升其他员工的绩效水平。

除了研究，还应鼓励其他人向这些员工学习，请他们做老师，或者开展各种交流活动，让他们向其他员工传授知识经验。

通过把经验技能从"高绩效员工"向其他员工转移，团队可以实现全体成员绩效表现的持续改进。

第六章　团队工作监控与评价

"不善于倾听不同的声音，是管理者最大的疏忽。"

——玛丽·凯

"一个成功的决策，等于90%的信息加上10%的直觉。"

——S. M. 沃尔森

本章的目的是破解管理者对团队的监控困境，以及为团队的持续改进指明方向。一个学生要想提升英语成绩，首先要明确应提升哪个方面，是听、说、读还是写作。同理，一个团队要想提升绩效，首先要明确应改进哪些工作，即"绩效关注点"，之后还需要收集、分析绩效数据以找到改进工作的线索。

第一节　目标管理的拨乱反正

一、目标管理的异化

提到团队绩效管理，就不得不提目标管理。长久以来，很多经理人和管理顾问都将目标管理看成绩效管理的一部分。

在绩效考核实践中，"绩效"和"目标"被紧紧地绑在了一起。比如，把目标完成情况的好坏作为绩效考核的重要依据，也就是说，目标完成得越好，绩效分数越高，完成90%的人比完成80%的绩效更高；再比如，在年终工作汇报时，经理们的常用语就是"今年我们圆满完成了各项目标"，大家都会认为这是可喜可贺的事，而"未达成预定目标"则是失败的，是需要惩罚的；在公司的文件甚至大众管理读物中，"绩效目标"这个词经常被使用，它反复强化着人们的认知，即"绩效"和"目标"是天生一对，紧密相关，好像鱼和水一样不可分离。

众所周知，最早提出"目标管理"这个概念的是彼得·德鲁克，他看到了"监工式"管理带来的种种弊端，相信解决问题的唯一途径是实现知识类员工的自我管理。他认为，目标应该由执行者即员工自己来制定，虽然也需要管理者的认可，但总体上决策权应归属于执行者。道理是显而易见的，只有执行者最清楚自己的工作，最了解工作中的问题、风险和可改进点，目标和计划只有得到执行者的认同，才能不打折扣地落实下去，才能起到协调的作用。

然而，在考核绩效模式下，目标完成情况成为评价团队绩效的主要依据，执行者因此丧失了目标决策权，理由很简单，执行者不能既当运动员又当裁判员。目标决策者和目标执行者完成了分离，目标执行依然是员工的事，但目标决策变成了手握重权的人的事，于是目标管理逐渐异化为利益博弈和政治斗争的工具。

目标的决策者和执行者相分离，直接导致了以下矛盾：团队成员从个人利益出发，会不断压低目标值，因为目标值越低，就越容易达成，考核分数就越高，而更高的分数意味着更多的奖励和晋升机会。员工希望目标值越低越好，决策者却恰恰相反，他们希望把目标定得高高的。一方面，他们认为目标要有足够的"挑战性"才能激励他们更努力进取；另一方面，他们从实际利益出发，认为给予员工的奖励本质上是为了得到绩效所付出的"代价"，既然是"代价"，自然就要讲究"性价比"，为了提升"性价比"，在奖励相同的情况下目标自然越高越好。

由此，围绕着目标值的高低，决策者和执行者开始了博弈，过程好比在菜市场讨价还价，但其后果要严重得多，目标管理在这种博弈中失去了科学性、严谨性和权威性，违背了德鲁克的初心，宝珠蒙尘。

俗话说"买的不如卖的精",和卖方相比,买方处于信息不对称状态,很难知道商品的真实成本,所以在谈价方面处于被动状态。那些不参与执行的决策者很难了解团队工作的细节,陷于监控困境(详见第二章)之中,他们在与执行者的博弈中处于事实上的信息不对称状态,甚至比"买方"更被动,因为"买方"还可以"比价",他们往往连"比价"的机会都没有。

然而,讽刺的是,这些对执行者缺少了解的人却拥有绝对的决策权,他们完全有权力用拍脑门的方法来确定目标值(我发现确实有很多企业的目标是"拍"出来的)。决策者的策略就是运用这种绝对权力,强行给目标加码,以对冲执行者在决策时的"讨价还价"和执行时的"缺斤短两"。然而,这反过来又激起了执行者的"抗争",他们发牢骚,夸大困难、障碍和风险,明里暗里地抵制命令,甚至故意不完成目标,以"证错"的方式来进行"对抗"。

那些强势的管理者也许能用自己的权威暂时压制住不同的声音,却无法消除执行者内心深处的抗拒。得不到执行者认同的目标又有多大价值呢?它无法激励员工,反而会不断地提醒他们自己的利益得不到重视,自己的处境得不到关心,从而让他们对"为目标而奋斗"这件事更加无感。

在这场博弈中,团队管理者承受着巨大的压力。管理者的角色是特殊的,我们从不同的视角看,会发现他有着"双重"身份。从内向外看,管理者是团队外部相关方的维护者,必须维护股东、上级、客户、政府等各方的利益;从外向内看,管理者又是团队的代言人,同样应该代表团队成员的利益。因而,在目标博弈的过程中,管理者很像三明治中间的肉馅,夹在外部相关方和团队成员中间,上下为难,目标低了相关方不答应,目标高了会遭到下属反对。

可以说,考核绩效模式必然导致目标决策者和执行者的分离,而这种分离让目标管理背离了初衷,不但没帮助员工实现自我管理,反而强化了管理层对员工的控制,真是南辕北辙。

二、异化的目标管理对新绩效模式的损害

在新绩效模式下，异化了的目标管理虽然危害有所降低，但依然会对绩效体系造成损害。

（一）损害实事求是原则

作为管理者，一定要实事求是。实事求是就是多听、多问、多了解，以事实为依据；就是不拍脑袋决策、不搞经验主义，多分析，理性决策；就是不滥权、不耍横，相信团队，依靠团队的力量做事。

一个实事求是的管理者会发现，"超额完成目标"不等于"高绩效"，因为即使"超额完成目标"，工作中也可能有很多问题，有很多需要改进的地方，而这在新绩效模式下是不能称之为"高绩效"的。

一个父亲给儿子定的考试成绩目标是 90 分，结果儿子考了 85 分，这是不是一个糟糕的成绩呢？一个实事求是的人不会简单地下结论，他可能要了解更多的信息，比如：孩子以前的成绩是多少，同班同学的成绩是多少，这次考试的难度相比以前如何，孩子这段时间在学习上是否用功，老师在课堂上对孩子的评价如何，那些答错的题是不会还是失误，等等。随着对孩子的了解越来越全面、越来越深入，他就会发现孩子哪些方面做得不错，需要保持，哪些方面做得还不够，需要改变。无疑，这种评价才有意义，因为它能帮助孩子进步。

有一点必须承认，根据目标完成的情况来评价团队绩效确实会让评价工作变得简单，因为管理者不再需要详细地了解团队的工作，不再需要了解团队的具体环境，不再需要对团队进行实时监控，他所需要做的只是定期统计几个数字，简单到每个小学生都能做。然而，这样的工作评价却违背了实事求是的原则。

任何"目标"都是事前制定的，是基于各种预测的，而预测存在不确定性，可能和真实情况存在巨大差异。而"工作评价"是在

事中或事后进行的，此时所有的不确定性已经不存在了，所有的行为、条件和状态都明确了。如果我们在评价团队的工作时不是以事实为依据，而是以基于预测的目标为依据，这难道不荒谬吗？

这就好比，虽然你小时候的人生目标是成为一个科学家，但长大后，你偏离了你的目标，成为一个企业家，那你应该怎么评判你的职业生涯呢？是把自己看成一个没有完成目标的失败者，还是实事求是地看待自己的成就并理性地进行职业规划呢？我想，大部分人会选择后者。同理，我们在评价团队工作时，应抛弃简单的"目标决定法"，坚持实事求是。

（二）损害团队的持续改进

之所以要评价团队工作，是为了确保正确方向，并改进团队工作。

要确保正确的方向，就要从现实出发，而不是从目标出发。比如上一个例子，如果你现在是一个企业家，你应该考虑的是如何成为一个更优秀的企业家，而不是转行去实现你小时候的人生目标——成为一个科学家。

我们如果简单地以"完成目标"为导向，就很可能让团队误入歧途，朝着错误的方向一路狂奔。沈阳一家中小环保企业的老板的目标是："走出东北、面向全国，建立20个省级办事处"。实施两年后，仅在4个省建立起办事处，运行得也不理想，老板认为是因为员工执行力不强，于是向我们咨询解决方案。经过调研，我们发现人才市场上根本不存在足够的符合要求的营销人员，"建立20个省级办事处"的目标根本就不可能实现，而且那些已建好的办事处也因种种原因面临解散的压力。幸亏我们及时矫正了公司的原定目标，否则后果不堪设想。

要改进团队工作，首先要找准"改进点"，即团队工作中的薄弱环节，要坚持实事求是，而不是依靠想象。比如，2020年中国的GDP增长预期是6%，但是由于受新冠肺炎疫情的影响，实际结果可能要低于这个预期，但这能表明中国做得不好吗？当然不能！因为只要把中国和其他国家进行比较，比如欧美国家或者其他新兴市场国家，只要和它们一对比，任何人都得承认，其实我们做得相当不错。

有时候，我们的某个目标没有完成，但这不一定意味着它是一个薄弱环节，可能是因为目标本身不合理；有时候，我们完成了某个目标，但这也不一定意味着它不是薄弱环节，在这个方面可能依然有改进空间。比如，在我曾服务的一家企业中，销售部经常完不成目标，但他们的销售业绩和能力都比竞争对手强得多；而计量部几乎没有完不成目标的时候，但实际上，该部门因循守旧，主动性和创造性严重缺失。

不幸的是，很多团队（包括企业）在改进他们的工作时，为了追求"高绩效"，不惜以错误的目标为导引，枉顾事实，甚至要求员工"没有任何借口"，不得不说，这样的做法破坏了团队的持续改进。

（三）损害积极性和创造性

异化的目标管理可能会削弱员工的积极性。我们在访谈员工时发现，员工其实并不会千方百计地实现目标，他们的解释是，"生产提高，目标也会水涨船高"，他们发现了这个"秘密"，即制定目标的依据是以前的产量。自己的积极努力竟然导致以后的标准提高了，这不是给自己挖坑吗？结果就是，大家都在尽量维持现在的努力水平，并不会更积极主动地提升。

异化的目标管理可能会削弱员工的创造性。目标管理追求"目标精确"和"过程可控"，而绩效管理追求"目标突破"和"过程创新"，即要打破条条框框，通过创新来挖掘潜力、超越预期。二者的精神内核是不同的，一个是稳重踏实的"前浪"，另一个是洒脱跳跃的"后浪"，它们怎么能做"伴侣"呢？如果一个销售团队的销售收入目标是100万元，实际结果正好是100万元，可以说其目标管理做得好，但其绩效管理未必做得也好；如果一个销售团队的销售收入目标是 100 万元，实际结果是 150 万元，可以说其目标管理做得不好，但不能确定其绩效管理的好坏，但有一条，绩效管理就是要打破常规、超越期望。

三、目标管理的拨乱反正

既然用"目标完成率"衡量绩效是一个火坑，为什么还会有这么多人"飞蛾扑火"？

我认为，这是由考核式绩效模式促成的，尤其是所谓的"量化考核"。既然要量化，当然先要找到"尺子"，找来找去，人们发现"目标完成率"可能是最理想的"尺子"，它不但完全契合了量化的要求，还能满足管理者控制他人的欲望。事实上，众多管理者把目标作为向下属施压和控制下属的工具。

目标管理一旦成为绩效考核的工具，则必然要异化，这是一个不可避免的过程。而一旦我们放弃了考核绩效模式，目标管理就失去了异化的土壤，获得了拨乱反正、回归本源的可能。

回归本源的目标管理应该是什么样子的呢？它和绩效管理的关系又是怎样的呢？

回归本源的目标管理的最重要的特征就是目标的制定者和执行者合一，或者说员工要参与目标制定的过程。

当决策者把制定目标的权力还给执行者后，"目标完成率"将不再作为工作评价的主要依据，管理者不会只因为超额完成目标而给予员工高评价，还会看工作的过程。在这种情况下，故意压低目标就是自欺欺人，非但没有任何好处，反而可能妨碍工作的部署，因此员工没有动机这样做，他们更愿意从实际出发，努力制定合理的目标，真正让团队卓越起来。于是"博弈"不见了，"双赢"出现了。

在非考核绩效模式下，目标管理是一套独立于绩效管理的体系。目标的意义不在于作为考核的依据，也不在于激发员工的挑战欲望，而在于协调各种资源、各种行动、不同单位，协调各项任务的衔接，等等。

目标设定和工作评价的关系将变得非常疏远，它们不再是一家人，最多只能算远房表亲。人们不再把绩效好坏和目标完成情况的好坏联系在一起，就像我们不会把牛和蜗牛联系在一起一样。白萝卜和胡萝卜，单吃都有营养，但合在一起吃就会降低营养价值，所以最好的结果就是桥归桥、路归路。

第二节　工作评价的五个问题

新绩效模式下的工作评价与考核绩效模式下的绩效评价的意思完全不同。工作评价不是给团队工作贴上"优良中差"的标签，更不是"胡萝卜加大棒"的前奏，而是对团队最近工作的审视与反思，以便数往知来。

接下来我们要讨论一下团队工作评价的五个关键问题：①为什么要评价；②应该由谁来评价；③评价结果要包含哪些内容；④什么时候评价；⑤如何应用评价结果。

一、为什么要开展团队工作评价

团队工作评价并非为了奖优罚劣，也不是为了控制和施压，而是为了改进团队工作，促进团队发展。只有通过认真的分析总结，才能更好地认识过往的行动、策略、方法的优点与不足，才能清楚如何矫正方向和改进团队工作。我们回顾和评价之前走过的路，是为了能走好后面的路。

想一想课程学习中的单元测试，其目的并不是为了成绩排名，也不是为了区分优等生和差等生，而是为了掌握同学们的学习情况，了解他们哪些知识掌握了，哪些还没有掌握，并借此反思教学改进之法，这才是单元测试的意义所在。

一家制造业企业在公司范围内推进7S持续改进运动，每个部门每个月都要开展 7S 汇报和评比，坦率地讲，整个过程比较乏味，很多部门的问题分析和改进措施都是泛泛而谈、空洞无物。但有一个部门的汇报令人印象深刻，他们抓的改进点都非常准确，分析也相当深入，并配上了很多图片和数据，让人耳目一新，所列出的改进措施也非常具体，有针对性和可操作性。后来，我去了解他们是怎么做到的，发现最关键的是他们进行了大量的访谈调查来收集外部单位以及本部门员工的反馈，并且召开多次讨论会，每次只讨论一个问题，他们还会就讨论的结果征求专家意见。

毛主席说："没有调查，就没有发言权。"开展团队工作评价，首先要调查分析。

有一点是要说清楚的，我虽然反对绩效考核，但也承认，绩效考核过程中也有调查分析，也是需要收集数据信息的。当然，用于考核的数据信息和用于改进的数据信息有着根本区别，前者更像是用来证明考核结果"客观性"的证据，后者更像是用来发现改进机会的线索。比如，某销售经理发现本月的销售额比上个月低，接下来他就要了解发生了什么，如果调查发现竞争对手采用了新的促销策略，那么这可能就是销售部门改进销售方法的开始。

工作评价还能让团队及时矫正错误方向。比如，如果某个研发团队由于过于注重产品的外观，导致生产工艺难度过高，生产成本过大，那它的方向就需要矫正。管理者要及时收集利益相关方（以下简称相关方）的反馈，了解客户、成本控制部门、生产部门对前期研发工作的看法，定期或不定期地收集相关方对团队工作的评价，并进行综合平衡，保障所有相关方的整体利益，矫正错误方向。

从这个意义上来看，工作评价就像体检，能查找团队自身的病症，寻找病因，评估病情，从而使团队得到及时的治疗。

二、应该由谁来评价团队工作

团队工作应该由谁来评价？答案简单而霸气：谁都可以。因为我们所说的工作评价是以改进工作为目的的，而非用作"证据"，所以，评价结果是否准确、深刻、客观、公平都不是最重要的，即使评价不准确也不会带来太大的负面影响，正所谓"有则改之无则加勉"。原则上来说，参与评价的人越多，可以看到的视角就越全面，这不是坏事。

当然，在实际工作中，请所有人去评价是完全不现实的。管理工作的精髓就是抓重点，有三类人，他们的评价至关重要，分别是外部关键利益相关方（以下简称外部相关方）、团队成员和管理者。

（一）外部相关方

本书对相关方的定义是：能影响本团队工作或被团队工作影响的个人或群体。要注意相关方的两个特点：第一，相关方可以是一个人，也可以是由若干人组成的群体，比如，公司总经理是人力资源部的相关方，而市场部也是人力资源部的相关方，所以人力资源部的相关方是群体相关方；第二，相关方与团队具有影响关系，比如，政府部门能影响医院的工作，是医院的相关方，而病人会受到医院的影响，也是医院的相关方。

任何一个团队，无论是一个公司，还是一个部门，都有自己的相关方。比如，对于一个传统制造企业来说，相关方可能包括股东、上级单位、客户、政府机关、银行、战略供应商、协作单位等；对于一个系统软件开发项目团队来说，相关方可能包括客户单位领导、客户信息化牵头部门、项目有关设备的厂商和供应商、监理机构人员、测评机构人员等。

依据与团队的相互影响程度的大小，相关方可分为关键相关方和次要相关方。关键相关方对团队工作影响或被团队工作影响程度大，次要相关方对团队工作影响程度小且被团队工作影响程度小。比如，像我这样一年到头看不了一两次电影的人，与电影院基本是井水不犯河水，属于次要相关方；而影评家或电影迷就属于关键相关方了。本文后面所提的相关方，如果没有特别说明，默认是关键相关方。

相关方有评价团队工作的权力，团队要接受并尊重这一点，这是因为任何一个团队，无论是一个公司，还是一个部门，其持久存在的前提就是得到相关方的认可，如果得不到相关方的认可，团队存在的价值就得不到承认，也就很难存续下去。可以说，相关方对团队的评价关系团队的生死存亡。

以上观点很好理解，一个企业的生死，取决于客户、股东、主管部门等对它的态度；一个部门的存亡，取决于上级领导、协作单位等对它的看法。相关方能为团队提供生存和发展必需的资源，当相关方满意时，团队就能获得更多的资源和支持，反之，如果相关方不满意，团队获得的资源和支持就可能变少。所以，相关方可以说是团队的第一评价人，不容忽视。

（二）团队成员

团队成员也有权评价团队工作。严格来讲，团队成员属于特殊相关方，完全符合"相关方"的定义，他们当然能影响团队的工作，也会受到团队工作的影响。团队成员的特殊性在于他们是团队工作的执行者，而其他相关方至多是参与者，甚至完全不参与团队工作。

团队成员对工作的态度会极大地影响团队绩效。团队成员对团队不满时，轻则消极倦怠，重则离职走人；团队成员对团队满意时，往往能表现出强烈的责任心和创造力。可以说，及时了解团队成员的感受是非常重要的。

不只是态度，了解团队成员的意见也很重要。他们最了解每项工作的细节以及存在的问题、风险，最清楚各种方案是否可行，他们的意见是不可或缺的。我曾经帮助过一家制造业企业降本增效，当时我访谈了许多中高层领导，他们大多认为降本空间很小，然而当我到车间里和班组长、工人们交流时，我发现可以节约和降本的环节到处都是，只要是对生产过程细节非常熟悉且有这方面意识的员工都能说出一些点子。后来我把这个发现报告给了董事长，董事长给予了我们的工作很大的支持。

如何改进团队工作，最好的见解往往存在于团队成员的脑中，管理者要认真倾听他们的意见。永远记住一点，员工最值钱的不是他们的手，而是他们的脑，那些刚愎自用、自以为是的管理者浪费了巨大的脑力资源。

（三）管理者（团队负责人）

管理者（又叫团队负责人）是团队工作评价的核心和灵魂，所有人的评价最终都要通过管理者起作用。管理者要收集相关方和团队成员的评价结果，在此基础上生成自己的评价。团队最后要落实的不是其他人的想法，而是管理者的想法。

管理者处在信息中枢的位置，必然要成为各相关方诉求的集大成者。对一个团队来讲，麻烦的往往不是找不到相关方，而是相关方太多。各相关方都有各自的诉求，这些诉求充满矛盾、相互冲突。比如，客户A看重产品的质量，客户B关心产品的价格，客户C则一直抱怨供货周期太长，而股东D只关心公司能挣多少钱。显然，公司无法同时满足所有诉求，何况它们之间还可能存在冲突。在整合这些诉求方面，管理者发挥了关键作用，他要对每项诉求分析鉴别，分出轻重缓急，逐项逐步地满足这些诉求。繁杂混乱的信息在被管理者梳理后，形成真正有价值的、可落实的信息，这是一个"炼金"的过程。

外部相关方往往从局部和短期的视角来审视团队的工作，这是他们的一个难以避免的缺陷。管理者在尊重相关方诉求的同时，必须从全局和长期的视角来审视相关方的意见。客户关心具体的一次交易，而管理者应看到整体的销售策略；股东关心短期的获利，而管理者应看到企业的长远发展；银行关心公司当前的资产负债，而管理者应关心企业的融资能力。管理者全局和长期的视角能为团队指明正确的方向，维护相关方和团队的根本利益，避免团队被短视行为伤害。

我认为，整合能力是管理者最重要的能力，公司总经理、部门经理、项目经理都应该练习和掌握把众多意见进行整理、分析、鉴别、优化和排序并生成决策方案的能力。我们的 MBA 教育和管理培训中一直存在一种错误倾向，就是要把管理者培养成全知全能的"神"，甚至把闭目塞听、独断专横看成行事果断、有魄力的体现，这当然是荒谬的，它阻碍了管理者的进步，管理者们要特别注意这一点。

管理者不仅要平衡各个不同的外部相关方的诉求，还要平衡好外部相关方与内部团队成员的诉求，这是由管理者的双重身份决定的，对内他要维护相关方的利益，对外他又代表着团队的利益。因此，管理者应追求"双赢"或"多赢"的局面。

在这里，我们要再区分一下两个概念：团队绩效和团队负责人的个人绩效。长久以来，很多人混淆了这两个概念，例如，把部门绩效等同于部门经理的绩效，把项目绩效等同于项目经理的绩效等。而这种混淆的弊端在于它模糊了团队负责人和团队负责人的上级（以下简称"上级"）在绩效管理中的职责，以及他们拥有的不同的工作评价权。

团队绩效和团队负责人绩效的最明显的区别是它们的评价主体不一样。团队绩效的最终评价权属于团队负责人，而团队负责人绩效的最高评价权属于他的上级。

团队负责人要尊重上级的评价，但也必须有自己的独立判断。上级当然也有权对团队绩效进行评价，但严格来讲，他只是相关方之一，对团队工作的影响是间接的，是要通过团队负责人起作用的。

团队负责人的个人绩效是由上级来评价的，上级对团队负责人的绩效有着绝对的决定权。举个例子，某公司人力资源部的绩效最终由部门经理来评价，而部门经理的绩效由公司总经理来评价。当然，上级对团队的评价会影响他对团队负责人的评价，也会影响团队负责人对团队的评价。也就是说，上级对团队绩效的评价虽然不是最终结论，却是团队绩效和团队负责人个人绩效的重要依据。

说这么多，其实就是要强调管理者（团队负责人）对团队绩效的评价拥有无可置疑的权利，与之对应，其对团队绩效的提升也拥有不可推脱的责任。总之，外部评价和内部评价都要通过作为联络者、引领者和监督者的管理者来起作用。

三、评价结果应该包含哪些内容

传统的绩效考核结果的表现形式为绩效分数、等级、排名等。新绩效模式下的评价结果和分数、等级、排名等无关，主要包括三类信息：满意项、建议和诉求。

（一）满意项

最简单的工作评价可以只有满意项评价。

注意，这里使用的是"满意项"，不是"满意度"。"满意度"评价过于笼统，别人往往无法看出评价人满意或不满意的具体方面是什么，除了给出"很糟糕"或"还不错"之类的回应外，很难有其他回应。"满意项"评价则不同，它要求评价人给出明确的指向，能为工作改进提供有价值的线索。

满意度可以分为三个基本层级：不满意、满意和非常满意（惊喜）。相应地，满意项评价涵盖以下三项内容：①评价者对团队工作中的不满意项有哪些，即哪些方面做得不够好，需要改进；②满意项有哪些，即哪些方面基本达到了预期，需要维持；③非常满意（惊喜）项有哪些，即哪些方面超出了预期，需要发扬和推广。表6.1是关于满意项评价的模板：

表6.1 满意项评价表

序号	不满意项	满意项	非常满意（惊喜）项
1			
2			
3			

把外部相关方、团队成员和管理者的满意项评价整合在一起，形成汇总表如下（表6.2）：

表 6.2　满意项评价汇总表

评价者		不满意项	满意项	非常满意（惊喜）项
外部相关方	客户			
	上级部门			
	……			
团队成员	成员 A			
	成员 B			
	……			
团队负责人				

需要说明的是，这张表以什么形式存在并不重要，但每个管理者的脑中都应有这样一张表，而且要不断地更新它，让它维持在最新、最准的状态。

另外，当前很多管理者热衷于搞员工满意度调查，我认为，从积极的方面来讲，这体现了管理者对员工的重视；从消极的方面来讲，这种事形式大于实质，无法带来太多改变，次数一多，员工都嫌烦。我的建议是，管理者应深入到员工的工作生活中，了解他们遇到的具体问题，并给予快速回应或解决，这里的关键词是"具体"和"快速"。管理者也可以将员工满意度调查和下属工作信息监控结合起来做，效果会更好。

（二）建议

所谓"建议"就是"希望团队怎么改变"。无论是具体的行为、方法还是抽象的原则、策略，都是可以改变的。

建议评价是满意项评价的进一步拓展，其改进指向更加清晰。假设你是一家饭店的经理，比较一下两种情景，第一种，顾客在用餐后给出的反馈是"对上菜服务不满意"；第二种，顾客提供的反馈是"对上菜服务不满意，希望在等菜时能实时告知排在我前面的人数"。很明显，第二种反馈更有价值。

建议未必要"对"，但越具体越好。比如，在上面的例子中，顾客的建议是"提升上菜服务水平"，这当然是"对"的，但由于太笼统，很难提供改进线索。"在等菜时告知排在前面的人数"，虽然这个建议未必可行，但由于它是具体的，所以改进线索很清晰，团队可以以此为基础来讨论改进方案，"频繁告知太麻烦了，也许可以把它显示在滚动屏上"。

建议应该针对现在，而不是未来。比如，"我希望公司在两年后能开拓新的业务领域"，这就是一个针对未来的建议。而"我希望公司现在开始研究两年后开拓新的业务领域的可行性"，这就是一个针对现在的建议。

管理者可以把建议评价看作满意项评价的补充，尤其是那些比较了解团队工作的人，他们的建议往往更有价值。

（三）诉求

所谓"诉求"就是"我的目的是什么"。

人们之所以对某事不满意，从根本上来讲，是因为没有满足他们的诉求；反之，诉求被满足后，人们就会感到满意。

诉求不一定是物质层面的，还可能是权力、支持、尊重、保护、承诺、关心，等等。

管理者当然应该尊重相关方的诉求，并尽量去满足他们的合理诉求，但前提是管理者知道他们的诉求是什么，而工作评价中的诉求评价就有助于管理者了解评价人的诉求。

了解对方的诉求的方法，就是追问对方的目的是什么。举个简单的例子，你的邻居敲门向你借馒头，但你没有馒头，那你是否一定满足不了邻居的诉求呢？你当然可以告诉他实情，结果是他失望而归，但你也可以继续追问他要馒头做什么，结果他说，家里的狗粮用光了，他想借馒头喂宠物狗，这时你想起你家刚好有吃剩下的骨头，于是都给了邻居，邻居满意而归。

如果说建议越具体越好，那么诉求越深入越好，深入的诉求能帮助团队更好地让相关方满意。有一次，我爱人提议一起去看电影，我不太想去，于是就了解她的深层次诉求，发现原来她是想让我们的关系更亲密，最后我提议一起去吃火锅，结果我们都非常满意。

相关方的核心诉求会被描述为团队的使命、愿景。比如，耐克电器的使命是"用我们的产品和服务丰富大众生活，并以此使股东价值最大化"；阿里巴巴的使命是"让天下没有难做的生意"；某人力资源部的使命是"通过科学管理，保障公司战略目标的实现"。耐克电器将最重要的相关方定义为大众和股东，并将大众的诉求定义为"丰富的生活"，将股东的诉求定义为"价值最大化"；阿里巴巴将最重要的相关方定义为生意人，并将其诉求定义为"做生意更容易"；某人力资源部将最重要的相关方定义为公司，并将其诉求定义为"实现战略目标"。

团队如果能准确识别相关方的深层次诉求，工作时就会变得灵活主动，而不是陷入僵化被动。我为客户提供咨询服务时，经常有员工向我抱怨他们的上级"朝令夕改""一天一个想法""变来变去"等。这时，我就引导他们去思考上级的诉求是什么，因为虽然上级的想法经常改变，但他的深层次诉求却是稳定的，找准诉求就能够"以不变应万变"，从容应对多变的要求而非无所适从了。

四、何时进行工作评价

传统的绩效考核的周期往往是固定的，比如月度考核、季度考核、年度考核等。当然，在特定条件下也有专项考核，比如项目收尾时的考核、事故违规考核等。总体来讲，这些考核周期设计的主要考虑因素，不是如何有利于改进工作，而是与工资和奖金的发放周期相匹配，以便把考核结果应用于薪酬发放。

但我们都知道，作为一种工作反馈，工作评价越及时价值就越高。你去理发，理的过程中你的意见最有用；已经理完了，反馈意见的作用就小了很多。无论是客户、上级还是团队成员，越早对团队工作做出评价，就越可能尽早改进工作，规避更多的风险和错误。

不同性质的工作的评价周期应该有所差异。比如，在战斗期间，每过一会，军队指挥员就需要对之前的行动进行评价，并及时调整战斗策略；对于一个班组，每周都要对其上周的生产运作进行评价，总结经验教训，整改发现的问题；对于一个企业，其销售工作可能每个月都要进行评价，而其战略规划工作可能只需按年度进行评价。

我们不能为团队设置一个固定的评价周期，因为不同性质的工作需要不同的周期，那些变数大的工作应该减小周期，那些短期看不出效果的工作应该增大周期，而那些阶段性工作往往不设置固定周期，而是采用灵活的安排。

我们在做咨询项目时，既有定期评价，又有不定期评价。我们每周都要对上周的工作进行评价，每月对上个月的工作进行评价，这些是定期评价。同时，在每个项目的关键节点处，比如调研结束、方案完成、辅导落地结束等，都要对上个阶段的工作进行评价，项目结束时也要进行整体评价，这些是不定期的评价。

对不同的评价者也应有不同的要求。以我们的咨询项目为例，客户主要参与关键节点的评价；合伙人一般只参与月度评价和关键节点的评价；团队成员需要参与周评价、月评价和关键节点的评价；而项目经理则需要天天复盘，对昨天和以前的工作进行评价。

因此，团队工作评价时间的设置不应是一个一刀切的系统，而应是一个分层系统，为不同的工作内容以及不同的评价者安排恰当的评价周期和时机。

五、如何应用评价结果

工作评价需要应用于工作改进和管理决策，如果不应用的话，工作评价就失去了意义。

工作评价最核心的应用是用于团队工作改进，在第七章"促进团队持续改进"中会有详细的介绍。换句话说，工作评价结果将成为团队持续改进活动的输入，尤其是工作评价中的"不满意项"，将成为团队持续改进的方向。

工作评价的另一个应用是用于与绩效相关的决策，包括薪酬调整、人才任用等，在第十章"调薪、解聘与人才选拔"中会有详细的介绍。

重视工作评价，将之用于改进团队工作，并将应用情况告知相关方，这也是对评价者尤其是对外部相关方的尊重。

管理者要清醒地认识到，人们对团队绩效的评价是动态的，并非一成不变。某研发部经理对研发团队的诉求是"把研发周期从 24 个月缩短到 22 个月"，一段时间后，他的诉求实现了，团队通过努力把研发周期缩短为 22 个月，但之后他会衍生出新的诉求，这个诉求可能是"把研发周期从 22 个月缩短到 21 个月"，也可能是"降低研发成本"，等等。

不仅评价会变，甚至评价者也在变，上级领导会调换，新老客户在替换，协作方和团队成员也在改变。一个企业实现了 10% 的增长，股东比较满意，后来股东换成另外一个人，可能就不再满意了。

工作评价的动态性意味着任何评价都有时效性，一旦过时就应该再次组织开展工作评价环节。

第三节 团队监控与监控指标

一、团队工作与绩效指标

管理者面临着监控困境，而监控困境既包括监控下属个人工作的困境，又包括监控团队工作的困境。前面我们已经探讨了前者，现在我们来探讨后者。

监控下属个人工作难在下属数量多，如果你只有两三个下属，估计不会面临什么困境。但团队只有一个，所以监控团队工作的困难不在于团队数量多，而在于团队工作的分工协作性质。团队工作是需要分工协作的，分工带来了信息的不透明，协作则增加了工作的复杂性，而这就是监控团队工作的难点所在。

首先来看团队分工带来了信息的不透明这一点。所谓"分工"就是把一项完整的任务分配给若干人做，每个人只负责任务的一部分。在这种情况下，每个参与者对自己的工作当然是清楚的，但对其他人的工作往往就不清楚了，就像盲人摸象，很难看清整项工作的全貌。人与人之间或部门与部门之间有一道无形的墙，当大家协同做一件事时，每个人都等着别人把"球"踢给自己，而在自己接到"球"后踢几脚又很快隔墙踢了出去，所以，当总经理在协调会上问起现在"球"在谁手上时，往往很少有人答得出来。

其次来看团队协作增加了工作的复杂性这一点。我之前曾与另外三位老师合写过一本书，我在写书过程中遇到的麻烦远超我的预期。坦率地讲，与其他老师合写的确使我用在打字上的时间少了很多，但同时我花在沟通协调上的时间却大大增加了。先不说内容，只是为了统一格式、规范用语等方面就开了不下五次会，花了不知道多少时间。虽然团队协作能发挥成员的专业优势，但同时协调的工作量大大增加了。

团队工作的不透明性和复杂性衍生出另外一个问题，就是亲身经历的人未必了解团队工作的真相，或者说参与和体验只能了解团队工作的冰山一角，这和个人工作是截然不同的。我们经常会遇到这样的情况，在同一个团队里，当不同的成员向你汇报同一件事时，他们的看法和态度可能有着巨大的差异。所以，从个人视角看团队工作时眼见未必为实，员工振振有词地说的很可能只是一面之词。

团队工作的以上特点导致一个严重的后果，就是在监控团队工作时，对监控个人工作适用的方法和语言可能都会失效。于是，人们发明了一种新的语言来描述团队的工作表现，也就是绩效指标，并使用指标仪表盘的方式来对团队工作进行监控。

绩效指标是一种数据语言，非常适合用来描述团队工作，主要体现在以下方面：①标准化定义，歧义少，如设备故障率是指发生故障的设备数除以全部设备数，不需要花费很大力气来解释或定义。②精简化表述，直指核心信息，省却了信息编码和解码的过程。比如，"设备故障率为10%"用最精简的语言表达了设备的整体状态，既不用汇报者花费精力去组织语言，又不用听取汇报的人重新提取关键信息。③客观呈现，无论谁来收集数据，都会得到同样的结果。比如，在统计某工厂的设备故障率时，只要原始数据是真实的，无论是管理者自己统计，还是请某个员工统计，最后的结果都是不变的。

二、监控指标而不是考核指标

考核指标和监控指标都属于绩效指标。在考核绩效模式下，管理者利用考核指标来实施绩效考核；在非考核绩效模式下，管理者利用监控指标来实施团队工作监控。

基本上所有的考核指标都可以成为监控指标，比如"销售收入"在考核绩效模式下被用作考核指标，在非考核绩效模式下被用作监控指标。但很多监控指标无法用于考核，比如"下月度预期销售收入""上月度辞职人员名单""每日产量"等。

那么监控指标和考核指标在概念上有什么不同呢？可以从目的、范围、数据统计、数据形式、决策支持等方面进行比较。监控指标与考核指标的区别见下表（表6.3）：

表6.3 监控指标与考核指标的区别

	监控指标	考核指标
目的	用于寻找工作中的问题、线索和改进点	用作绩效考核依据
范围	管理者和其他相关方希望了解的团队工作	覆盖团队各项主要职责
数据统计	根据要求灵活设置统计和汇报周期	一般以定期（月度、季度、年度）为主
数据形式	任何形式均可	以量化数据为主
决策支持	对管理者的决策起到重要支撑作用	往往沦为走过场，对管理者决策影响不大

第六章　团队工作监控与评价

接下来，我们来探讨一下为什么团队工作监控应该使用监控指标而不是考核指标。

首先，考核指标容易引导团队做出不当行为，使用考核指标存在顾此失彼的风险。

例子一，一家快餐公司对其下属的快餐店考核"鸡肉浪费率"，该店为了降低"鸡肉浪费率"，不再提前炸好鸡肉，而是等顾客点完餐后再去炸鸡肉。这种做法确实减少了鸡肉浪费，但问题是顾客等待时间大大延长，在规定出台后，该店的顾客人数大大减少。

例子二，某公司把"销售量"作为销售部的考核指标，结果导致了以下问题：将客户付款期限延长，为客户提供不必要的额外折扣，把产品销售给信用不佳的客户等。

例子三，某公司把"采购价格"作为考核采购部的重要指标，结果采购部为了获得折扣大量买进产品，造成大量材料库存积压。

事实上，绝大多数考核指标都存在"阴暗面"，这是由工作本身的复杂性造成的，我们常说的"上有政策下有对策"和其有相似之处。而监控指标则不存在以上问题，理由很简单，监控指标不涉及奖罚，只是决策支持工具。对员工而言，监控指标的确能提示他们工作的重点在哪里，但这不代表他们会为了确保监控指标的完成而完全不顾工作的其他方面。

举例来说，如果把你的"体重指数"作为考核指标，达不到标准就给予处罚的话，你可能会为了减肥而采用非常规手段，比如节食、使用减肥产品等，甚至牺牲健康也在所不惜；但如果把"体重指数"作为监控指标，这意味着要经常测量你的体重，但不会因超重而惩罚你，只会提出警报和建议，帮助你恢复健康，这时你自然不会为了减肥（如果你超重的话）而不择手段了。

其次，考核指标会被用作考核的依据，因此必须具备可考核性（具体、可量化、可达到、相关、有时限），而具备这些特征的考核指标往往难以满足监控要求。

举例来说，某公司总经理很关心研发人员的离职问题，因为研

155

发人员流动率过大会影响公司当前的研发工作。一个好的方法是把"研发人员离职名单"作为一个监控指标，每当有研发人员离职时，都把它汇报给总经理，这会倒逼相关部门采取措施去减少离职事件。那么"研发人员离职名单"能否作为一个考核指标呢？你会发现这个指标不适用于考核。员工离职的原因非常复杂，有的可能是因为和上级关系不好，有的是因为不喜欢当前工作，有的是因为嫌工资低，有的是家庭原因，对于如此复杂的原因，根本理不清责任，无论谁被考核都会有一肚子委屈，所以该指标难以用于考核。

再比如，当前研发工作已进入关键时期，研发部经理要求每日统计"当日研发工作进展"，"当日研发工作进展"就是一个以日为统计周期的监控指标。而这个监控指标的数据信息的呈现形式并非数值，而是文字描述，再加上其统计周期为日（考核周期一般以月度或季度为单位），因此也难以用作考核指标。

由此可见，监控指标的范围远远大于考核指标，监控指标不受SMART原则（具体、可量化、可达到、相关、有时限）和考核周期的限制，可以更为灵活地设计，更为方便地使用。

三、监控指标的效率问题

因为监控指标的成立条件非常宽松，所以，理论上可以设计开发出的监控指标是大量甚至是无限的。但在实践中却并非如此，一个管理者所需要的监控指标不应超过 50 个，在少于 200 人的团队中，管理者常使用的监控指标一般不超过 20 个。这当然是因为我们每个人的精力都是有限的，所以监控指标设计面临的最大问题是效率问题，低效率的指标是价值很低甚至没有价值的。

举个生活中的例子，某家长在为将上高中的孩子择校，他最想了解的是学校的"高考录取率"，因为他关心的是自己的孩子能否考上大学。如果学校宣传的是每年考上清华北大的学生的数量，显然，这无助于该家长做出选择，这就属于低效率指标。当关于团队工作的指标数据不是人们所关心的，或者对人们的决策没有太大价值时，就可以称之为低效率指标。

假设团队当前的工作有十项，管理者或其他人一般不会对这十项工作都同样关注，也不会对团队工作的各个方面（比如进度、质量、风险、人事变动等）都同样关注，他们最关注的可能只是十项工作里的两三项，以及每项工作的两三个方面。

比如，质量管理部对生产车间的质量检验和质量控制工作最关注，而对其成本控制可能兴趣不大；再比如，对一个航空公司总经理来讲，虽然他每天都要了解方方面面的情况，但飞机延误和安全事故方面的信息肯定是他最关注的。

监控指标要聚焦在那些监控者最关注的事情上，以及团队工作的薄弱环节、容易出问题的方面上。风险大、经验少、能力差等都可以成为加强监控的原因。可以说，监控指标是为了能更好地"挑毛病"而设计的，但这一思路显然不适用于考核指标，因为考核指标应该展现的是团队的贡献，而不是问题。然而，可能监控者最关心的是当前团队工作的问题，而不是贡献。

打个比方，你到商场买鞋子，一个叫"考核指标"的导购人员却领着你在商场转了一个遍，带你参观了服装区、首饰区、餐饮区等，你感到不耐烦并告诉他，你只想去鞋区看鞋子，不想去其他区。然而"考核指标"却告诉你，只看鞋子对商场是不公平的，因为鞋子区不能体现商场的全部贡献和实力，而且只看鞋子的话可能会引起其他区的不满。

监控指标要注意时效性问题，也就是说信息要及时。考核指标就是因为时效性太差而降低了其监控的价值，因为考核指标大都以月度或季度为周期进行统计，而当人们获得这些数据信息时，可能已错过最好的改进时机了。比如，某公司每个月统计一次离职员工人数，虽然发现在留住员工方面需要改进，但人已经离开了，损失已经造成且很难挽回了。

因为考核指标没有聚焦在团队工作的薄弱环节上，而且时效性差，所以虽然团队在统计指标数据上花费了大量的精力，但这些指标数据并没有成为团队工作改进的利器。决策者在看完这些数据后只能发出一个"干得不错"或者"很糟糕"的感叹，然后就把它们扔在一边，或者像账本一样锁进档案室里。想一想，这是一种多大的浪费啊！

总之，在非考核绩效模式下，我们应该以改进工作和提升绩效为目的来设计监控指标，聚焦那些人们关心的信息，聚集那些最关键的事项，聚焦工作的薄弱环节，而不需要面面俱到，从而大大地提升绩效沟通的效率。

四、绩效关注点

上面提到，监控指标要聚焦管理者和其他相关方关注的信息，我们称之为"绩效关注点"。绩效关注点是管理者最关心的事项。

大家一定都曾参加过沉闷冗长的会议，简直就是在浪费时间。为什么会这样？因为你不关心会议的那些议题，所以会感到无聊。下属向上级汇报工作时，如果讲的内容不在上级的关注点上，上级同样会感到不耐烦。

对于同一项工作，不同的人关心的方面不一样，因此他们的绩效关注点是不同的。比如，对车间的工作，销售部的关注点可能是"按时完成订单情况"，财务部的关注点可能是"成本控制情况"，人力资源部的关注点可能是"人均效能情况"或"员工流失情况"。

管理者通常最关心三个方面的信息：首先，管理者关注和他的利益紧密相关的事项。比如，公司股东关注公司的股价和盈利情况；客户关注产品的性能和质量；部门经理关注上级领导对本部门工作的满意度等。其次，管理者关注那些风险大的方面，所谓风险大的方面，就是容易出现意外，且一旦出现意外就会造成严重损失的情况。比如，人力资源经理关注招聘计划完成情况；电厂运营部经理关注安全生产等。最后，管理者关注那些改进空间大的工作。比如，销售经理更关注新产品而不是老产品的销售，因为新产品销售的改进空间更大。

识别"绩效关注点"的最简单的办法就是直接询问对方，比如："对我们车间的工作，您最关注哪些方面？""您希望我们车间定期向您汇报什么数据？""您对我们车间的工作有什么期望？""我们车间的哪些绩效指标是您最关心的？"

至于更复杂的识别绩效关注点的方法，我们在下一节中探讨监控指标的开发时再讲。

五、团队工作的监控、评价与改进

虽然前面的章节先介绍了团队工作评价，后介绍了工作监控，但工作评价并非发生在工作监控之前，而是之后。工作评价是评价者对团队工作的主观看法，在这之前往往需要评价者先对团队工作有所了解。例如，一个咨询经理要评价某咨询团队上周的工作情况，就要先了解团队在上周做了哪些工作、结果如何、过程是否顺利等。工作监控、工作评价与工作改进的关系如下图（图6.1）所示：

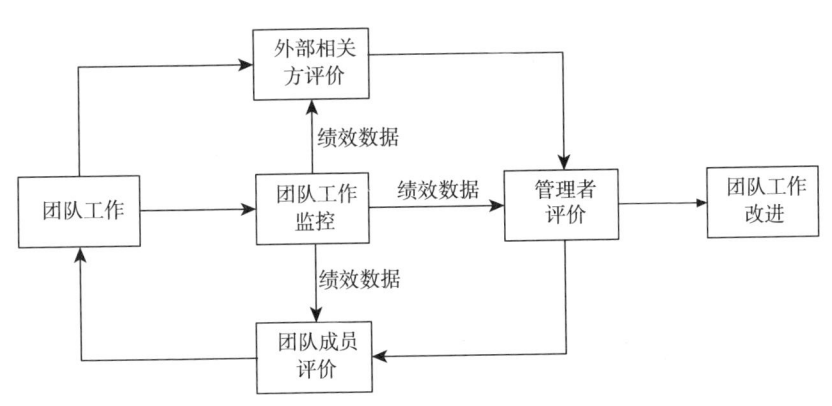

图6.1 工作监控、工作评价与工作改进的关系

外部相关方和内部成员一般会通过三个途径来了解团队工作：第一个途径是体验，比如，用户体验企业生产的产品，用人单位体验人力资源部的招聘流程，顾客体验饭店的服务等，人们会在体验过程中基于自己以前的经验给出评价。第二个途径是参与，比如，研发部的员工参与研发工作就能充分了解研发过程及细节，对工作中存在的问题和亮点也会有直接和深入的理解，因此可以给出具体的评价。第三个途径是指标数据，比如，股东需要根据公司提供的财务报表进行评价，上级部门需要根据公司提供的各项指标数据进行评价等。

管理者是如何了解团队工作的呢？上面介绍的三个途径也都适用，但总体来看，还是以指标数据为主。管理者要履行团队负责人的职责，因此不可能花费过多的精力在"体验"和"参与"这两个途径上，所以指标数据是最高效的，可以让管理者用最少的时间和精力来深入了解团队的工作情况。管理者主要通过开展团队工作监控来获取指标数据，并通过这些数据来了解团队的工作情况。

所谓"指标数据"就是承载管理者所关注的绩效指标（如工作进度、质量合格率、产品单位成本）信息的绩效数据，表现形式为数值、文字、声音、图像、符号等。

绩效指标越有针对性，绩效数据越准确，统计时间越及时，工作监控就越到位，也就越有利于工作评价和工作改进。反之，如果绩效指标没抓住重点，绩效数据失准，统计不及时，监控就会失效，评价就会盲目。比如，客人质疑饭店的菜品价格，是因为他不知道饭店所用的原料都是有机蔬菜；财务部经理嫌人力资源部招聘会计师的周期过长，是因为他不知道这次招聘有会计师必须为男性的特殊要求，而招聘男性会计师的难度要比招聘女性会计师大得多。

有时候，对于同一个指标只收集当前的数据是不够的，因为评价者需要将当前的数据与历史数据进行纵向比较，或者与其他类似团队进行横向比较。就像一个投资者不仅要知道目标企业的销售增长率，还需要知道同行业企业的销售增长率。

评价人的关注点不同，评价的角度和方面也就不同，因此管理者需要把来自各方的评价像拼图那样进行整合，最后给出最终评价。管理者要代表所有人的整体利益和长远利益，需要全面关注团队的各个方面，既要维护每个相关方的利益，又要实现团队整体利益最大化。从这个角度来看，这项工作既是技术也是艺术，既需要知识也需要经验。

第四节　监控指标的开发设计

实施团队工作监控之前，最重要的工作就是开发监控指标。监控指标就是一个个"摄像头"，只有安上足够的"摄像头"，并确保每个"摄像头"都有个好位置，才好实施监控。

一、监控指标开发的原则

(一) 从绩效关注点出发

监控指标这个"摄像头"应该聚焦在绩效关注点上，就像走路时只有把目光聚焦在眼前要走的路上，而不是分散注意力，才能走得稳、走得快、走得远。

有时候，同一个绩效关注点需要用多个不同的指标来呈现。比如，"经营效益"这个点就可以同时使用"年度销售收入""利润增长率""人均利润"等指标来呈现，这就像把舞台上的多个镭射灯都聚焦在一个表演者身上一样。

举个反面例子，某公司人力资源部每天都要处理很多工作，但部门经理当前最关心的是招聘工作。在考核绩效模式下，人力资源部的考核指标有六、七项，但其中关于招聘的指标只有一项："月度招聘计划完成率"。毫无疑问，仅仅一个指标的信息过于单薄，而且统计周期过长了。如果该部门增加一个监控指标"每日招聘进展"，显示每个招聘项目每天的进展情况，那么部门经理就能对招聘工作有更及时、全面的了解，并能迅速做出反应。

再比如，股东如果非常关心公司的前景的话，只了解"利润"的多少是不够的，可能还要了解"新业务的销售规模""新业务市场增长率"等数据。

（二）随绩效关注点的变化而调整

人们的绩效关注点是动态变化的，今天所关注的，明天未必还关注。因此，监控指标也应该不断调整，聚焦人们当前的关注点。

对于一个车间主任来说，在销售旺季，他可以把"按时交货情况""产量""员工加班情况"等作为监控指标；在销售淡季，他可能对"单位成本""新产品试制进展"等指标更为关心。再比如，对于某公司财务部，总经理最早只重视账务管理，后来开始关心预算管理，再后来提出要把财务部门建成"成本控制中心"，可见他的关注点在随着公司发展而变化。

绩效关注点的识别不是一劳永逸的，而是需要定期评审，必要时还要重新设计新指标。

二、绩效关注点的识别方法

要想对团队工作实施有效监控，首先要开发一系列的监控指标。假设监控指标开发这项工作由专家或一个工作小组来负责，那么第一步就是要识别各个相关方（包括管理者）的绩效关注点，下面介绍一些基本的识别方法，供大家选择使用。

（一）访谈法

在所有方法中，访谈是最常用的方法。访谈的典型做法是向被访谈者提问，比如："你最关注团队哪方面的工作""你对团队有哪些要求或期望""你认为团队应着重加强哪些方面"，等等。访谈的优势是灵活，主持人可根据对方的反应进行追问，深入挖掘对方的隐性关注点。

访谈绝不简单，它其实是一项技术含金量很高的活动，不同的人来主持访谈，效果往往大相径庭。本书不会过多地谈论访谈技巧，只向缺少访谈经验的人提供一个建议：多听多问！多听多问能弥补经验不足的缺点，随着沟通次数的增加，双方的相互理解会逐步深化，因信息不对称造成的误解也会减少。

（二）问卷调查

问卷调查的方式最适合用于以下情况：被调查者数量多且差异大，所处地理位置分散，而且被调查者对所提问题有清晰的认知。

问卷调查的挑战在于：①相关方在缺少引导的情况下，未必清楚自己的关注点；②相关方即使清楚自己的关注点，也未必愿意在调查问卷上写下来；③相关方即使把自己的关注点写下来，也未必能描述得清晰明确。

（三）观察

当客户或其他相关方难以或者不愿意说明他们的关注点时，我们可以通过"观察"来了解他们的行为，帮助我们理解他们的真实关注点。比如，通过观察消费者选择商品的过程来了解他们最关注商品的哪些特征，通过倾听员工的牢骚来发现他们的关注点等。

（四）文件分析

通过文件分析来识别相关方的关注点是成本最低的方法。可以用来分析的文件有团队的发展规划、年度总结、领导讲话稿、上级单位下达的指标、审核报告、问题日志、调查报告等。通过这些文档，我们往往可以看到各方对团队的关注重点。

（五）引导法

我们还可以把相关方召集在一起，通过讨论来识别关注点。当各方的关注点存在差异时，这种方式有助于协调差异、达成一致意见，并有助于在参与者之间建立信任并改善关系。

研发经理常用该方法来收集客户的关注点，具体做法是首先将客户、专家召集在一起，然后由一位受过训练的主持人引导大家进行互动式讨论，最终明确三方面内容：谁将从新功能中受益；他期望的目标是什么；他将获得什么收益。

（六）头脑风暴

在相关方不在场的情况下，团队成员可以通过头脑风暴来挖掘相关方的关注点。比如，销售人员会和研发人员一起通过头脑风暴来识别客户对于新产品的关注点。

有时相关方未必能说清自己的绩效关注点，尤其是在他对该领域并不熟悉时。在《乔布斯传》中有这样一段话："有些人说：'消费者想要什么就给他们什么。'但那不是我的方式。我们的责任是提前一步搞清楚他们将来想要什么。我记得亨利·福特曾说过，'如果我最初是问消费者他们想要什么，他们应该是会告诉我要一匹更快的马'，人们不知道想要什么，直到你把它摆在他们面前。正因如此，我从不依靠市场研究。"

对于某些相关方，专业人员可以根据经验去识别其关注点，而头脑风暴法就是一个好方法，具体技巧和要点可以参照相关的专业书籍。

（七）群体决策

无论是需求引导还是头脑风暴，都属于群体研讨。参与者对相关方的绩效关注点进行了识别，接下来就需要一起对这些识别出的关注点进行归类和优先级排序。

在进行群体决策之前，参与者应该选择合适的决策原则，主要包含以下几种（表6.4）：

表6.4　四种决策原则的优势与劣势

原则	解释	优势	劣势
完全一致	群体中每个人都持以下态度："我可以接受，并且支持"	鼓励讨论，直到大家都愿意接受方案，通常会增加执行的有效性	可能由于一两个人反对而不得不继续讨论，最后可能会得到一个显然不符合团队意愿的方案

续表

原则	解释	优势	劣势
绝对多数	获得参与群体中超过 50% 的人的同意	可以较快地做出决策	由于缺少足够的时间进行讨论，最终方案可能并非最佳方案
相对多数	当候选方案超过两个时，根据相对多数者的意见做出决策	可以快速做出决策	由于缺少足够的时间进行讨论，最终方案可能并非最佳方案；由于没有达成全体共识，也可能导致实施时执行力不足
领导者决策	群体讨论各种备选方案的优点和缺点，领导者做出最后决策	有利于领导者进行管控	决策水平受领导者个人能力的影响大；会导致执行力不足

在群体研讨时，上述决策原则都可以用于确定相关方的关注点。

（八）原型法

比如，一家装修公司先做出一些效果图，再据此征求相关方的反馈，这种方法就是原型法。这种方法可行是因为原型是有形的实物，不是抽象的描述，它能让相关方产生体验感。原型法需要经历模型创建、相关方体验、反馈收集、原型修改的反复循环的过程。在经过足够多的循环之后，团队就可以通过原型获得足够的信息。

研发部门、培训部门、设计部门、项目团队都可以使用原型法来收集相关方的关注点。

（九）标杆法

标杆法是指将自己团队的做法与其他标杆团队的做法进行比较，从而识别自身的短板，并将其作为绩效关注点。使用标杆法时并不存在明确的相关方，或者说，相关方是团队自己。

三、监控指标的开发过程

(一) 第一步：召开监控指标研讨会

监控指标的开发设计工作最好由管理者带领团队一起来做，这样形成的方案最具执行力。

当然也可以由管理者或者专家独自制定监控指标，我相信这样做的效率会很高。但很多时候，好的监控指标并非显而易见，只有通过深入研讨才能找出它们，更重要的是，通过讨论，团队成员对指标的理解会更深刻，有利于后面方案的执行。

所以，下面讲一下如何召开一次成功的监控指标的设计研讨会。

为了保证研讨会的效率和效果，要根据团队的规模控制每次参加讨论的人数，一般来讲，一次讨论会的参与人数最好控制在 6~12 人。因此，应该对参加人员进行甄选，保证参加人员是最相关的人，且具有一定的代表性。当需要更多的人参与时，可以增加讨论会场数。

为了建立积极、开放、有建设性的讨论氛围，管理者应和大家讲清设计监控指标的目的，即设计监控指标是为了让相关方更好地了解团队工作，而不是以惩罚、问责、邀功请赏为目的。

讨论前，先要确保参会人对绩效关注点有准确的理解。因此，管理者或其他主持人先对各个绩效关注点做一个介绍并设置一个问答环节是有必要的。

为了保证研讨会的效果，可以在标准议程的基础上进行议程设计。见下表（表6.5）：

表6.5 监控指标研讨会标准议程

目标	让参会人充分理解相关方的绩效关注点并设计对应的监控指标，以便对结果和行动进行监控和衡量
成果	监控指标及配置

续表

开场	当前讨论的绩效关注点是什么
	提出的绩效关注点的背景事实和意义是什么
议题顺序	该关注点的结果和过程解析
	体现该关注点的结果和行动的监控指标都有哪些
	以上指标中最关键且可行的是哪几个
	如何得到各个关键指标的数据
	各个关键指标的统计周期应该是多长
	各个关键指标数据由谁来统计和汇报
	回顾与总结

（二）第二步：解析绩效关注点

一项工作往往可以从工作结果和工作过程这两个层面来解析。比如，一个学生学习一门课程，其结果就是该学生学习的效果，过程就是他学习时的状态、方法、付出的时间等。

相应地，绩效关注点也可分为结果和过程两类。如果相关方关注某个事项，那么可以从结果和过程两个方面解析出其关注点。举例来说，假设某公司总经理的关注点是"公司盈利能力"，从结果层面解析，该总经理关心的是公司的"盈利现状及未来盈利潜力"；从过程层面解析，该总经理认为盈利能力主要取决于技术改造情况，因此其关注点从过程层面来看应该是"技术改造工作进展情况"。

经过两个层面的解析后，我们就可以开发相应的监控指标了。见下表（表6.6）：

表6.6 绩效关注点的展开

关注点	解析后的关注点	监控指标
公司盈利能力	结果类：公司盈利现状及未来盈利潜力	利润、利润率、单位生产成本、生产成本占比等
	过程类：技术改造工作进展情况	技术改造工作进展情况

我们知道，一个团队可能有若干个不同的相关方，而每个相关方的绩效关注点可能都有所不同，因此就需要将所有相关方的绩效关注点列出来。下面是某人力资源部所有相关方的绩效关注点列表（表6.7）：

表6.7　某人力资源部所有相关方的绩效关注点

相关方	绩效关注点	
	结果类	过程类
上级	保障公司战略发展的人力需求 做好核心人员管理，使其不断增值 维护、调整员工合理结构	人员招聘情况进展 组织优化工作进展
协作部门	及时满足部门发展的人才需求 部门协调、沟通顺畅 及时提供服务支持	招聘工作情况进展 每次工作沟通进展
公司员工	工资发放及时准确 人力资源管理程序规范 帮助员工做好职业生涯规划，确保晋升渠道畅通 员工激励措施及时到位	工资核算工作进展 人力管理制度改进工作进展 职业生涯规划工作进展

（三）第三步：列出备选监控指标

监控指标应该和绩效关注点相对应。如果相关方对某销售部门的绩效关注点是"关键客户的重复购买情况"，那与它对应的指标应该是什么？如果将对应指标设为"所有客户的平均满意度"和"所有客户的平均购买次数"是否恰当？显然这两个指标并不能很好地体现绩效关注点，如果换成"关键客户满意度"和"关键客户购买次数"就会合适很多。

再比如，某商业银行行长对银行工作的关注点是"开发新的线上揽储营销方式",那应该用什么指标呢?通过分析发现,该商业银行的主要客户群体是企业客户、外来务工人员、农村人口这三类,而当前,线上营销活动影响最大的群体是外来务工人员,那么"外来务工人员的季度存款余额"显然比"季度存款余额"更能反映线上营销的效果,是一个更恰当的监控指标。

在设计监控指标时,应先求"量",后求"质",只有保证设计了大量的备选指标,才能从中甄选出足够的、恰当的监控指标。

(四) 第四步:优化和甄选监控指标

(1) 检查备选指标。当大家觉得列出的备选指标的数量已经差不多时,可以再检查一下还有没有严重缺项。根据我的经验,最可能缺项的是过程类监控指标,而过程类监控指标是一类非常重要的指标。合理搭配结果类和过程类指标,有利于整合预防、响应和改进措施,从而达到最佳的监控效果。下面举一些监控指标的例子。结果类监控指标有日营业额、周资产周转率、月利润、季度客户满意度、市场占有率等;过程类监控指标有顾客排队数、未处理的客户投诉清单、当前培训课学员出席率、设备停机时间、下周的大客户拜访计划、下个月的工作计划、准备实施的创新措施清单等。

(2) 整理备选指标。大家在列出所有备选指标后,先要对这些指标进行优化和完善。具体操作包括:①对所有指标进行筛选,删去明显不恰当的指标,合并相似的指标;②对剩下的指标进行评审,凝练指标的措辞,使其简单易懂;③重新对指标进行整理。

(3) 甄选恰当指标。监控指标并非越多越好,指标越多,意味着收集数据的人和接收数据的人都要付出更多的时间和精力,那些无法引起响应的指标甚至会白白浪费大家的精力。因此,应该对以上优化好的备选指标进行甄选,找出那些最恰当的指标。根据经验,团队人数少于200人的管理者使用的监控指标总数一般不超过20个;团队人数少于1000人的管理者使用的指标总数一般不超过 30 个；无论管理者的团队有多大，其使用的指标总数都不应超过 50 个。其他指标使用者使用的指标数量一般都不会超过管理者。

（五）第五步：设置各指标的统计周期和汇报频率

我们应根据实际需要确定每个指标的统计周期。统计过于频繁，就会占用太多的时间；统计周期过长，则数据可能会失去时效性，让管理者错过最佳决策时间。

我们还要为各个指标确定合适的汇报频率。有的需要第一时间汇报，比如发生了安全事故，就要第一时间向负责人汇报；有的要每日统计和汇报，比如当日缺席培训的人员名单；有的要每周收集和汇报，比如下周的改进措施清单、上周的辞职员工清单等；有的要每月收集和汇报，比如上个月的产量、上个月的设备故障率等。

为各指标设定的汇报频率要符合团队的实际情况。一个指标，对 A 团队来说是一个重要指标，在 B 团队中可能就只是一个可有可无的指标；在 A 团队中需要每天汇报的信息，在 B 团队中可能只需要每个月汇报一次。

通常来说，监控指标的时效性要求比考核指标高得多，因此要求更短的统计周期。如果仍像考核指标那样每月、每季度甚至每年才收集一次，是无法达到监控目的的。

（六）第六步：设置指标数据的汇报方式

要为每项指标设置最恰当的汇报方式。一般来说，指标数据的汇报方式基本有三种：口头汇报、书面汇报和自助查询。口头汇报方式包括面谈、电话、会议、即时通信等；书面汇报方式包括文件、短信、邮件等；自助查询方式包括网站、公示栏、数据库、系统等。

（七）第七步：监控指标设计成果示例

（1）例一，某研发部门的监控指标设计成果（表6.8）。

表6.8　某研发部门的监控指标

绩效关注点	监控指标体系					
	序号	关键指标	汇报周期	数据源	汇报人	汇报方式
在产品开发方面，要求设计更新颖、技术更创新、质量更上乘	1	设计不符合项	每季度	设计不符合项整改清单	张××	书面
	2	项目设计缺陷项	每周	设计缺陷处理清单	张××	书面
	3	核心团队建议	每周	核心团队建议列表	李××	书面
	4	外聘专家参与项目的时间	每周	各外聘专家参与项目时间统计表	李××	书面
	5	客户投诉	每月	客户意见反馈列表	张××	书面
	6	员工推荐候选人	每月	员工推荐候选人清单	李××	书面
	7	参加行业交流或展会的时间	每季度	行业交流计划	刘×	口头

（2）例二，某公司的监控指标设计成果（表6.9）。

表6.9 某公司的监控指标

绩效关注点	监控指标体系					
	序号	关键指标	汇报周期	数据源	汇报人	汇报方式
提升员工的敬业度和责任感	1	员工满意度	每季度	员工满意度调查结果	李××	书面
	2	员工离职名单	每月	员工离职清单	刘××	书面
	3	骨干员工离职报告	第一时间	骨干员工离职申请	刘××	书面
	4	违反规定的行为报告	每周	违法规定的行为清单	孙××	书面
	5	爱岗敬业事迹	每月	公司内部媒体报道	张××	书面
	6	员工合理化建议	每周	员工合理化建议记录台账	张××	书面
	7	员工岗位胜任情况	每季度	员工胜任力评价结果	张××	口头
	8	协作部门满意度	每月	协作部门满意度调查结果	张××	书面
	9	员工内在动机测评结果	每年	员工内在动机测评结果	张××	书面

(3) 例三，某物流部门的监控指标设计成果（表6.10）。

表6.10 某物流部门的监控指标

绩效关注点	监控指标体系					
	序号	关键指标	汇报周期	数据源	汇报人	汇报方式
改善对客户尤其是重要客户的按时送货情况，提升其满意度	1	按时送货比率	每周	送货情况报表	王××	书面
	2	按时送货最佳班组	每月	按时送货最佳班组评比结果	王××	书面
	3	订货电话超时等待报告	第一时间	订货电话等待超过30秒情况	王××	书面
	4	重要客户延迟送货事件报告	每天	向重要客户延迟送货的事件统计表	孙××	书面
	5	第二天送货计划	每天	第二天送货计划表	王××	书面
	6	未解决的重要客户投诉报告	第一时间	重要客户投诉2小时内未解决的情况	孙××	书面

四、监控指标的更新与维护

（一）现行指标的评审与更新

大多数的监控指标都是阶段性的，只有少量指标会一直使用。经过一段时间之后，相关方对团队工作的关注点会有所转移，这时，某些指标可能已经没有必要再花时间和精力监控了。为了适应相关方关注点的变化，我们要持续更新监控指标，对团队工作的过程和结果进行追踪和监控。

管理者可选择合适的时机对现行指标进行评审，比如，在相关方提出新要求之后，制定新指标之前；或者在团队的年度计划得到确认之后；或者现行指标总数过多（比如超过25项）时；或者在其他合适的时机。

现行指标体系应该在指标的新增和停止使用之间取得动态平衡，使在使用中的指标总数维持在一个稳定的水平上。

（二）指标数据库的建设与维护

停止使用的指标和历史数据应该纳入指标库进行存档。数据库中的信息能帮助团队成员了解团队的过去，深化他们对绩效指标的理解。建议每个指标的数据保存三年以上，以便必要时可以查询。

建设数据库时应注意以下事项：①建立目录页，以方便查询；②为数据库安排专人进行管理；③明确查询权限；④数据销毁前需要得到管理者批准。

第五节　团队工作监控的实施

一、绩效数据报表

如果把团队比作一架飞机，那么工作评价就像操作杆，用于控制飞机的飞行过程；监控指标就像飞行参数，比如飞行速度、气压高度、绝对高度、飞行迎角、爬升率，等等；绩效数据就是通过各种传感器和测量器测得的实际参数值。所有的参数值都要通过"仪表盘"显示出来，供飞行员查看，而绩效数据报表（后面简称报表）就是团队工作的"仪表盘"，是对各种绩效数据的汇总呈现，是管理者开展团队工作监控的重要工具。

报表是用书面的形式来汇报绩效数据，我们可以设计报表的标准模板，把数据的统计、汇总、汇报过程标准化，并且报表可同时向多人汇报，提升了数据传递的效率。

一个好的报表需要从效果和效率两个维度来考量。所谓"效果"，就是能达到工作监控和工作评价的目的；所谓"效率"，就是能用最少的人力和最快的速度来生成、传递和应用绩效数据。

接下来，我们要从接收人、数据、传递方式等方面讨论如何制作和使用报表。

（一）报表应发给哪些人

理论上，所有参与工作评价的人都应获得绩效数据，然而每个人的绩效关注点都不同，因此所需的绩效数据也不同。而报表是标准化的，也就是说，对有不同需求的人要定制不同的报表。显然，给所有相关方都发送报表不太现实，这会造成过高的人力成本，也会带来数据安全方面的问题。现实的做法是将相关方进行分类，比如管理者、上级单位、董事会、主管部门、客户等，并为每一类相关方量身定制一张报表。对于相对不那么关键的相关方，可在其提出要求或申请后再视情况提供数据。

还有一种方法就是把所有绩效数据都输入网站或数据库系统，并给各个相关方设置相应的查询权限。

报表发放对象应由管理者来批准，以便管理者进行信息控制，防止因信息传递不当而产生风险。

（二）报表是否需要加入比较数据

（1）行动类指标数据不需要历史数据

对于行动类的指标，管理者或其他相关方最关心当期数据。比如，对于"每周工作计划"这个指标，人们最关心最近一周的计划，一般不会太关心几周之前的计划，这是因为有预警价值的信息主要蕴藏在最近产生的数据中。也就是说，对于行动类指标，报表中一般只体现当期数据即可。建议不含比较数据的报表以简明的表单格式进行呈现，示例如下（表6.11）：

表6.11 不含比较数据的报表

20××年××月××日离职员工清单

姓名	岗位	部门	上级	任职年限	手机号
吴×	策划经理	营销中心	刘××	1年3个月	×××
杨××	规划设计中心	规划设计师	何××	2年10个月	×××
常××	规划设计中心	设计师助理	何××	7个月	×××
杨××	土建造价	预算中心	黄×	2年7个月	×××

（2）结果类指标往往需要纵向比较数据

结果类指标数据往往需要将当前和往期数据进行对比，以发现异常情况或改进机会。在汇报当期数据时，这样的指标应同时附带部分历史数据。一般情况下，可同时提交4~6个统计周期的数据，对于数据波动较大或精确度差的指标，可适当加大历史数据量。呈现格式见示例（表6.12）：

表6.12 含有纵向比较数据的报表

20××年第××周按时交付率

统计周期	第14周	第15周	第16周	第17周
按时交付订单数	233	256	221	246
延迟交付订单数	17	19	9	14
按时交付率	93.2%	93.1%	96.1%	94.6%

（3）有些类别的指标往往需要横向比较数据

有些指标数据需要同标杆数据比较，才能挖掘出有用的信息，这类指标在汇报时应附带具有可比性的标杆数据。呈现格式见示例（表6.13）：

表6.13 含有横向比较数据的报表

20××年××月出丝率

统计周期	20××年4月	20××年5月	20××年6月	20××年7月	20××年8月	20××年9月
本车间（二车间）	89.27%	87.51%	89.15%	90.08%	90.26%	88.37%
标杆车间（五车间）	89.63%	91.33%	89.96%	89.58%	89.84%	92.02%

（三）报表格式示例

指标数据统计完后，需要按规定的时机提交给管理者。为了方便查看，管理者应安排专人将这些数据汇总到一张表上提交，具体示例见下表（表6.14）。

表6.14 指标数据汇总报表

下周重点工作			
重点工作项	成果	负责人	执行人
按照董事长要求，将"九大禁语"作为公司规章制度统一悬挂，确定设计方案（包括悬挂内容、悬挂方式、悬挂数量、费用等），并联系广告设计公司进行制作	设计方案；效果图	李××	翟××
俄罗斯××公司拜访，商议××年双方采购量、价格等商业合作	采购订单	郭××	李×
收购××项目：××月××日前，督促××资产评估公司完成评估初稿；××月××日前与××公司进行收购价格的商谈	评估报告初稿；双方商谈会议纪要	崔××	李××

续表

安全事故与违规			
事件描述	上级负责人	手机	补救措施
司机孙××遭遇车祸，轻伤，需两周恢复时间	张××	×××	司机班举办一次安全驾驶经验交流会

离职员工清单					
姓名	岗位	部门	上级	任职年限	手机号
吴×	策划经理	营销中心	刘××	1年3个月	×××
杨××	规划设计中心	规划设计师	何××	2年10个月	×××
常××	规划设计中心	设计师助理	何××	7个月	×××
杨××	土建造价	预算中心	黄×	2年7个月	×××

其他指标	上周	本周
对关键客户的拜访数	0	1
正在开展的项目数	5	4
仍在起草阶段的文件数	12	17
基于满意度调查正在进行的举措	1	1
企业文化活动次数	2	3
……		

虽然统计图具有直观的特点，但我发现大多数管理者更喜欢"表"的形式，可能主要是因为他们喜欢表格数据的精确性。无论是"图"还是"表"，其实效果相差不大，所以为了缩短篇幅，在本书中我们只以"表"来呈现指标数据，不再以"图"来示例。

二、工作监控的职责和流程

我建议，团队应安排专职人员或兼职人员来负责报表的制作和发放。对于一个企业，往往由人力资源部、战略绩效部或企业管理部负责报表即可；对于一个部门，报表往往由绩效管理员或兼职人员负责。

团队应该制定相应的流程制度，以便规范以下内容：①团队成员、外部相关方在工作监控中的职责；②工作监控中绩效数据的传递过程；③工作监控中使用的方法和工具。

清晰的组织关系和流程会给团队工作监控提供强大的组织保障和机制保障。

第七章　促进团队持续改进

"人民才是真正的英雄。只要紧紧依靠人民，我们就一定能够战胜一切艰难险阻，实现中华民族伟大复兴。"

——习近平

"经理人员应该具有尝试失败的勇气，力求改进；而不应畏惧风险而停滞不前。"

——葛汉·克拉克

本章的目的是促进团队绩效的持续提升。能否持续推动团队工作的改进，是卓越管理者和平庸管理者的显著区别，也体现了管理团队的综合能力。如果说前面两章是新绩效体系的塔基，后面三章是塔身，那么本章则是建立在其他章的基础之上的、实施难度最大的、最璀璨夺目的塔尖。

第一节　持续改进是个好主意

一、为什么要持续改进

团队为什么要持续改进？从根本上来讲，是因为相关方的诉求会水涨船高，当前的诉求被满足后他们就会产生更高的诉求。比如，假如你是销售部经理，去年你们部门为公司卖了1000万元的产品，总经理给予了表扬，今年你们同样卖了1000万元的产品，但这次总经理没有再次表扬，反而表达了不满。不是因为你们部门比去年差了，而是因为总经理有了更高的诉求。当相关方的诉求提高了，团队只有持续改进才能保持其满意度。

如果说相关方的诉求是持续改进的原动力，那么如何把它转化为团队的内动力呢？这需要管理者运用自己的领导力来激发。

领导力强的管理者在推动团队的持续改进时，会让团队成员自觉地参与其中，并乐此不疲；领导力差一点的管理者在推进团队改进时，可能会让员工感觉他像是在找碴儿，员工可能会感到气馁或产生抵触情绪。所以在本章我还要讲一些方法，帮管理者消除员工的抵触情绪，使他们更积极主动地迎接改变。

在督促你重视持续改进之前，我可能需要先论证，建立持续改进机制对你而言是一个好主意。除了持续改进，你还有另外两个备选策略，它们分别是保持现状和颠覆性变革。

保持现状肯定不是一个好主意。团队绩效如逆水行舟，不进则退，长期保持现状的想法会让相关方对你越来越不满意，这无疑会让你感受到越来越大的压力，当压力大到一定程度时，你很可能会从保守状态一下子转变为激进状态，即实施颠覆性变革。这是从一种极端转变为另一种极端，其中蕴含着巨大的风险。首先，颠覆性变革往往伴随着人事任命上的动荡，可能会对你的职业生涯造成冲击；其次，颠覆性变革往往会遭遇更大的阻力，失败的概率远远大于持续改进；最后，颠覆性变革会让你损失更多，就像不愿意补牙的结果可能是拔掉整颗牙齿。

我认为，作为管理者，提升团队绩效是你的基本职责之一。从各个方面来看，你的最佳策略就是在团队内建立持续改进机制，并积极地推进团队的持续改进。

二、工作评价为改进指明了方向

持续改进不是盲目的，因为团队工作监控与评价为持续改进指明了方向。

管理者在整合其他相关方的意见并对团队工作做出评价时，就已经指出了团队工作的"改进点",即工作评价中的"不满意项"。这些"不满意项"就是团队接下来需要解决和改进的事项。

团队工作评价能帮助团队锁定正确的改进方向。这一点很重要,如果方向不正确,方案再好也没用。

团队工作评价不仅在改进方案设计阶段十分重要,在方案执行阶段也发挥着重要作用,能帮管理者和团队及时发现执行过程中的不足和漏洞。如果没有团队工作评价,人们往往更多地凭借观察和经验进行直觉判断,而这种判断可能是不准确的,也是很难让别人信服的。

总之,团队工作评价与持续改进就像双胞胎兄弟,同时出生,亲密无间,谁也离不开谁。

三、持续改进是螺旋式上升的过程

每一项改进活动都是从不满意项开始,到不满意项消除结束,但随后又会产生新的不满意项,循环往复,永不停止(图7.1)。这是持续改进的真相,也是管理者要面对的挑战。

新的不满意项产生 → 改进方案产生过程 → 改进方案执行过程 → 不满意项消除

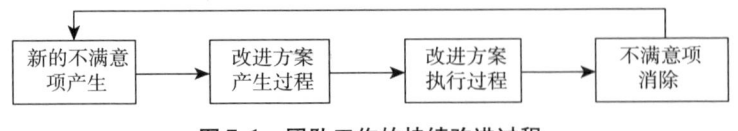

图7.1　团队工作的持续改进过程

但这种循环往复的过程不是原地打转,而是螺旋式上升。新的不满意项是在更高的绩效的基础上产生的,源于相关方更高的诉求,是一种"得寸进尺",因而在持续改进机制下,不满意项不是负担或罪责,只是新一轮提升的开始罢了。

为了应对这种挑战,管理者需要开发出一系列的方法、工具、技术和流程,以便顺利完成一个又一个的循环。我们把这些方法、工具、技术和流程整合在一起,称为机制。

接下来,我们来探讨改进方案的设计过程。

第二节 改进方案的产生过程

一、设计方案前的准备工作

（一）设计改进方案需要团队的力量

管理者永远不要尝试孤军作战。尽管你需要做很多思考，甚至要深思熟虑，但在整个改进工作的过程中，恰恰不能只有你在思考，更不能只有你在行动。你要带领一群人一起前行，要发动一小群人、引领更大的一群人一起前行。

在确定改进方向后，你首先要找到一小群人，最少要找到一个人。这群人是你的先锋队，他们的使命有两个：①设计改进方案；②推进改进方案的落地。使命完成之日，就是先锋队解散之时。

如果把设计改进方案当作一项任务，那么这个先锋队就是该项任务的执行者，而你是最终的负责人。

为什么设计改进方案需要的是一个团队，而不是一名专家？

在企业里，我见到过太多由专家制定的方案，毕竟在客户那里，我也被称为"专家"。由专家来制定方案的最大问题在于，该方案得不到执行者的支持。

有一位企业高管曾和我说："你们专家的任务就是制定最佳的方案，至于怎么让员工按照方案去做，那是企业的事。如果你给出的方案是最好的，即使用强制的方法，我们也要落实下去。"

应该说，一位企业高管这样表态，说明他是真的想改变。但他的话错在他没理解什么是最佳方案，事实上，得不到员工支持的方案，需要去强制执行的方案，绝对不是最佳方案。

得到员工支持的"共识方案"，虽然也不一定是最佳方案，却是能够真正落实下去的方案。当员工不支持时，如果管理者还要强制执行方案的话，轻则员工敷衍塞责，重则管理者众叛亲离。

方案能否得到员工发自内心的支持的关键可能不是方案本身是

否完美，关键在于方案的产生过程。完全相同的两个方案，一个是由专家独自制定的，另一个是和员工一起制定的，尽管实质内容一样，但由于产生的过程不一样，会产生完全不同的效果。事实证明，当方案只由专家制定时，大约有15%的措施能得到有效实施，而当方案由团队一起制定时，大约有80%的措施能得到落实。这是因为"当解决方案由受其影响的人制定，并被他们理解和接受时，可以达到更好的效果"。

当然，团队产生的方案也未必是最佳方案，但最佳方案一定要由团队来产生。通过群策群力，大家的观点相互碰撞、相互激发，往往会产生有创造性的新点子。最重要的是，团队成员通过参与方案产生的过程，能真正理解和真心接受这个方案，而这正是方案得到有效执行的关键。

而对管理者而言，在"出发"时就有一部分人和自己一起走，这无疑是一件好事。

（二）选择合适的队员

你既然决定要设计改进方案了，接下来就要找几个人一起来制定，还要在更大的范围内来讨论它。在确定相应的人选时，要提醒自己和对方，"你如果不在餐桌旁，就可能在菜单上"。意思是说，如果有关员工没有参与决策，则决策方向就可能会远离他的意愿。

但参与设计的人数也不宜过多，尤其是在一开始。道理很简单，人数多虽然可以获得更多的想法，但让大家达成一致也需要更多的时间。那些对参与度要求低的人不需要从一开始就参与进来，比如，没必要邀请档案管理员参加改进招聘流程的会议，当流程初稿完成后，请其提供评审意见就可以了。

管理者可以根据方案的可能的影响范围和改变幅度来组建相应规模的方案设计小组，建议最少不少于2人，最多不超过15人。总之，确定小组规模的原则就是，该规模的小组既要能让方案较快达成一致，又能确保受到较大影响的领域都有代表参加。

在具体确定人选时，建议使用三层筛选法，这样既能保证人员充足，人数又不会太多。

第一层筛选要考虑的是，这次改进可能对谁造成影响，在这层筛选中，你需要列出一个包含所有可能受到影响的人或组织的清单。

第二层筛选要考虑的是，在以上这些人中，哪些人的观点、参与和认可非常重要。经过这层筛选，如果人数已经比较少了，可不进行第三层筛选。

第三层筛选要考虑的是，第二层筛选后剩下的人需要在哪个环节参与。例如，有些人可能只需要在方案出来后告知就可以了，但有的人可能需要提前征求意见。

经过以上筛选，如果你认为人数还是过多，还可以根据他们对改进活动的支持度以及参与能力继续进行筛选，尽量把那些支持改进和有能力支持改进的人拉进小组。

管理者可以为方案设计小组指定一名负责人，但要记住，你自己才是真正的、最终的负责人。

（三）动员与调研

你现在已经挑选了一些人，打算把他们组建成一个小组，下面就要动员这些人全身心地投入方案设计的过程中。你不仅要在生成方案前进行动员，也要在设计、实施方案时进行动员。

动员就是要让小组成员充分理解为什么要改进，其背景和意义是什么，能给大家带来什么好处。你可以和小组成员分享一些相关的知识，毕竟知识是一种很奇妙的礼物，可以引发兴趣。

对于那些看上去不是很热心的人，你可以和他们单独聊聊，晓之以理，动之以利。利害关系在任何时候都能打动人。

如果你发现小组成员对问题的理解还不是很深刻，可以要求他们先做一个调查研究。通过现场观察、访谈、问卷调查等方式，他们会对现状和其他团队成员的看法有更全面、更深入的了解。

二、群策群力设计改进方案

（一）方案讨论的议程

改进方案设计小组成员在凑在一起探讨改进方案前，首先需要制定会议议程。如果说方案是目的地，那么议程就是路线图。

议程是一种帮助队员结构化思考的工具，是收集各种信息、观点和建议的顺序，能帮大家进行思维聚焦，从而让方案设计工作更加高效。

在小组成员一起探讨问题时，最差的状态就是大家不在一个频道上。比如，甲还在分析问题的原因，乙已经在思考方案怎么落地。大家的思维状态不聚焦，不仅发挥不出团队协作的优势，还会相互干扰，带来压力和焦虑。

当然，团队成员的任何思考、意见和建议都是有价值的，但只有通过议程把这些思考、意见和建议条理化，才能让它们变得清晰、容易理解，才能更好地让每个人的看法、意见和建议进行碰撞、激发和融合。

管理者要重视议程，并自觉维护议程。每完成一个议程项，就是向最终方案迈出了坚实的一步。每个议程项的成果，都能展现团队的思考深度，并成为衡量最终方案质量的尺度。

（二）通用议程的模板

通用议程是各种议程的起始点，设计小组可以在通用议程的基础上制定自己的专题议程，这样做有如下好处：①减少制定议程所需的时间；②确保不遗漏关键议程项；③用标准化的方式累积经验教训，使大家的方案设计能力越来越强。

以下是改进方案设计研讨会的通用议程（表7.1）：

表 7.1　改进方案设计研讨会的通用议程

顺序号	议程项
1	当前的工作方式是怎样的
2	存在的问题及其根源是什么
3	有哪些潜在的改进措施
4	从哪几个维度来评价这些改进措施
5	这些改进措施的优先顺序
6	达成一致的方案是什么
7	风险和应对策略
8	如何来实施这个方案

(三) 制定专题议程

通用议程提供了起始点,但设计小组需要根据当前任务的实际情况对通用议程进行剪裁和调整,最终确定的专题议程要让小组成员有渐进明细的体验。

议程的上半部分应该是发散的,鼓励人们进行发散性思考,发掘尽可能多的备选措施。可以采用头脑风暴、鱼骨图以及其他活动和工具,来帮助队员产生有创造性的备选措施。议程的下半部分应该是收敛的,鼓励人们进行收敛性的评估,聚焦在价值、收益和可行性上。分析每种措施的优点和缺点,对它们进行整合,最终选择少数的几个有可能产生最大价值的措施。

以"改进招聘流程"的任务为例,其专题议程示例如下(表7.2):

表 7.2　"改进招聘流程"研讨会的议程

顺序号	议程项	备注
1	现在的招聘流程是如何运作的	获取真实的、详细的现状信息
2	当前的招聘流程存在的问题和深层原因	分析要全面、深入,找到问题本质

续表

顺序号	议程项	备注
3	可能的改进措施	产生更多的创造性建议
4	评价维度	通过评级维度进行收敛
5	对这些措施进行优先级排序	评级或排序，为选择做准备
6	整合后的改进方案	产生最优方案
7	潜在障碍和应对策略	进行风险管理
8	实施计划	保证方案的可执行性

（四）邀请更多的人对话

在方案的设计过程中，为保证方案的适用性，设计小组要邀请更大范围的群体参与对话。根据任务的不同，参加对话的群体可能是几个人，也可能是整个企业的所有部门。

如果参与对话的是个人，尽量找那些愿意参与的人，比如那些表露过参与意愿的人、对该方案感兴趣的人、担心新方案对自己不利的人、经常对相关事务发声的人，以及其他你想拉拢的人。

如果参与对话的是群体，那么这个群体一般应包括在你的设计小组里没有代表的人群，也许是某些利益群体，比如应聘者群体，也许是带有某种特征的群体，比如新员工群体。听听他们的看法，既有利于让方案更完善，又有利于得到更多的支持。

确定邀请人选的一个好方法是询问你的设计小组成员以及被邀请来的领导，他们认为还应该邀请谁。在以往的实践中，这种做法帮我发现了很多自己觉察不到的盲点，从而规避了很多风险。

让你的设计小组成员积极地与这些人或人群对话，使用各种工具，比如焦点小组、引导技术、问题众包、调查问卷、访谈等，用理性讨论的方式，让这些人发出自己的声音，并听到别人的声音，这一点非常重要。抛出一些深思熟虑的问题，帮助他们挑战自己的认知，揭示有瑕疵的假设，介绍新的理念。在对话的过程中，让大家认识到旧方案的弊端，以及新方案的可能收益，从而让大家逐步接受新方案。

（五）产出成果

在议程确定之后，设计小组就可以按照议程顺序开展方案设计工作。为了得到高质量的成果，设计小组应使用正确的工具和技术，比如专家访谈、德尔菲法、分组、头脑风暴、投票等。

以"改进招聘流程"的任务为例，其产出成果示例如下（表7.3）：

表7.3 "改进招聘流程"研讨会的成果

议程项	成果
现在的招聘流程是如何运作的	①用人部门提出人员需求 ②HR 帮助用人部门书写职位说明 ③HR 发布职位招聘广告 ④HR 审查投递的简历，选择面试人选 ⑤HR 面试候选人选出复试者 ⑥用人部门面试复试者并确定录取人选 ⑦HR 发出聘书 ⑧候选人接受聘书并按时报到 ⑨HR 办理入职手续
当前的招聘流程存在的问题和深层原因	①职位说明部分篇幅过长 ②用人部门希望能参与第一次面试 ③可以通过内部招聘的职位浪费了太多广告费 ④没有保留之前面试过的优秀候选人的简历 ⑤整个招聘流程过长
可能的改进措施	①先在公司内部发布所有招聘信息，两周未果后再对外发布 ②将简历扫入电脑以供查询 ③用人部门可自行决定是否参加筛选简历环节 ④将面试安排发给用人部门，其可决定是否参加面试环节 ⑤记录和跟踪面试官的意见和评分 ⑥为面试官提供面试技巧方面的培训

续表

议程项	成果	
评价维度	①有助于企业招到合适的人才 ②易于操作 ③相关部门愿意配合	
对这些措施进行优先级排序	改进措施	优先级（点数投票）
	①先进行内部招聘，招聘未果时再进行外部招聘	26
	②将简历扫入电脑以供查询	18
	③用人部门可自行决定是否参加筛选简历环节	5
	④将面试安排发给用人部门，其可决定是否参加面试环节	14
	⑤记录和跟踪面试官的意见和评分	2
	⑥为面试官提供面试技巧方面的培训	10
整合后的改进方案	①先在公司内部发布所有招聘信息，两周未果后再对外发布 ②将招聘计划发给用人部门，由其自行决定参加哪些招聘环节 ③将评价优秀但未被录用的候选人的简历输入备选人才数据库 ④给所有招聘经理和面试官提供面试技巧培训	
潜在障碍和应对策略	潜在障碍	应对策略
	①管理层不了解新流程	举行一次宣讲会，向管理层介绍新的招聘流程和好处
	②面试培训缺少参与	培训前做一次问卷调查，了解他们参与培训的意愿以及希望培训的内容

续表

议程项	成果		
	行动	负责人	完成时间
实施计划	①根据会议决策修订流程，提交各部门会签，由总经理批准后发布	刘××	××××年××月××日之前完成
	②整理会议纪要并分发给相关部门	孙××	××××年××月××日之前完成

（六）消除分歧的技术

在整个方案的设计过程中，产生各种分歧是在所难免的，也是正常的。很多时候，人们把分歧看作团队合作的一个缺点，其实不是这样，分歧之所以成为团队合作的障碍，是因为大家还没弄明白分歧的本质，也没有掌握消除分歧的技术。每一个团队的领导者都应该学会消除分歧的技术，因为它实在太过重要，以我自己为例，自从我掌握了这门技术后，我的团队内部就很少有解决不了的分歧了。

在本书中，我不想用太多的笔墨来介绍这门技术，因为个人技能不是本书的重点，你完全可以从其他专业书籍中学到这些。我只是希望读者认识到，无论分歧让你感到如何沮丧，其实绝大多数的分歧都是完全可以消除的，并且会让你因此对团队协作有更多信心。

所有的分歧可以分为三个类别：信息不对称分歧、价值观分歧和非理性分歧。一般来讲，信息不对称分歧数量最多，而且解决起来最容易，属于一级分歧；价值观分歧数量次之，解决起来要更难一些，属于二级分歧；非理性分歧数量最少，解决起来也最难，属于三级分歧。

三种分歧的产生原因和消除方法见下表（表7.4）：

表7.4 三种分歧的产生原因与消除方法

分歧级别	分歧类别	产生原因	消除方法
一级	信息不对称分歧	双方假定自己理解了对方的话或表达，但实际上对对方所提方案的细节或支持它的理由并未真正理解	关键是让双方相互认真倾听和理解，找到被忽略的重要细节信息
二级	价值观分歧	双方对对方的方案都有充分的理解，但因持有不同的立场或经验，致使他们更偏爱自己的方案	关键是创建一个能融合原来两个方案的主要优势的第三个方案
三级	非理性分歧	双方之间存在旧怨，或和备选方案无关的其他因素	该分歧无法通过讨论解决，建议把问题提交给双方共同的领导来解决

有一次，我在一个企业讲授消除分歧的技术，一个车间主任不以为然，他与财务经理在该车间成本预算上多年来一直存在分歧，谁也说服不了谁。我当场演示，让他与财务经理把预算科目一层层地细分，在分解到第四层时，终于找到了最终分歧点以及双方没能共享的关键信息，这样，一个持续了多年的分歧在短短的几分钟内就解决了。

消除分歧的技术对绩效管理而言是一项很重要的技术，管理者都应该掌握它，而且我认为它并不难掌握。掌握了这门技术，不仅会让方案设计过程更加顺利，还会让你的沟通能力有很大的提升，何乐而不为呢？

第三节　改进方案的执行过程

一、对改变的抵触

现在你有了一个各方面看起来还不错的改进方案，那么在落实这个方案时，是不是一定会一帆风顺呢？答案是未必，要视情况而定。事实上，永远不要指望，只要把方案发给你的每个下属，改变就会自然而然地发生。

在方案设计阶段，设计小组应该就执行时的风险进行预测，并规划应对措施。但人的抵触情绪障碍往往难以提前预测，即使预测出来，也难以提前克服。毕竟，对着一纸方案进行想象是一回事，真刀实枪地去做是另外一回事，人的感受会发生变化。

一个解决抵触情绪问题的好的做法是，管理者和他的设计小组成员一道，随时识别人们的这些抵触情绪，并及时地帮助他们克服。

二、识别并克服抵触情绪

新方案在落地过程中遭遇或明或暗的抵触，这是很正常的事情。人们改变工作方式的过程往往伴随着诸多不适和负面情绪。人们即使在理性上认可改进是必要的，由于感性情绪的影响，也依然会抵触改变。

在推进改进方案的过程中，管理者需要预测、识别和评估各种抵触情绪，投入时间和精力来消解阻力，使你的团队怀着正面甚至期待的心情拥抱新方案。

在倾听的过程中，管理者要分辨这些抵触情绪是因为发现了新方案的缺陷而产生的真的抵触，还是因为害怕改变而产生的暂时抵触。前一种抵触是一种有价值的反馈，需要你和设计小组重新优化方案；后一种抵触是你和团队成员必须一起努力克服的障碍。管理者必须推进新方案的落地，因此，只有对这些障碍明察秋毫，与团队成员深入沟通，并和他们一路前行，你才能达成你的使命。

一些常见的抵触情绪包括：

（1）害怕失去当前所拥有的东西

实施一项新的措施，可能会影响某些人的利益，也可能会削弱某些人的权力感和控制感。比如，当新方案要求经理不再给员工评分时，一些经理可能会感觉失去了控制力，对应该如何驱动员工感到迷茫和无力。再比如，招聘经理可能担心一个新的招聘流程会削弱自己在面试环节的话语权。

对于这类的抵触情绪，我建议管理者直接找对方进行沟通。当把所有东西摆在桌面上时，当对方发现你在认真倾听他们的诉求和感受时，焦虑就会自然而然地减少。或者，在交流时安排其他人分享他们的体验心得，也能有效地削弱焦虑。

（2）害怕未来不熟悉的东西

对于一种远离自己熟悉的舒适区，还要在实践中执行的新想法，大多数人会心生抵触。一项改进措施如果偏离传统做法时，往往会遇到这类抵触。一些讲师在培训课程上会讲很多管理工具和管理技术，但真正能把它们落实到工作当中的人少而又少，其原因就是人们不愿意在工作中尝试它。

对于这类的抵触情绪，可使用案例、数据、调研结果等帮助对方建立信心。"试点法"也很有用，先在一个较小的范围、一个可控的环境中实施新的改进方案，等产生效果后再展示给人们看，这样能在很大程度上打消人们的顾虑。

（3）害怕不能胜任新工作方式

最强的抵触情绪来自担心自己做不好。说白了，每个人都害怕自己看起来很傻、很笨或在新工作中出丑，尤其是当人们在工作中建立的自豪感和自信受到威胁时，这种感觉愈加真实，抵触情绪也愈加强烈。当我向一些客户推广绩效面谈时，有很多员工因担心自己掌握不了那些技巧而消极应付。

这类的抵触情绪比较隐蔽，抵触者一般会找其他方面的理由或借口，很少会坦白自己有这方面的顾虑。管理者需要识别出那些对新工作方式信心不足、担心遭受挫败的人，并通过干预手段来为他们建立信心。

（4）害怕增加工作量

新的方案有时候确实会给某些人增加工作量。当这些人的负担本来就很重，工作量趋近饱和时，可以预想得到，新的方案必将遭遇抵触。

缓和这种抵触情绪的最好做法是尽量简化新方案，让其简单易学，并通过辅导、练习等手段让人们尽快掌握新的方案。

三、获得支持的承诺

为了更好地推动新方案的落地，管理者和设计小组应该获取尽量多的方案执行者的承诺，让他们亲口答应支持新的改进方案。

在人们承诺之前，管理者和设计小组成员可以先和大家回顾一下新方案中的改变，以及这些改变的好处。这样，大家能更好地理解新方案的价值，尤其是那些还不了解新方案的人。

在介绍方案时，要讲清楚每个人具体要怎么行动，然后可以请对方进行复述，看他复述得是否完整、准确，以此来确认对方是否已经清楚方案的要求。

在介绍方案后，要一一回应人们的质疑。如果在设计方案时设计小组进行了充分的研究和讨论，那么回应这些质疑就会变得轻而易举，还能表现出设计小组的深思熟虑和信心满满。

请人们做出承诺可以有不同的方式：一种是口头承诺，直接询问对方是否接受新的行动或工作方式，请对方清晰响亮地回答"接受"或"支持"，可以私下承诺也可以当众承诺。另一种是书面承诺，可以把对方的行动或要做出的改变列在一张清单上，请对方在清单上签名，以加强其责任感。其他的方式，比如举手、鼓掌等，可用于人数很多且遇到消极抵触的风险很小的情况。

管理者及设计小组在改进方案执行过程中要追踪人们的行为，提醒大家遵守承诺。

四、进行试点的注意事项

如果新方案涉及大范围的变革，那么进行试点就是一个好办法，它不仅有助于降低方案的风险，还能为在更大范围内推广方案总结经验教训。而且它还有另外一个好处，就是会预先形成一个小群体，这个小群体会在推广时鼓动、带动更大的群体，从而减少抵触行为。

使用试点方法时，要避免"一试就灵、一推就败"。会出现这种现象是因为在试点时并没有真正总结出经验教训，而是通过选择基础好的单位、提供各种优惠政策、给予更多的资源和支持等方式取得了成功，这是一种"假"成功。

选择试点时，要选择有普遍代表性的单位，而不是选择最有可能成功的单位，也不要选择最"需要"试点的单位。

在试点运行新方案时，由于缺少经验教训，你可能会给试点单位很多的资源支持和政策优惠，但要掌握一个度，超出了这个度，试点就失去了意义，因为很显然，这些资源和政策上的支持无法推广到其他单位。

最后也是最重要的一点是，一定要对试点的成果进行全面的分析评价，总结试点工作中的经验教训，这样才能为下一步推广工作打下坚实的基础。

五、问题升级程序

这个话题虽然放在最后讨论，却是你应该最先告诉下属的做事原则，那就是"自己解决不了的问题要及时上报"。这个原则是如此重要，以至于你可以把它作为管理下属的第一原则。

1249年，现在属于意大利的博洛尼亚市还是一个城邦国家。当时有一个在军队中服役的军人，从这个城市逃到了北部的摩德纳，并带走了一个给马饮水用的旧木桶。博洛尼亚方面要求摩德纳市归还那只木桶，但遭到了拒绝，这一微不足道的原因导致了这两个城市之间的流血战争，一直持续了23年。

企业中有很多这样的教训，一个小问题因不能得到及时解决，最后演变成一个大问题，并带来巨大的损失。在某央企的组织改革中，一名经理的抱怨没有得到及时响应，于是他带领一群人去政府上访，导致改革被暂停下来。

所以，管理者在一开始就要和下属明确这样的原则，一旦发现自己解决不了的问题，要及时向上级汇报，以防问题扩大化、严重化。

第八章　破解下属倦怠困境

"以爱为凝聚力的公司比靠畏惧维系的公司要稳固得多。"

——赫伯·凯莱赫

"自始至终把人放在第一位，尊重员工是成功的关键。"

——托马斯·沃森

绩效考核并不能解决员工的倦怠问题，相反，它加深了员工的倦怠。倦怠的根源在于工作中产生的负面感受，用釜底抽薪的策略，着手根除这些负面感受才是解决倦怠问题的上上策。本章最为考验管理者的"情商"，不过无须焦虑，因为只要按套路出牌，结果就差不到哪里去。

第一节　导致倦怠的五种感受

下属的倦怠问题，比如推诿扯皮、推卸责任、不听指挥、消极被动等，一直困扰着诸多管理者。很多人试图从个人特质、职责权限、外部环境等方面来解读它，并希望通过组织设计、奖惩机制和培训宣传来解决它。可以断言，以上解读固然有一定的合理性，但没有找到根源，所以相应出台的举措也不会真正的有效。

下属的倦怠源于五种消极心理感受，分别是无意义感、不自主感、不胜任感、无归属感和不公平感。第五种——不公平感和工作背后的报酬、好处及机会有关；第四种——无归属感取决于员工与其他团队成员尤其是直接上级的关系；而前三种感受都只和工作本身，以及员工对工作本身的认知有关。

一、无意义感

人们认为一项工作没有价值、不重要时，就会产生无意义感。下属接到一项任务，但是上级没说为什么要做这项任务，自己也认识不到其重要性，这时候的感觉就是无意义感。

一些临时性工作、碎片化工作往往伴随着无意义感，比如一项完整工作包含10个步骤，你只负责1个步骤，这容易让你产生自己的工作无足轻重这样的念头，从而带来无意义感。

要想消除下属的无意义感，就要让对方理解这项工作的价值和必要性。如果告诉下属该工作能大幅提升客户的满意度，或者该工作对团队整体工作成果至关重要，也许就能消除下属的无意义感。消除无意义感的最好的方法就是让对方了解决策过程，因为决策的过程就是一个衡量价值和选择价值的过程。

二、不自主感

人们感觉自己的行为被外部力量左右，而缺少反影响的力量时，就会产生不自主感。如果你经常命令、指挥、安排下属，很少和他们讨论工作和计划，也不倾听他们的意见和建议，那么下属就会产生很强的不自主感。

强烈的不自主感会让员工产生巨大的压力，直接影响员工的身心健康。研究发现，工作的高度不自主和冠心病患病率正相关。员工往往采用消极怠工的方式来对抗这种不自主感。

消除员工不自主感的方法包括给予他们适当的选择权、决定权、反馈权、建议权、知情权和自我管理权。

三、不胜任感

员工如果认为工作的挑战程度超出自己的掌控范围，就会产生不胜任感。不胜任感分为两种，一种是认为工作难度过大，另一种是认为工作强度过大。如果员工在工作中总是被打击，不断体验挫败感，自信越来越少，则不胜任感就会越来越强。

帮助下属消除不胜任感可以从两个方面着手：一方面，帮其降低工作难度，减轻工作负荷；另一方面，帮其建立自信心。

四、无归属感

员工认为自己没有得到其他团队成员尤其是上级的重视，没有得到他们的善待和信任时，就会产生无归属感。

加强管理者与下属之间的相互信任，对消除下属的无归属感至关重要。其他增强归属感的方法包括提供良好的福利待遇、提供参与团队活动的机会。

五、不公平感

员工认为自己的付出被忽视，或者相同的付出被差别对待时，就会产生不公平感。比较常见的不公平感的来源包括工作量分配、薪酬福利分配、发展机会分配、失败责任分担等。

员工有不公平感时，往往会降低自己的努力水平，让自己感到"公平"一些。强烈的不公平感会促使员工离开团队，以逃避这种因比较而产生的不舒服的体验。

有三种方法可以消除下属的不公平感：

第一种方法是提供缺失信息。很多时候不公平感是由于不充分了解而造成的偏见，比如不了解别人在家里也依然长时间工作，不了解别人曾为团队做出特殊贡献，不了解别人的工作难度远超自己，等等。管理者让下属对所有信息有了更全面的了解，就能削弱下属的不公平感。

第二种方法是实现程序公平。有时候很难说一种分配方案、一个晋升制度到底有多公平，但我们可以让每个方案、制度的出台都经过充分的讨论，倾听更多人的声音，让人们有申辩和申诉的机会，这就在程序上保证了它的公平性。如果程序是公平的，就能在很大程度上消除下属的不公平感。

第三种方法是明确分配原则。比如，明确在分配工作时我们要遵循什么原则，是能者多劳，还是平均分配，是偏向老员工以确保工作质量，还是照顾新员工以促进个人成长。如果事先和下属讲明这些原则，也能减轻下属的不公平感。

可见，要解决下属的工作倦怠问题，就要关注并消除以上五种负面情绪。为了重新激发员工的积极主动性，管理者还可以使用一些常规方法，分别是削减低价值工作、参与团队绩效改进、实行个人绩效监控、实行参与式决策、消除历史旧怨、建立员工成长机制和消除不公平感等。

第二节　员工倦怠的预防机制

救火不如防火，治病不如不生病，与其等员工倦怠了再去解决问题，不如将员工倦怠消灭于萌芽之中，或者干脆防止员工倦怠现象的产生。

在工作中产生的负面感受是员工倦怠现象产生的根源，要预防员工倦怠，关键就是要消除负面感受。

非考核绩效模式是员工倦怠问题的"克星"，因为这种绩效模式的指导原则都是以人为本，其策略和方法都建立在真实的人性之上，最不容易引起人们的负面感受。

预防员工倦怠的关键在于认真落实非考核绩效模式的指导原则、策略和方法，简单来说，就是深刻领会该绩效模式的思想并将之应用在实际工作中。

现在让我们来重新领会一下非考核绩效模式中预防员工倦怠的机制，理解它们是如何发挥作用的（图8.1）。

一、监控员工的情绪状态

如果员工在工作中产生负面感受，最佳的干预时机就是情绪刚

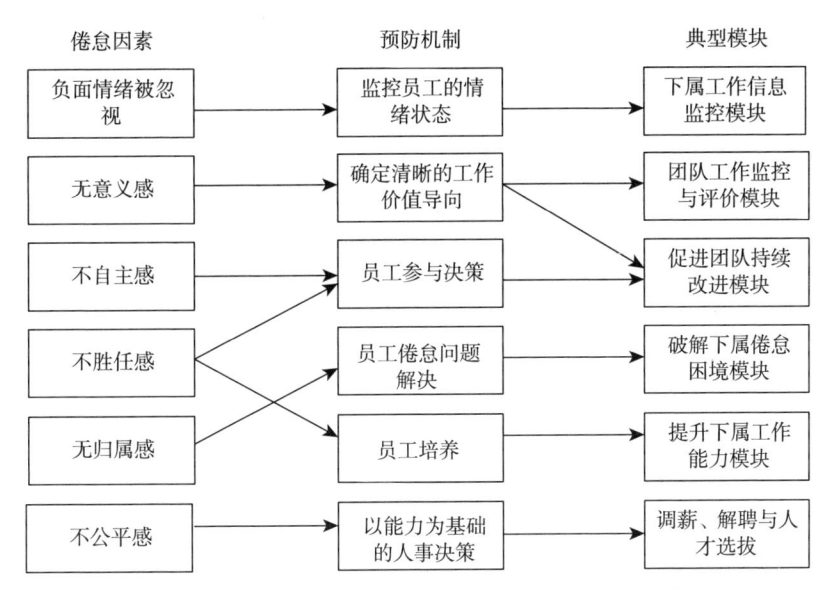

```
倦怠因素              预防机制              典型模块

负面情绪被忽  →  监控员工的情  →  下属工作信息
视                绪状态              监控模块

无意义感      →  确定清晰的工作  →  团队工作监控
                  价值导向            与评价模块

不自主感      →  员工参与决策    →  促进团队持续
                                      改进模块

不胜任感      →  员工倦怠问题    →  破解下属倦怠
                  解决                困境模块

无归属感      →  员工培养        →  提升下属工作
                                      能力模块

不公平感      →  以能力为基础    →  调薪、解聘与人
                  的人事决策          才选拔
```

图8.1 员工倦怠因素、预防机制和六大模块的对应关系

刚产生的时候。如果管理者忽略了员工的负面情绪，随着时间的积累，这些负面情绪会越来越强，而且越来越难以解决。

在负面情绪刚产生也是最好解决的时候，管理者往往只要关心一下、理解一下、解释一下就能将其充分地化解，一旦错过时机，解决问题的思路就会逐渐模糊了，解决的难度也会大大增加。

根据我的了解，很多员工辞职的原因都是一些鸡毛蒜皮的小事。但事实并非如此，这些员工在以往的工作中往往遇到过很多"小事"，事虽小，但因此触发的情绪却是绝对真实的。处于负面情绪中的员工又容易产生更多的偏见和误解，从而形成恶性循环，直到最后爆发。因此，员工辞职时所谓的"小事"，无非是压垮骆驼的最后一根稻草而已。

在非考核绩效模式下，管理者要对下属的工作信息进行监控，其中包括对下属的工作状态进行监控。管理者可以通过观察、面谈、调查等多种方式了解员工的态度和情绪，有时候这些关于情绪的信号可能是微妙的，只可意会不可言传，说话的语调、眼神都可能体现出某种情绪，我相信绝大多数管理者都有识破这些信号的"情商"。

非考核绩效模式最大的贡献在于通过提升上下级之间的沟通效率，管理者有精力去照顾下属的情绪问题，而在众多实施绩效考核的企业里，管理者是没有精力去处理下属的情绪问题的。

我曾就如何处理员工的情绪问题这一话题访谈过一些企业的高层领导，这些高管大多认为这是员工自己的事，应该自己去消化。但问题是，情绪问题已经影响了员工的工作效率，这当然已经成为管理者的事了。其实，那些认为负面情绪应由员工自己消化的管理者并非真的不干预，对于那些工作消极的员工，他们最惯用的方法就是惩罚、威胁和施压，只不过令他们苦恼的是，这些方法都不奏效。

真正奏效的方法是及时发现员工的情绪问题，并立刻进行干预。当然，会这样去做的管理者需要具备两个前提，一个是认识到员工在工作中产生的负面情绪是员工倦怠的根源，另一个是有精力去监控员工的情绪问题并有精力去干预它，而这两个条件正是非考核绩效模式的优势。

在那些实施非考核绩效模式的团队中，其管理者和下属的沟通时间、沟通频率和沟通效率都会大幅增加，而员工的负面感受往往在萌芽状态就被消灭，从而使员工倦怠现象大幅减少。

二、确定清晰的工作价值导向

有的管理者认为员工工作的目的就是为了赚钱，赚钱就是员工工作的所有价值。有这样看法的管理者很少会主动告诉员工为什么要做这项工作，为什么要这样做，以及出现某个错误的影响是什么。员工知其然但不知其所以然，感觉不到自己的工作与别人的连接是什么，从而失去了工作的意义感。

非考核绩效模式认为团队工作的根本价值在于满足相关方的诉求，这是非常清晰的工作价值导向。管理者不但会认真对待相关方的工作评价，而且会向团队成员传达这些信息，以便推动以让相关方满意为宗旨的持续改进。

同时，员工会将自己工作的意义与相关方的诉求连接起来，认识到自己的工作会如何影响相关方的诉求，以及自己的努力会给相关方带来什么价值。

另外，在持续改进方案的讨论中，员工会进一步认识到自己为什么要这样做，或者说这样做的利弊都有哪些。在方案研讨过程中，我们经常会遇到这样的现象，一开始某个员工不认同某个方案，但经过讨论之后，他认识到该方案虽然并不完美，但在当前条件下是一个可行的方案，整体上是利大于弊的，于是态度发生了转变，由反对变成了接受。其实，这一态度转变的过程也是对工作意义的认知过程。

总之，非考核绩效模式通过"团队工作监控与评价"以及"促进团队持续改进"这两个模块强化了员工对自己工作意义的认知，从而消除了员工的无意义感。

三、员工参与决策

所谓员工参与决策，就是在进行工作规划或决策时让执行者参与进来，这不仅能充分发掘员工的智力资源，还有助于消除员工对工作的不自主感。

员工参与决策的方式有很多，按照参与程度由浅到深排列，包括：①把最终决策结果告知下属；②把各阶段性决策结果都告知下属；③把初步决策方案告知下属，并征求意见；④在决策前向下属了解信息或征求建议；⑤邀请下属参与方案的讨论；⑥邀请下属参与备选方案的设计；⑦由下属来评价和选择备选方案。

随着参与程度由浅到深，参与次数由少到多，下属的不自主感会得到很大程度的消除，但员工参与决策也存在弊端，管理者和下属都要投入更多的时间和精力，而且下属也要具备相应的参与能力。所以，管理者要对员工参与进行规划，确保员工参与程度与其精力和能力相适应，同时应采用一些群体决策技术，如引导技术等。

以我自己为例，在我带队为客户提供管理咨询服务时，团队成员的敬业水平总是让客户赞叹不已。我的诀窍就是让每个人充分地参与进来，团队里几乎所有的重要决定都是由大家一起做出的，每个人都很珍视这种互相尊重的氛围，并愿意为大家的共同决定负起责任。

对此，我的经验是：华而不实的PPT、天花乱坠的演讲、场面豪华又无关痛痒的会议，都不能替代让下属实实在在地参与。

在非考核绩效模式下，团队成员在持续改进过程中有两种参与的方式，一种是成为方案设计小组的成员，直接负责方案制定；另一种虽然不是成为设计小组成员，但会作为邀请对象参与方案设计对话。当下属的工作内容与改进主题紧密相关，又具备参与能力时，应将下属纳入设计小组；当下属的工作与主题相关性不强时，可以邀请下属参加对话。两种方式都有助于消除员工的无意义感和不自主感。

参与持续改进过程的下属，其工作态度往往会更加积极主动。

我在做管理咨询项目时，一般会将客户的一些骨干员工纳入我们的项目组，他们往往来自不同部门。等方案完成后，他们几乎都成为推动方案落地的先锋力量，即使是那些没有参加项目组，但曾参与调研访谈和方案研讨的员工，他们的工作态度也会变得更加积极主动。

员工参与决策本质上是一种授权，这种授权与个人工作监控是相辅相成的。一方面，个人工作监控是授权的前提，说白了，有了监控，管理者才敢放心地授权；另一方面，授权之后必须监控，没有监控的授权可能会变成越权，甚至滥权。

我建议那些愿意采用非考核绩效模式的管理者，在加强下属的个人工作信息监控的同时，逐步减少命令、指挥和强制行为，更多采用参与式决策的方式来授权。

四、员工培养

非考核绩效模式非常重视员工的培养工作，并将之视为六大基本绩效主题之一。

在非考核绩效模式下，管理者不会强行给员工辅导或培训，而是会促进员工的自我提升。对信奉非考核绩效模式的人而言，强制的提升不是好主意，很可能是揠苗助长，只有员工自愿的提升才能取得好的效果。

管理者通过两种方式来促进员工的自我提升，一种方式是发挥"反馈中转站"的作用，即管理者要将来自同事、客户、协作单位的反馈及时转告给下属，帮助其更全面地了解别人对自己的认知；另一种方式就是引导下属进行自我反思，分析自己的长板和短板、优势和劣势，思考如何扬长避短。

当员工意识到自己需要提升，也已经明确了提升的方向时，管理者的支持和辅导就不再是揠苗助长，而是雪中送炭。在这种情况下，员工会感受到管理者对自己的关心，从而产生归属感。

在员工的能力提升后，他能从别人的反馈中很快发现这一点，也能在自我反思中看到这一点，从而减少不胜任感。

五、以能力为基础的人事决策

对于那些完全不能胜任工作的员工，管理者应该帮他调整到一个适合他的岗位上，而不应投入过多的资源对他进行培养。这就叫以能力为基础的人事决策，即把员工的工作能力水平作为调薪、晋升、人事任命的依据。

为什么以能力为基础的人事决策能给大家带来公平感呢？

一个原因是，把能力作为调薪、晋升、人事任免的依据最符合团队的整体利益，从而给团队成员带来间接好处。比如，给能力水平提升的员工涨薪有利于留住人才；给能力强的人晋升有利于他为团队做出更大的贡献；将能力不足的员工调离团队也有利于提升团队的绩效水平。

另一个原因是能力可控性，也就是说，能力是员工通过努力就可以提升的。每个人只要努力，他的能力或多或少都会提升。

我们可以把工作能力看成绩效水平剔除掉不可控因素后剩下的东西。绩效水平能够反映员工能力，但不完全等同于员工能力，因为绩效可能受到外部环境和条件的影响，而外部环境和条件是不可控的。

至于哪些是不可控因素，它们对绩效的影响有多大，这是一个很复杂的问题，需要专家组按照评估流程进行评估。所以非考核绩效模式很重视员工的能力评估过程，因为它直接关系员工的公平感和人事决策的信服力。

六、解决员工倦怠问题

天底下没有完美的工作，因此，即使你把非考核绩效模式运行得再好，也不可能完全消除员工的负面感受。也就是说，前面介绍的预防机制只能减少员工倦怠现象，但不可能避免所有的员工倦怠现象的发生。这就好比把森林防火工作做得再到位，一年内也难免会发生几次山火。

接下来我们要讨论的就是，如何破解已经发生了的员工倦怠问题。

第三节　破解倦怠的三个动作

我们这里要讨论的员工倦怠问题指的是比较严重的情况，要么已经明显影响了工作绩效，要么涉及的员工人数比较多。因此，解决这样的员工倦怠问题不会是一个容易的过程，我们应有思想准备。

接下来介绍三个破解员工倦怠问题的常规动作，分别是开展工作对话、削减低价值工作和消除历史旧怨，大家可以根据实际情况选用。

一、开展工作对话

当发现下属有倦怠表现时，管理者最好在第一时间开展工作对话，如果当时不方便，也要尽量早一些开展工作对话。

员工倦怠是因为工作中产生的负面感受，这些负面感受像传染病一样不会自愈，而且随着时间的推移，不仅病情会加重，还会传染给更多的人。这个问题越早得到解决，造成的影响越小；越晚解决，损失越大。

很多经理总有逃避心理，不愿意面对倦怠的下属。我完全能理解这种心态，一次失败的对话对经理们的打击是致命的，而经理们往往都有失败的经历，这让他们一想到要面对那些"刺头"下属就打心眼里发怵，找各种借口拖延。但经理们要清楚，这是每一位经理的必经阶段，无法回避，你能做的只有尽快成长起来。

如果你还在考核下属，显然，对话的基础是不存在的。在考核模式下，追究责任是管理者的必然选择，而推卸责任则是下属的规定动作。在别人戳自己眼睛时，没人还能保持着睁眼。考核激发了上下级之间的对抗，双方都产生了心理防御，无法做到相互信任和坦诚相对。

我们只要摒弃了考核，就具有了对话的基础，对话的焦点不再是落实责任，而是解决问题。人类有一个古老的智慧叫"对事不对人"，工作对话就完美地诠释了什么叫"对事不对人"。

当员工倦怠时，无论是管理者还是员工都是受害者，双方都承受着巨大的压力。管理者承受的压力来自工作进展受阻后产生的挫败感，对自己领导能力的不自信感和对双方关系的焦虑感。员工同样承受着巨大的压力，既有工作中产生的负面感受，又要面对来自上级、同事的不信任，甚至还有职场安全问题。

在进行工作对话时，管理者不要指责下属，也不要去追究下属的责任。要牢记，倦怠的员工本身也是受害者，是不当的管理方式、不畅的沟通机制、不良的工作环境的受害者。我们不应该去指责受害者，而应该去查找"罪犯"，识别那些不当的管理方法、不畅的沟通机制和不良的工作环境。永远不要指责和羞辱对方，这是开展工作对话的第一原则。

管理者的正确心态应该是"好奇"，就像一个聪明的侦探一样透过蛛丝马迹找出"真凶"。你可以这样问自己：为什么一个正常的员工会如此的沮丧，他在工作中遇到了什么？他真实的感受是什么？他的需求和期望是什么？他希望我做些什么？当我们怀着"好奇"之心时，我们就不会再先入为主，把员工想象成一个懒惰、不讲理或不负责任的人，而是回归真实，重新面对一个有血有肉但在工作中遭遇了痛苦的人。于是，你就可以和下属一起去寻找这份痛苦的根源。

管理者在跟下属进行工作对话时，要注意两个要点：

（1）发掘倦怠行为背后的深层因素

我有一位朋友在和下属谈话时经常使用这样的表达，比如："你的（描述某种行为），这让我很失望/不满/生气。""你的报告中出现了三处拼写错误，这让我感到生气。"我告诉他，这种简单归因没有意义，他需要做的是挖掘拼写错误的深层因素，比如：下属可能不了解这份报告的重要性，或者不知道上级很在意细节问题，或者因为其他工作耽误了拼写检查。

一位员工工作倦怠是因为某些工作让他产生了负面感受，而这些负面感受背后有其深层因素。比如，无意义感的深层因素可能是员工不了解该工作的重要性，或者是工作过于简单枯燥，等等。工作对话就是要识别下属产生了什么负面感受，以及这些负面感受的深层因素有哪些。

管理者以任何理由指责下属都会激发其防御心理，这种防御心理会让下属专注于推卸责任，而非分析问题和解决问题。在以往的咨询工作中，我们之所以能很快和客户方员工建立信任关系，获得大量翔实的信息，最关键的一点就是我们相信任何问题的原因都是复杂的，不能简单归于某个人或某些人。带着这样的信念，我们会深挖问题后面的机制、方法、沟通、环境等因素，因为往往只有找到深层因素，才能更彻底地解决问题。

（2）倾听下属的抱怨和诉求

行为倦怠的员工往往有很多抱怨，如果这些抱怨没有得到倾听，负面感受就不会消失，倦怠行为也就得不到矫正。

　　管理者倾听下属，就是要透过抱怨发现下属的感受和未被满足的诉求。我们往往错误地理解"倾听"这个词，以为倾听是一种姿态，其实倾听是一种探索和发现。一位员工抱怨他的同事"很冷淡"，我们通过倾听可以发现这位员工的遭遇——平时遇到时，他的同事不跟他打招呼；可以发现他的感受——"不自在"；也可以发现他未被满足的诉求——温暖、和谐的同事关系。

　　在耐心倾听抱怨时，要先以问话的方式引出问题的关键所在，再恳切地和他详谈，表露谅解、关怀和支持的心意。

　　在解决下属的困难时，尽量多问一问你还没弄清楚的问题。如果确实是一个棘手的问题，你要实事求是地告诉他，你的能力有限，但也要表明你保证会积极地去办。如果问题侵害了公司和团队的根本利益，要表明你对这些事情确实爱莫能助。

　　与下属交谈后，要把他们所要求解决的问题铭记在心，遇到合适的时机就立即予以解决。如果你善于倾听下属的心声，从中找到问题并适当地加以解决，那么你在员工的心里就更有威信了，同时你也赢得了下属的爱戴与尊敬，最重要的是，下属的倦怠行为会得到很大程度的缓解。

　　（3）获得下属改变行为的承诺

　　与下属进行工作对话的根本目的就是要改变员工的行为。如果你对下属的行为有明确的要求，应在第一时间告诉他们，并同时询问他们的意见。永远不要让下属猜测你的想法，猜测的结果很可能是双方的误解加重。

　　有一位经理跟我说过这样一件事，一次他为下属分配任务，采用的方式是先自行认领，然后再调剂。在这个过程中，有两个下属只认领了量很少而且难度小的任务，这位经理本来对这两个人是比较满意的，这次感到非常失望，但他什么也没有说，并开始疏远这两个人。时间过去一周多了，该经理依然无法释怀。

　　我问这位经理："既然这样，你当时为什么不告诉他俩你对他们的期待？"这位经理说："我就是想看看他俩什么时候能认识到自己的错误。"我说："那你认为他们现在认识到自己的错误了吗？"经理说："没有，工作态度还不如以前呢。"

你对下属有明确要求时，就要尽早告诉对方。比如，上面那位经理，他完全可以在分配任务时，告诉下属他希望他们多认领一些有挑战性的任务，并在会议结束后和两个下属来一次对话。

当然，管理者向下属提出自己的期待，并不意味着对方一定要听从。如果你因为对方没有听从而不悦，说明你并不关心对方的诉求。更高明的对话是在对方拒绝时，以好奇的心态去了解对方的诉求是什么，以及对方愿意采取的行动是什么。

很多时候，如果你能让下属理解你的诉求，他往往就能提出一个能同时满足双方诉求的行动计划，而这正是工作对话的最终目的——创造双赢方案。创造双赢方案需要创造力，但前提是双方都能深入理解对方的诉求。

管理者要争取让下属对未来的行为做出承诺，在下属做出承诺之前，管理者可以先和下属一起确认新的行为方式可能带来的收益。比如，在让一个上班经常迟到的下属承诺准时上班之前，要确保他理解准时上班的意义和价值。为了下属能更好地遵守承诺，管理者还应了解下属在落实行动时可能遇到的困难，并尽可能地给予帮助。

有时候，由于各种原因，工作对话的效果可能并没有达到我们的预期。但我们需要从一个更长远的角度来看，管理者与下属持续进行这种坦诚的对话会逐步影响双方的关系，增进相互之间的信任，同时建立起一种真正可靠的沟通模式。而这对于提升下属的积极主动性来说，无疑是至关重要的。

二、削减低价值工作

（一）为什么要讨论工作价值

每个员工的工作中多多少少都会存在一些低价值的环节，这些低价值的工作不但浪费了员工的时间和精力，而且抑制了他们的主动积极性。管理者应该定期与下属讨论并削减低价值工作项，其中最重要的就是对工作项的价值进行讨论，其好处是多方面的。

首先，在讨论工作价值的过程中，管理者会真的找到一些低价值的工作活动，比如参加不相关的会议、填写没人看的表单、参加不需要的培训等。这些工作活动加大了下属的负荷，降低了工作带来的意义感。如果能剔除这些工作内容，无疑能提升下属的积极性。

其次，讨论工作的价值能促进下属的独立思考。我曾做过一个调研，发现上级最头疼的是"机器人"下属，这样的下属只知道死板地执行命令，不会独立思考，不知变通。讨论工作的价值能促进下属对工作的深刻理解，激发以"提升工作价值"为核心的工作创新。

最后，讨论低价值工作的过程是上级和下属之间很重要的互动过程，对消除下属的不自主感、提升下属的工作满意度都有好处。

（二）讨论前的准备工作

建议管理者每季度或每半年就为下属做一次工作瘦身，邀请他们一起进行讨论。

在与下属讨论低价值工作前，先让下属列一个他认为的低价值工作项清单，这个清单将是你们讨论的基础。让下属在清单上把希望取消的"低价值工作项"做个排序，把最想取消的写在前面，并说明取消它的理由（表8.1）。

表8.1　低价值工作项列表

序号	低价值工作项	取消理由
1		
2		
3		

（三）讨论并确认工作价值

上级与下属讨论的焦点是工作项的价值。根据每个工作项的特点，管理者可以与下属一对一谈话，也可以邀请其他相关方会谈。每个工作项都可以按照下表（表8.2）所示议程进行。

表8.2　减少低价值工作项研讨标准议程

序号	议程
1	取消该项工作会产生什么影响
2	这些影响有多大
3	如果影响较大，有什么措施能规避或减轻这些影响
4	是否应取消该项工作
5	如果决定取消，接下来要做什么 如果决定不取消，该工作项应简化还是应安排给别人

（四）未达成一致时的处理

如果经过讨论，双方未能达成一致意见，则可按下表（表8.3）中的方式处理。

表8.3　未达成一致时的处理措施

未达成一致的情况	处理措施
1. 下属或上级不能确定是否要取消	听取更多人的意见找到负责人
2. 下属认为应该取消，上级认为不应该取消	找到另一种双方都接受的替代工作方式来实现双方最重视的价值

三、消除历史旧怨

如果员工与上级和同事的关系不好，就会产生强烈的无归属感，从而导致工作倦怠或者离职。

一位领导力强的上级能和所有下属保持良好的关系。我在这里提供一个秘诀,来帮助那些领导力差一些的上级与下属保持良好关系,这个秘诀就是:双方产生冲突时,要第一时间找下属沟通。

我见到过、听到过、读到过的人与人之间的关系破裂,无一不是因为一次又一次的愤怒累积并产生叠加效应,直至结果无可挽回。

有人怀疑,心怀愤怒的时候是否是沟通的良机?我的答案是肯定的!这里的关键是,如果心怀愤怒的人是你,那么你进行沟通的目的不是要指责、报复对方,而是请对方来帮你理解他。你可以直接告诉对方,你现在很生气,但你在乎与他的关系,你需要去理解他,并请他解释自己的行为。这样的沟通是建设性的,是无害的。如果心怀愤怒的人是对方,那么你可以询问他的所见所闻,自己没有满足他哪方面的期待,以及他希望自己现在做点什么,并消除误解。通过这样的沟通,你可以在第一时间消灭愤怒。

如果发生冲突后没有第一时间沟通,拖延越久,伤害就越大,愤怒的情绪累积起来并产生叠加效应,就形成了难以化解的历史旧怨。

消除历史旧怨需要更高超的沟通技能,找一个调停人也是一个好办法。随着矛盾的积累,一方对另一方已经失去信任,单纯的解释是没有用的,这里的关键是,要确认以前的种种行为对双方造成的伤害。如果有一个好的调停人,他的作用就是确保每个人受到的伤害能被对方真正地听到。要知道,当一个人处于痛苦中时,他是很难感受到对方的痛苦的。

最后要说的是,消除历史旧怨的过程也是个人成长的过程。我们最开始以牺牲自己的方式来避免冲突;我们在成长一步后,开始意识到自身的需求,愿意承担冲突的代价来成全自己;我们再成长后就会发现,成全自己并不需要承担冲突的代价,成全自己的最好方式是相互理解后的相互成全。消除历史旧怨的过程,就是认识到自己以前的青涩,并向成为一位卓越领导者迈出一大步的过程。

第九章　提升下属工作能力

"在 GE，我不能保证每个人都能终身就业，但能保证让他们获得终身的就业能力。"

——杰克·韦尔奇

"团队进步的基本条件是能持续地学习、反思、沟通，有自我批评的承受力和能力。"

——宁高宁

中国人把个人和团队的关系比喻成小河和大河的关系，既说"大河无水小河干"，又说"小河有水大河满"。促进下属的个人成长是管理者的责任，也是小河与大河共同的需要。然而，成长的过程并不轻松惬意，而是要在"熔炉"中反复锻造，直到脱胎换骨。

第一节　能力提升的瓶颈

一、认知问题导致绩效不佳

促进下属成长、提升其个人绩效是管理者的责任，也是绩效管理永恒的课题。

我们可以把影响员工个人绩效的因素简单分为两类：本人自身因素和外部因素。在本人自身因素中，对绩效影响最大的就是工作能力，而工作能力又是最为可控的因素，因此被众多管理者和专家高度重视。

费迪南·佛尼斯在与 3 万名各行各业的经理人访谈后，归纳了下属"表现不佳"的若干因素，其中最主要的 8 个因素是：①不知道为什么该做这件工作；②不知道如何做这件工作；③不知道该做什么工作；④觉得上级的做法行不通；⑤觉得自己的做法比较好；⑥觉得其他工作更重要；⑦觉得努力得不到任何结果；⑧觉得自己正按照上级的指示在做事。

费迪南·佛尼斯的调查结论意义重大，它告诉我们，员工能力问题本质上是认知问题。要想提升员工的个人绩效，关键是提高其认知水平，一味加大奖惩力度并不能解决问题。

于是，很多管理者把改变下属认知、提升下属能力的希望放在了培训上，期待通过培训来促进员工的成长。

二、大部分培训没有效果

20 世纪初，泰勒就提出通过开展工作研究和培训来提升工人的产出：选择一些技术熟练的工人；研究他们在工作中使用的基本操作或动作，以及每个人所使用的工具；用秒表记录每一基本动作所需时间，加上必要的休息时间和延误时间，找出做每一步工作的最快方法；消除所有错误动作、缓慢动作和无效动作；将最快、最好的动作和最佳工具组合在一起，成为一个序列；用这个最佳的工作序列来培训其他员工。

直到今天，培训依然是企业用来提升员工能力的常规手段。然而，相比过去，虽然培训方法和手段更先进了，但效果却不尽如人意。

培训包括两种方式，一种是专家传授，另一种是管理者培养。第一种方式简单省力，也确实能让下属开阔眼界，知晓一些新的理念和方法，但是我们不得不面对一个现实：多年来培训并未使得个人能力提升有实质上的进展，尤其是在领导能力、管理能力方面，尽管知识理念知道得不少，实践中依然无法运用。而第二种方式倒是不乏成功案例。比如，当我带的团队完成一个项目后，团队成员几乎认为他们从我这里学到了很多。注意，我这里说的是"学"，而不是"教"。

三、工作能力的三个层次

能力是一个令人迷惑的概念。我们都认可能力很重要，但很少有人清楚能力这个概念的含义是什么。在员工能力评估中，人们要么通过员工成功或失败的经历来判断，要么通过预设的行为标准（如能力素质模型）进行判断。但是个人经历和标准行为只是能力的结果和外在表现形式，并非能力的本质。

如果我们像剥洋葱那样把能力的含义一层层剥开（图9.1），最外层就是员工的行为和绩效（去掉外部不可控因素的影响）；中层是对工作的基本认知，比如"为什么做这件工作""如何做这件工作""该做什么工作"等；而最内层则是员工的世界观和方法论，是人对事物运行原理的认知和把握。世界观和方法论是能力"洋葱"的核，唯有从这个层面进行思考，才能明白现实中能力的培养为何难有成效，才能明白反思的价值所在。

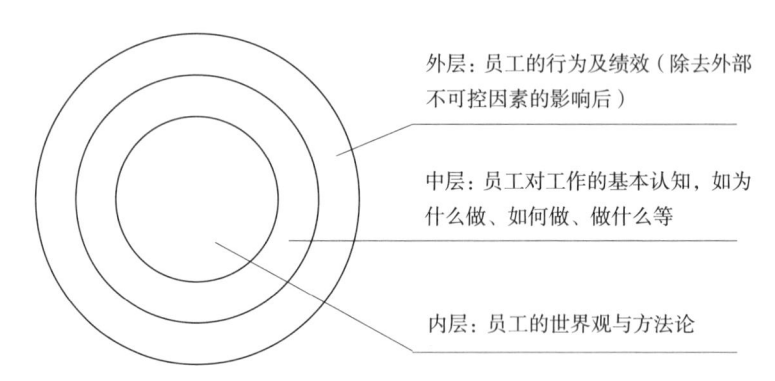

图9.1 工作能力的三个层次

为什么说世界观、方法论是能力的核？这是我们在咨询实践和管理实践中对不同能力水平的员工进行深入观察和沟通后得出的结论。

什么是世界观？世界观是个人对这个世界基本运转方式的看法和观念，员工对顾客、产品、权力、制度、原则、冲突等内在观念都属于世界观的范畴。员工在课堂上学到了关注客户需求的知识和理念，但潜意识中依然重视产品推销而非客户；员工在培训中学到了人力资源的"选用育留"的技巧和理念，但潜意识中依然认为"员工就得通过约束、奖勤罚懒才能好好干活"。于是，员工在培训课上很激动，觉得发现了真理，但培训过后依然按老办法行事，原因之一就在于其世界观没有改变。

什么是方法论？方法论是个人用以改造内外部事物现有状态的基本方式。在实践中，方法论指的是方法原理，即技巧、方法发挥作用的内在机理，也即"知其所以然"，比如为什么考核绩效模式会失败，非考核绩效模式的原理，等等。很多管理者追捧的流行管理模式，如OKR，被积极引进到本土企业后鲜有成功，原因在于管理者只学其外在的操作，而不关注其内在原理，必然会使这些模式水土不服。

长期绩优者大都通晓基本要素，如顾客、产品、员工、工作任务的属性和特点，相比一般员工能更深入地理解相关技能发挥作用的基本逻辑。而绩效一般者常见的表现是"知其然，不知其所以然"，诚如市场人员虽然学习了各种销售话术、人际沟通技巧，却不能把握精髓，以至于客户冷漠甚至反感。

四、突破能力瓶颈的唯一路径

员工能力提升的过程最终会遇到瓶颈，这个瓶颈就是其世界观和方法论。如果员工的世界观和方法论不改变，其能力最终就会卡在某一个水平上难以寸进，如果要突破瓶颈，就要改变自己的世界观和方法论。

人们的世界观和方法论只有在"熔炉"中才会发生改变。"熔炉"是一种情境和状态，在这种情境下，人们会持续收到颠覆其基本认知的信息，比如一个在工作中长期遭受挫折的员工会持续不断地收到和其预期不符的信息，再比如遇到一个言谈举止和自己完全不同的人，但对方总是比自己更受欢迎。在这种情境下，身在"熔炉"中的人，其内心在经历"天人交战"的状态，对世界和事物的原有认知会遭到破坏。

当然，只有破坏还不行，还需要重建。那些世界观和方法论被破坏但没有重建的人，可能会变成偏执狂或"非正常人类"。只有经历重建的人才能更上一层楼，变得更大气、更深刻、更睿智。

世界观和方法论的重建依靠的是自我反思，或者叫自省，也有人称之为"悟"。自我反思是突破能力瓶颈的关键一环，那些失败的培训和辅导主要是因为之前没有让员工完成自我反思。下属只有通过自我反思和检讨，知道了自己需要提升哪些方面，培训和辅导才会有效，下属才能得到成长和进步。

随着生产方式的进化，企业里技能工人的比例在减少，职能管理人员和技术人员的比例在增加。职能管理人员和技术人员经常要面对新问题，可能是以前从未遇到过的问题，不仅自己没遇到过，别人也没有遇到过；也可能遇到过类似的问题，但环境改变了，以前的方法行不通了。面对新问题，别人很难给出方案，员工会越来越依靠自己的"悟性"。

作为管理者，你应该为下属建立一套有助于获取反馈和自我检讨的机制，帮他们在成长的路上迈出坚实的一步。

第二节　做好 "反馈中转站"

管理者有责任帮助下属打破提升工作能力的瓶颈，但帮助的重点不是传授知识和技能，尽管这方面也需要管理者的帮助，而是将下属放入"熔炉"中，并引导其进行自我反思。

下属需要来自各方的工作反馈信息，包括上级、同事、客户和协作单位等。有时候，他们会主动反馈给你的下属，但在大多数情况下，他们不会直接反馈，需要管理者转述。

直接反馈最大的障碍可能是中国的文化，我们的文化不倾向直接反馈，尤其是负面反馈。我有时候会问一些经理人："协作部门是怎么评价你们的？"遗憾的是，这个问题很少有人能回答上来。对于那些回答上来的人，我接着问："这是他们的原话吗？"答案也几乎都是"不是，我猜应该是这样的"。

对于负面反馈，人们往往讳莫如深，不好意思当面说，担心让对方丢面子。对于正面反馈，大家又觉得不符合谦虚的美德，也不擅长表达。我曾经请一些经理给别人做正面评价，他们大多说得磕磕巴巴，但让他们给对方提出负面评价时，他们又立刻变得口若悬河。总之，我们的文化中缺少直接反馈的基因。

但我们的文化中不缺少间接反馈的基因。所谓间接反馈，就是通过第三方来传递信息。比如，我家孩子在学校闯了祸，班主任会在第一时间给我打电话。再比如，我们在企业做访谈的时候，被访谈者会滔滔不绝地谈对他人的看法。由于我们的文化不支持直接反馈，通过间接反馈来获得信息这一渠道就变得非常重要。

在中国，管理者能发挥一个独特的作用，就是成为他人对下属的反馈信息中转站，收集他人对下属工作的看法并及时告知下属。显而易见，上级作为下属的反馈信息来源，是最便捷、可信和高效的，也是不可或缺的。

管理者要主动征询关于下属的反馈信息。征询的对象包括客户（包括内部客户）、团队成员和团队外部人员。征询的内容包括服务效果、服务过程、工作能力、积极主动性、不满意的地方等。征询的方式中，正式的包括满意度调查、问卷、询问函、反馈表等，非正式的包括聚会、聊天、电话、微信等。

我在管理下属时，非常注重收集人们对各项工作的意见和看法，并及时转告给下属。比如，我在和下属聊天时，经常会让他谈谈对所获得的协作和支持有哪些满意和不满意的地方，一般情况下，无论是满意的还是不满意的方面他们都会说一些。对于这些话，我会及时转述给其他下属听。这里有一个技巧，就是在转达消极信息时避免使用指责的口吻，而应该用"期望"的口吻。例如，员工说"他写报告太粗心"，我在转述时会把这条反馈改成"李某希望你能在写完报告后检查一下，减少其中的错误"。

有时候，管理者会发现他人和下属之间存在误解或冲突，可以利用自己第三方的身份来化解。曾经有合伙人跟我表达对我的一个下属的不满，我及时了解了冲突的来龙去脉，发现是双方沟通不充分造成的误解，我促成了两个人的对话，及时平息了合伙人的不满，下属对此非常感激。

管理者应该铭记，在向下属转述他人的意见和看法时，要化解误解和冲突，不要制造误解和冲突，否则，你这个"中转站"还不如不去中转呢。

我的经验是，定期（比如一个月）征询反馈意见，经过几个周期后，大家就会逐渐习惯，最终形成一种自觉反馈的积极氛围。

除了主动征询反馈，管理者还可以和相关方商定某种反馈规则，比如请他们在某个节点或者在下属刚完成任务时通过微信的方式提供反馈。一般来说，反馈越及时，反馈信息的价值就越大。因此，管理者应鼓励他们及时反馈。

管理者接到反馈后应及时转达给下属，尽量不要拖延，无论是正面反馈还是负面反馈。第一时间的反馈能让下属更容易接受并反思；不及时的反馈会给下属造成更大的挫折感（如果是负面反馈的话）和不安全感，而且妨碍反思。

第三节　督促下属进行反思

一、自我反思最忌考核

自我反思是员工提升自身能力的重要一环。如果缺少反思，缺少世界观和方法论层面的改变，员工的能力就会卡在某个瓶颈中再难寸进。员工能根据各方的反馈，对工作进行反思和检讨，总结过去的经验和教训，认清自己的优势和不足，这是成长的开始。

但管理者想要促成下属的自我反思并不是一件容易的事。有一次，某客户举办中高层述职会，邀请我列席。十几名述职者在台上轮流述职，下面坐着一百多名职工代表。述职者拿着准备好的稿子激情洋溢地演讲，每个人都是洋洋洒洒几千言。下面的代表们似乎很快就失去了耐心，有的开始玩手机，有的开起了小组会，只有前排领导席的高管正襟危坐，负责给述职人打分。

我试着问几位员工代表："你感觉这次述职怎么样？"对方回应道，"我的上级就在述职现场，我肯定挑好的说，作用不大""每年的问题都差不多，每年都述职，我都没感觉了""现在，述职就是做PPT"。我问一些公司领导怎么评价这次述职会，他们的回答也都是作用不大。

当涉及考核时，很多工作述职失去了反思的机会，变成自卖自夸，谈到问题时含糊其词、避重就轻，其根源就是把述职和考核搅在了一起。考核给了员工压力，而在考核的压力下，员工是无法进行深入的反思和检讨的。

二、督促下属自我反思

管理者要经常督促下属进行自我反思，最简单的办法就是询问他对工作的认识，哪些地方满意，哪些地方不满意，有什么新想法，等等。

在刚开始进行这项活动时，有的下属可能会不知道说什么，自我反思的过程甚至变成了"自我批判会"。没有关系，坚持下去，慢慢就会变好了。这期间你可以进行引导，引导下属的反思不断深入下去。我在督促下属反思的时候，经常会用"为什么""怎么做""还有什么办法"这样的词来推动下属的思考过程。

比如，当下属提交方案的时候，我可能会挑出几点问他这么做的好处是什么，当他回答后，我会继续追问还有哪些替代方案。我一般很少直接给下属提出建议，我认为直接提建议是对下属能力的蔑视，也是对下属自我反思机会的浪费。

管理者在督促下属自我反思时要注意，反思的应该是工作的方式方法，及其背后的世界观和方法论，而不是工作的动机。如果从动机出发的话，绝大部分员工的确没有问题，他们的行为都是出于好意。然而好的动机未必产生好的结果，有一句格言是这样说的，"通往地狱的道路是用善意铺成的"。反思和检讨不能从动机出发，而要从相关方的诉求出发，并要落脚到未来，未来要么保持当前的做法，要么改进。

反思和检讨虽然也要分析过去的工作，但最重要的是面向未来，即我以后要如何更好地工作。换句话说，下属只有着眼于未来，才能成长。无论考核还是奖惩都属于紧盯过去，这样做没有意义。反思过去的目的是总结经验和教训，并用其指导自己未来的工作。

三、让下属"看到"正确做法

当下属在工作中遇到挫折时，他们往往会自行反思，但反思的结论未必是"我"需要改变，而是环境需要改变。这种结论有时是合理的，有时是偏颇的。

有的下属习惯于外部归因，把所有问题归因于环境不好或未得到足够的支持，很多时候这当然是合理的，但习惯于这样做会妨碍下属的成长进步。

一个好的做法是向他展示那些高效的下属是怎么工作的，或者让他知道还有更好的工作方式或结果，这样往往能颠覆他的认知。

现场参观、经验交流、技术研讨都可以促成下属之间的交流。而这些活动最有效的开展时机是在下属接收到反馈信息之后，这个时机需要管理者来把控。

如果说反馈信息提供了拉力，那么让下属"看到"正确做法则提供了推力，两股力量合在一起能产生更大的合力。而能否把这两股力量融合，取决于管理者是否有这方面的意识。

四、进行个人公开承诺

一个能促使下属进行工作反思和检讨的好方法是让他进行个人承诺，声明在未来某段时间里要改进哪些工作以及如何改进。

个人承诺最好以书面的形式呈现，有利于加强承诺者的责任感，并方便进行公示。个人承诺书的格式可参照图 9.1。

个人承诺书

我承诺，在未来的一年里，努力做到：

序号	我要改进的工作	改进的承诺
1		
2		
3		

承诺人：
日期：

图 9.1　个人承诺书模板

完成的个人承诺书需要进行公众展示，比如放到公司内部的网站上或贴在墙上，也可在公示前让承诺者在会上宣读，以增强其严肃性。

个人承诺书可以随时进行更新。事实上，下属收到新的工作反馈的时候，可能就是进行更新的时机。另外，建议管理者定期组织下属对个人承诺书全面评审一次，保证其内容符合最新的实际要求。

第四节　辅导和支持下属

一、绩效考核是工作辅导的障碍

除了督促下属进行工作反思之外，管理者还要给予下属工作技能方面的辅导以及工作条件上的支持。

我们很早就知道：内因决定外因，外因通过内因而起作用。下属愿意寻求帮助是内因，上级愿意提供帮助是外因。只有下属愿意寻求帮助，且上级愿意提供帮助时，这种帮助才能真正实现。

我曾经天真地相信员工在任何时候都期望学习和进步，因此，只要上级对下属进行辅导，下属就会无条件地接受。基于这种认知，有一段时间我曾经非常迷信绩效面谈的价值，并在多家企业不遗余力地推广。在经历一次次的挫折后，我对以上假设产生了怀疑。后来我发现，那些效果较好的绩效面谈往往是下属主动找上级，而不是上级主动找下属。

等下属提出请求之后再去做辅导，往往能事半功倍。后来我弄明白了这其中的道理：下属通常不会认为自己的工作方式需要改变，因此下属主动找上级面谈属于不寻常的时刻。

管理者之所以愿意辅导下属，很重要的一点是因为他们之间不存在强烈的竞争关系，下属的绩效本身就是上级绩效的一部分，从这个意义上来说帮下属就是帮自己。

在考核绩效模式下，员工不愿意暴露自己弱的一面，因此不愿进行自我反思和检讨，这又降低了其接受辅导的意愿。尤其是当管理者试图将考核功能和辅导功能融合到一次谈话中时，这种意愿降到了最低，所以往往会形成上级对辅导比较热心但下属对辅导不热心的状态。

那么能否请能力强的下属来辅导能力差的下属呢？这同样存在着困难！虽然下属之间不存在考核和被考核的关系，他们之间的氛围往往更轻松随意，被辅导者也更愿意接受，但问题在于对方是否有意愿提供辅导。有句俗话说，"教会徒弟，饿死师傅"，当员工之间存在竞争时，他们就会产生这种顾虑，师傅不敢把绝招传授出去，以免以后被"饿死"。所以，让员工辅导员工有一个前提，那就是要消除下属之间的竞争，然而绩效考核恰恰会激发下属之间的竞争，因此绩效考核会阻碍下属间知识和技能的交流。

由此可见，无论是对上级帮下属，还是对下属帮下属，绩效考核都产生了消极影响。

二、辅导的主要目标

通过工作辅导，管理者主要在以下几个方面帮助下属：①帮助下属找到正确的提升方向；②帮助下属"看到"更好的工作方式；③引导下属设计具体的提升计划。

下属有可能会对自己的工作感到迷茫，不知道如何做才能让领导、同事或客户更加满意。而管理者往往比下属经验更丰富、信息更灵通，更容易抓住问题的关键所在。只有提升方向是正确的，下属才能更好地提升他的绩效。所以，帮下属找到正确的提升方向是管理者进行工作辅导的首要目标。

即使明确了正确方向，下属可能依然对如何改进没有头绪。比如，某人可能知道应该提升自己在工作中的沟通能力，但他未必知道如何沟通会更好。如果一个人从来没有见过更好的工作方式，仅凭想象是很难得到答案的。如果管理者能让下属"看到"更好的工作方式是什么样的，这会在很大程度上激发下属改变自己的热情，这就是工作辅导的第二个目标。

下属"看到"了更好的工作方式、更强的工作技能之后，如何才能学会它、掌握它？比如，当下属认知到，如果自己要提升沟通能力，就需要学习沟通方面的一些技巧知识，并在一些实际场景中进行练习，那么他接下来可能会制订更具体的提升计划，包括学习哪方面的知识、怎么分配学习的时间、如何去练习、有哪些辅助手段等。管理者可根据其他成员的成长经验和教训，帮助下属制订一个合理的、可执行的计划。

三、使用教练技术来辅导下属

我在前面提到过，管理者督促下属反思的方法，不是直接提出建议，而是向他提出问题，启发他的思考，并最终让他自己得出答案。此方法同样适用于管理者对下属的辅导。

首先，每个人都有不同的经历，因此对很多事情的看法都不一样。一个你认为非常好的方案，在另外一个人看来，可能存在诸多莫名其妙的地方，因此该方案是"可疑"的。这种心怀疑虑的态度让他很难全情投入，无法全情投入的结果很可能会反过来"证明"该方案确实是有问题的。

其次，有时候方案的好坏的确是因人而异的。适合甲的做法未必适合乙，甲的做法也许从总体上来看没有问题，但在细节上可能需要经过调整才能适用于乙。由此，管理者不应该将自己或别人的经验直接移植到某个下属身上。

那么管理者应该如何去帮助下属呢？实践证明，让一个人自觉地想要做好一件事情，并让他自己找到做事情的方法，无论从投入度还是从个人所能得到的历练与成长来看，效果都是最佳的。

用一套特定的技术与方法引导对方改变心态、找到目标、聚集目标，引导他自己找到解决方法，并最终解决问题与实现自我价值，这套技术又被称为教练技术，是管理者需要掌握的一项基本技能。

对于教练技术，本书不予以深入探讨，有兴趣的读者可以自行查阅相关资料。

四、主要对象与时机

如果说工作辅导的目的是促成下属的能力提升，那么问题来了，在所有下属里面，谁最需要提升能力，谁又最容易提升能力呢？我认为，新部下应该是你辅导的重点对象，辅导还可以促进你们之间的磨合。还有另一类"新"部下需要重点辅导，那就是工作内容出现重大调整的下属。

什么时候给予下属辅导呢？我认为应该是随时，只要下属有这个意愿，越快越好。事实上，辅导工作越及时就越容易。比如，某位刚入职的业务员在和客户洽谈的过程中遇到了一些困难，他急需洽谈方面的技巧，这时候如果上级对他辅导，他学习的动力最强，在实践中学习也最为方便，并且能把学到的技巧直接在实践中进行检验。

这里的一个问题是，对那些"表现不佳"的老部下还要不要进行辅导？我认为，这要分开来看，如果"表现不佳"的原因是能力不足，那么对于长时间从事一项工作依然能力不足的下属来说，这类工作很可能不适合他，我的建议是，有可能的话应了解他的特长，并给他调整工作内容；如果原因并非能力问题，而是态度问题（消极倦怠），那么具体措施可以参照前面的章节。

第十章　调薪、解聘与人才选拔

"要树立强烈的人才意识，寻觅人才求贤若渴，发现人才如获至宝，举荐人才不拘一格，使用人才各尽其能。"

——习近平

"用什么人、用在什么岗位，一定要从工作需要出发，以事择人，不能简单把职位作为奖励干部的手段。"

——习近平

这可能是管理者最后的疑虑：如果取消考核，根据什么给员工算奖金？解聘员工时会不会遇到法律方面的麻烦？根据什么来决定是否给予某员工晋升资格？以上决策因高度敏感而让众多管理者头痛不已，又被称为信服力困境。但事实上以上问题的根源在于考核，并没有解决问题，所以还是让我们静下心来，一起探讨一下非考核绩效模式下的困境破解之道。

第一节　提升人事决策的信服力

一、人事决策的信服力问题

人事决策（这里主要指定岗定薪、解聘、晋升等）具有高度敏感性，因为这和员工的利益密切相关，做不好很容易引起员工的不满。我们之前对绩效考核存在的问题进行过调研，当时被访谈者吐槽最多的就是薪酬不公平问题。

由于资源的有限性（比如薪酬存在预算限制，晋升存在名额限制等），人事决策往往带有竞争性，员工 A 得到了加薪机会，意味着员工 B 可能就失去了加薪机会；员工 A 得到了晋升，意味着员工 B 可能就得不到晋升了。那些在决策中未受益甚至受损的员工可能会把决策过程放在显微镜下检查，他们一旦认为决策是不公平、不合理的就不会认可和接受它，并产生不公平感或挫败感，进而影响他们的工作积极性。这就是管理者遇到的信服力困境。

相反，员工如果认为决策是公平合理的，就会真心地认可和接受它，并产生公平感和归属感。当绝大多数未能从决策中受益的员工认可和接受它时，我们就称该决策是有信服力的，否则就是没有信服力的。

人事决策最重要的目标就是要有信服力。

二、新绩效模式下的决策依据

绩效考核无助于决策信服力的提升，因为考核结果很难被员工认为是公平合理的，因此以考核结果为依据的决策也就很难被员工认可和接受。

在非考核绩效模式下，管理者不再以绩效考核结果作为决策的依据，而是以员工能力和事实作为决策的依据，因此可以大幅提升人事决策的信服力。

以能力作为决策依据是公平合理的。员工能力和员工个人绩效存在直接关系，员工能力决定了个人绩效，但其他非能力因素，比如外部环境、工作条件甚至运气都会影响绩效的高低。自身能力是员工可控的，是可以通过努力提升的，而那些非能力因素是员工不可控的，因此对员工来讲，他们更容易接受管理者将能力作为决策依据。比如，某销售部门最早使用销售提成制，但由于公司有多种产品，并划分了若干销售区域，不同产品在销售难度上有差异，不同销售区域的销售潜力也有很大区别，因此那些负责销售新产品和分到差区域的员工就感到不公平。后来，该部门改实行基薪制，将销售岗位按工作能力划分为若干个等级，每年对所有销售人员的实际能力水平进行评估定级，并发放相应的薪酬，这种方式得到了绝大多数销售人员的拥护。

把能力作为决策依据有利于人才的培养和保留。换句话说，在这种决策方式下，团队的资源和发展机会会向那些更有能力的员工倾斜，给予他们更大的施展空间，从而让他们可以发挥更大的作用。这也有利于团队的整体绩效，有利于团队成员的共同利益。据我观察，那些实施了绩效考核而且整体绩效相对较好的企业，他们往往不是把考核结果作为晋升的主要依据，而是有另外一套以能力评估为基础的晋升流程。

有的决策最好以事实为依据，比如员工解聘，当以事实为依据时，这些决策能给人一种"对事不对人"的公平感，例如有公司规定"一年内两次严重违规的员工应协商解聘"。

在实践中我们可以发现，以能力和事实为依据进行人事决策的团队，其决策信服力明显高于以考核结果为决策依据的团队。

三、决策过程也会影响信服力

决策过程也会影响决策的信服力。在以下情境中，决策信服力可能会有所增加：

（1）员工的工作"闪光点"在决策前被提到。比如说，某员工曾经获得过奖，在年底讨论涨薪名额的时候，如果有人提到了这一点，即使该员工最后落选，他也会更容易接受这个结果。

（2）对决策不满的人都得到了回应。比如，一个员工非常期待晋升，但最后没有得到晋升机会，在这种情况下，如果上级能找该员工解释一下，或者简单提一下原因，那么该员工对最终结果的接受度就会增加。

（3）决策程序对所有成员是公开的。有一些餐馆会使用透明的玻璃来隔离厨房和就餐区，这样顾客就可以看到食品的制作过程，从而减少了担心和顾虑。同理，如果你的团队有一个职位空缺，现在要进行内部招聘,如果把招聘流程公之于众,大家就会对结果更加信任。

(4)参与决策的人是被大家信任的。让员工自己参与决策是让他理解和接受方案的最有效的方式,如果实际情况不允许某些员工参与决策,则应尽量保证能参与决策的人员里面有他们信任的人。

(5)员工对决策结果有申诉权。对管理者而言,申诉权是一个有效的缓冲器,能防止员工因对决策不满而产生过激行为,也有利于下属以理智的心态对待决策。我认为对于任何一项直接关系员工利益的决策,员工都应该享有申诉的权利。

四、不同级别管理者的决策权限

不同管理者拥有的决策权限也不同。比如,某部门负责人只有绩效工资的分配权和给谁涨薪的提名权,而公司总经理则有决定员工整体薪酬水平以及批准薪酬政策和制度的权限。

管理者的权限既与自身在企业中的级别和地位有关,又与企业的管控模式有关。在集权模式的企业中,权力集中在公司的高层;而在分权模式的企业中,中基层的管理者也有较多的决策权。

非考核绩效模式给予了管理者足够的人事决策权或建议权。那些人事决策权集中在上级领导的公司中的团队管理者,应该积极地争取充分的授权,或者积极推动新绩效模式在更大范围内的实施。

第二节 让薪酬决策更公平

一、理解薪酬问题和薪酬决策

(一)薪酬是保健因素

薪酬问题是一个重要的问题,也是众多管理者关心的问题,它会直接影响员工的个人绩效,因为员工一旦对薪酬不满意就会抱怨、闹情绪、不好好干甚至辞职,这当然会影响绩效。

薪酬问题处理不好可能会给团队人才梯队建设造成长远影响，从而间接影响绩效。牛根生先生曾生动地描述了薪酬和人才的关系："财聚人散，财散人聚"。虽然这个说法不是完全准确，但是薪酬和人才建设的确有密切的关系。

我们反过来再想一个问题，如果员工对薪酬满意会发生什么事，他们会不会对团队感激涕零，然后拼命工作以作报答？答案是不会的。员工也许会在短期内变得积极主动一些，但从长期来看，最终他们会"忘掉"薪酬这回事。

但不要误会，我认为"忘掉"薪酬并不是一件坏事，一个工作时总是想着钱的员工，其工作必然会或多或少地受到影响。在这一点上，薪酬和私人电话一样，给工作带来的只有打扰。最好的薪酬制度就像空调，会让人们感觉不到它的存在。

我们说薪酬是保健因素而不是激励因素，也是这个意思。好的薪酬制度能防止员工变得消极，但未必能把员工变得积极。

然而我曾经从一些经理口中听到这样的话："员工上班就是为了钱。"他们真心地认为员工会为了年底5%的加薪而努力奋斗，或者因担心被降职而努力奋斗。

在我的儿子上小学二年级的时候，有一段时间里，他的数学作业的错题特别多，我观察他的解题过程，竟然发现他有时连题都不读就直接写答案。儿子解释说，作业太多，怕写不完被老师批评，就顾不上读题了。员工对工作的心理也是类似的，薪酬等外在激励会让员工关注工作的数量，代价是忽视工作的质量。

如果我们去观察那些绩效突出的员工，就会发现他们在工作时会完全"忘掉"薪酬的存在。当然，让员工忘掉薪酬并不容易，事实上，这可能比让员工时时记得它要难得多。

（二）消除三种不公平感

让人们"忘掉"薪酬的关键是消除不公平感。如果员工将自己的薪酬与别人比较，就可能产生不公平感。

不公平感可分为三种，分别是外部不公平感、内部不公平感和自我不公平感。员工把自己的薪酬水平与团队外从事相似工作的人进行比较时所产生的不公平感称为外部不公平感；与团队内部的人进行比较时所产生的不公平感称为内部不公平感；与过去的自己进行比较时所产生的不公平感称为自我不公平感。

无论外部不公平感、内部不公平感还是自我不公平感都会使员工对薪酬决策产生抵触。因此，评判薪酬决策是否合理的标准就是该决策能否消除三种不公平感，以及能在多大程度上消除不公平感。

（三）取消绩效工资

本书的一个核心观点就是"绩效考核无效"。我向经理们提出这个观点时，遇到的往往不是反驳，而是下面这个提问："如果不实施绩效考核，如何向员工支付绩效工资？如何决定给谁晋升？"

"为什么要支付绩效工资？"我问经理们这个问题的时候，他们通常会像看白痴一样看着我："当然是为了激励员工，为了维护公平。""如果我说，绩效工资既不能激励员工，又不能维护公平，你信吗？"说到这，对话一般也就结束了，因为对方已经确定了我真的是个白痴。

如果你从第一章一直读到这里，那么现在你应该可以得到一个"惊世骇俗"的结论，绩效工资并不能实现人们预期的目的。当然，你可以继续质疑，毕竟这过于颠覆我们的"常识"。

其实，第一个质疑我这个说法的人是我的妻子，她给我举了一个例子：有一次她们团队需要完成一个重要任务，但难度太大，谁都不愿意干，后来她们设立了一个十几万元的任务奖金，效果立竿见影，最终任务顺利完成。

我无法反驳她，因为我不能反驳事实，在这个案例中绩效工资确实起到了激励作用。但令人悲哀之处也在于此，绩效工资很有用恰恰说明你的团队已经病入膏肓、死气沉沉了。我知道，我妻子所在公司的薪酬水平在行业中并不低，然而为了保证工作的完成，公司还要给员工另外发钱，否则员工就推三阻四、消极怠工，这正常吗？也许有人觉得挺正常，但我觉得不正常，打仗还要赏钱的都是不堪大用的乌合之众。

金钱刺激的最终结果就是金钱依赖。金钱依赖就是有钱刺激就动动，没钱刺激就不动，而且为了达到同等的刺激，金额需要越来越大，其原理和毒品差不多。应该说，非常幸运的是，几十年来中国的经济腾飞，企业迅猛发展，员工收入也水涨船高，这把金钱刺激的后果抵消了很大一部分。如果有一天，员工的收入增长速度缓了下来，那么金钱刺激的后果就会全面显现。

绩效工资能否让员工感到更公平？当然，制定绩效工资方案的人都是根据"多劳多得""奖优罚劣"这样的原则去设计奖励制度的，本意就是让薪酬分配更加公平。有一点是肯定的，绩效工资确实能让某些人感到公平，那就是那些决策者，因为发多少、怎么发都是他们决定的，他们自然认为是公平的。但问题是，他们认为公平与否并不重要，重要的是那些被奖励的员工是否感到公平，因为这会直接影响他们的工作积极性。

那么被奖励的员工是否会感到公平呢？答案取决于他对考核结果是否认同。他如果认同自己的绩效考核结果，往往也会认同基于考核结果的绩效工资分配；如果他不认同考核结果，当然也不会认同相应的绩效工资。那么有多少人能认同自己的考核结果呢？答案是很少！因为人们都处于信息不对称的状态中，每个人都清楚自己的努力，但未必了解他人的付出。而且，员工更喜欢参照那些绩效比自己高的人，当发现对方某方面不如自己，但是绩效比自己高时，不公平感会油然而生，而绩效工资则进一步强化了这种不公平感。

绩效工资不仅带来不公平感，还带来不自主感。绩效工资作为一种奖赏，带有居高临下、体现权力、贿赂和交易的意味。下属拿到绩效工资的同时，也强化了自己处于从属地位的感受，这种感受会削弱他们的主动性和创造性。实践也一次又一次地证明，绩效工资的作用是令人失望的。

二、绩效工资的替代措施

当前，企业的薪资结构主要由三块构成：岗位工资、能力工资和绩效工资（包括奖金）。岗位工资一般通过岗位价值评估来确定，并在企业内部实现同岗同酬，能力工资是通过员工的能力等级评价来确定的，绩效工资是通过绩效考核结果（往往体现为绩效分数）来确定的。

取消绩效工资当然没有任何问题，但很多团队可能还没有准备好，突然取消的话会产生一些后遗症。我经常说，管理者要有理想，但不能理想化。接下来我们就来探讨一下，有哪些发钱方式既能给员工带来"惊喜"，又可以规避绩效工资的弊端。

（一）发红包

绩效工资的一种替代方式是发红包，其特点是不定时、不定额、不定人，这样做的好处有两个。

一个好处是消灭了对比的基础。人的不公平感都是因对比而产生的，但红包表达的是一种谢意，是团队对个人的努力、付出和贡献的感谢，而非奖赏。我们要把红包当成表达感谢之情的一种方式，我们不追求对员工的付出和贡献精确计量，也不会制订红包标准，我们追求的是大家的努力、付出和贡献都能被看到和认可，而红包就是象征。

另一个好处是摆脱了金钱依赖。因为红包是可发可不发的，某员工今天因为一件事得到了红包，后天做同样的事未必还会得到红包，这样员工就会把红包看成一笔额外的收入，而不是必然应得的。长此以往，员工就不会因为没有奖励而产生不公平感，也就不会因为没有奖励而不去做事了。

可能有人会质疑，发红包的方式是不是过于主观，缺少公平性。我的看法是，如果发红包的人能根据对事不对人的原则去发红包，那么员工的不公平感反而会降低。原因是，员工会认为自己的付出和贡献都被看到了，而且对于不同的事，员工缺乏对比的基础。

也可能有人要问，如何对发红包的人进行监管？我的建议是，要给发红包的人一个限制，比如他的团队的红包总额上限或单个人上限。

最后要强调一下，红包在财务上不走绩效工资科目，而要走职工福利待遇，类似于团建费用。

（二）360°反馈法

360°反馈法适用于取消绩效考核后的过渡阶段。这种方式有点类似于360°考核，它们的相同点是都要从员工自己、上下级、同事那里收集信息；不同的地方是，360°考核收集的是绩效评估结果，而360°反馈法收集的是关于员工的工作反馈信息。

具体操作时，可专门指定一个部门或者一位人负责从相关人员处收集以上事实信息，要求所收集的每位员工的信息尽量真实、全面。管理者可根据收集的事实信息，结合自己对下属的了解，确定他们的奖金额度。

三、如何给下属调薪

我们都相信，为了维护薪酬的内部公平性，不同的岗位之间以及同岗位不同能力的人之间，应该保持适当的薪酬差距。然而多大的差距才算公平呢？

对公平的定义是随着时代的变化而改变的。在改革开放之前，企业的分配模式是吃大锅饭，讲平均主义，那时候人们认为没有差别就是公平。21世纪初，企业流行"能人主义"，人们认为企业的效益主要依靠"能人"，于是，拉开薪酬差距成为社会共识，差距越大越公平。那时候冒出一批"打工皇帝"，年薪过亿，但没人觉得有何不妥，一些管理咨询公司给企业做薪酬方案，诊断出的问题基本都是"薪酬未拉开差距，起不到激励作用"。

我认为，多大的差距才算公平取决于企业自身的文化。在某些企业的文化里，公平往往意味着大家的薪酬差距不大，差距稍大就会让员工产生不公平感。而在另外一些企业里，员工往往能接受一定程度的薪酬差距，但是差距太大或差距太小也会让员工产生不公平感。

团队可以制定薪级薪档表（图10.1）来体现不同岗位和不同能力等级之间的薪酬差距。不同的岗位之间的薪酬差距体现为不同的薪级，价值高的岗位薪级高，价值低的岗位薪级低，岗位价值的高低通过岗位价值评估来确定。相同岗位、不同能力的人的薪酬差距体现为不同的薪档，能力高的人薪档高，能力低的人薪档低，能力高低通过素质能力评估来确定。

岗位职级	薪级				
四级	四级1档	四级2档	四级3档	四级4档	四级5档
三级	三级1档	三级2档	三级3档	三级4档	三级5档
二级	二级1档	二级2档	二级3档	二级4档	二级5档
一级	一级1档	一级2档	一级3档	一级4档	一级5档
	1等级	2等级	3等级	4等级	5等级

图10.1　员工岗位职级、能力等级与薪级薪档关系图

所以，当一个人的岗位变化了，他的薪级也会跟着改变；当一个人的能力提升了，他的薪档也应跟着提升。这种薪酬调整能弱化员工的不公平感。

当下属个人工作能力提升了，其薪档也应该得到提升以保持内部公平。调整员工薪档的最关键的步骤是"员工能力评定"，只有员工的能力得到新的评定，员工的薪酬才能根据新评定的等级套入相应的薪档。

员工能力评定需要评定员工的综合能力，而这是一件困难的事，管理者可建立一个委员会来专门负责这项工作。关于这方面的专业书籍有很多，本书不再赘述。

四、消除不公平感的两个操作

（一）引导员工进行良性比较

员工的不公平感来源于与他人的比较，很多时候，这些比较并不理性，也不恰当，应该通过引导来纾解。

员工进行外部比较时，往往会选择相似的人（如同行业、同岗位等）作为参照对象。但如果这方面的数据缺失，他们可能会用一些道听途说的极端案例做参照，而这些极端案例要么薪酬数据被夸大，要么把某些特殊状况描述为一般情况。

如果管理者了解参照对象（比如同行业、同地区的类似岗位）的薪酬水平，并向下属提供真实可靠的行业或地区薪酬数据，就能避免下属进行不合理的比较。

员工进行内部比较时，通常会选择岗位相似且薪酬比自己高的人作为参照对象，但由于他们无法全面了解对方的付出和贡献，很容易进行片面比较，就像相声《五官争功》所说的那样，只能看到自己的功劳，看不到别人的贡献。

管理者要帮助下属建立正确的薪酬逻辑。做同样的工作，如果一个人比别人更积极主动、更有创造力、工作更熟练，那么他在人才市场上价值就更高，团队就需要支付更高的薪酬来留住他，这才是正确的薪酬逻辑。

管理者要引导下属进行良性比较。在正确的薪酬逻辑下进行的比较就是良性比较，良性比较就是要比谁更积极主动，比谁更有创造性，比谁工作得更熟练。通过良性比较，帮助员工把关注点放到个人的发展和成长进步上来。

（二）减少下属的感受付出

很多时候，员工的不公平感源自巨大的感受付出。所谓的感受付出，是指员工在工作中感受到的无意义感、不自主感、不胜任感和无归属感。这些负面感受越强烈，员工越感到辛苦，越希望通过提升薪酬来弥补。反之，如果能尽量消除员工在工作中的无意义感、不自主感、不胜任感和无归属感，则他们不会感受到巨大的付出，不公平感自然就会下降。

举一个例子，中国在射频滤波器和波导类产品方面缺乏技术积累，关键是缺乏这方面的人才，很多时候，人才是用钱来挖都挖不到的。这类产品的生产设备简单，也不需要大量投资，中小企业也投资得起，但是，这里面有大量的基础知识和经验积累是我们无法简单获得的，即所谓的 know-how。那些欧美企业都积累了几十年的经验，有他们的核心技术，而中国在这方面的积累实在太少。

欧美这类企业是怎么做的呢？它们养着一批有多年经验的老工程师，五六十岁的都有，人家一辈子就干这个，生活平静，一心做技术，这样的人靠砸钱是很难挖出来的。

而国内的电子产业或者 IT 产业没有这样的社会环境，工程师能到五六十岁还安心做技术的越来越少，很少有企业愿意养这样的老工程师。充斥着中国媒体的是"30 岁的总裁身价十几亿，你再不创业就晚了""存款几千万才能财务自由"这样的论调。

要想吸引人才、留住人才、激励人才，不只是提供高薪就可以了，更重要的是要想办法消除员工在工作中的负面感受。

第三节　下属不胜任怎么办

一、如何认定下属不胜任

当管理者对下属的工作严重不满意时，不要给他降薪或处罚他，这只会增加对方的不满。管理者首先要判断这个员工是否能胜任当前岗位，如果不能胜任就要考虑转岗或辞退；如果认为对方还可以胜任，工作表现差是因为有特殊原因，那么接下来就要引导该员工深刻反思，找到病根，并出具个人提升方案。

认定员工是否胜任某岗位工作涉及两个领域，一个是人事管理（主要是招聘和解聘）领域，另一个是劳动法领域。而在这两个不同的领域中，不胜任具有不同的含义。

在中国的劳动法中，所谓"不能胜任工作"是指不能按照要求完成劳动合同中约定的任务或同工种、同岗位人员的工作量。

在劳动法的视野中，如果要认定某员工"不能胜任工作"，关键是要出示有效证据。在这里要强调一下，一个人的绩效考核成绩差，并不能据此认定他不能胜任。对于哪些证据是有效证据这一问题，现在业界还存在很多争议。我曾看过一些这方面的研究和仲裁案例，最终得出一个结论，那就是有效证据的判定是非常复杂的，任何证据都存在无效的可能。

与法律层面的复杂不同，如果我们从人事管理的层面去认定不胜任，则简单得多，即使它不能满足客户或上级的要求。我们要承认，这种认定是主观的、单方的和随意的，然而，这种依靠直觉做出的认定反而是准确的、高效的。

所谓胜任力，其本质是用来评判人岗是否匹配的依据。我相信，每个人都会在其独特的生活经历中培养出独特的能力，能否把正确的人放到正确的岗位上，决定了他能否发挥胜任力。

谈到胜任力，我们就必须提一下冰山模型。冰山模型认为，人的核心胜任力，比如社会角色、自我概念、特质、动机等都处在冰山之下，是潜在的、隐性的，难以度量和描述，但是可以通过一些具体的事例来窥一斑而见全豹。也就是说，上级的直觉在判断下属是否胜任工作时比客观证据更加靠谱。

由此，在员工是否胜任工作的认定中，上级应当有最大的话语权，企业也应该给管理者充分的授权。一个下属是否胜任，他的直接上级最为清楚，因此认定这件事不能假手他人。

二、如何对待不胜任的下属

首先，管理者必须认识到不能胜任工作并非下属的责任，事实上，下属才是最大的受害者。

在这方面，管理者最负责任的做法就是严把招聘关，避免把不合要求的员工招进来，否则，对双方来说都是伤害。

在把人招进来以后，如果管理者发现下属达不到自己或客户的要求，应通过辅导、培训等方式尽力帮助他成长进步（参加第九章内容）。

对于在一定时间内仍然不能胜任工作的员工，管理者应考虑给予转岗机会。对于无法提供合适的转岗机会，或员工转岗后依然无法胜任的情况，管理者应该和员工协商解除聘任关系。

三、通过协商解聘员工

管理者总会有一种错误的认识，认为解聘过程对自己和下属都是痛苦的，所以倾向于拖延。其实，长期不能胜任工作才真的会让下属痛苦。如果上级无法帮助下属胜任工作，那么最好的做法就是解聘，让下属尽早去寻找适合他的工作。

每个人都有自己的特长，人的一生中最重要的事情之一就是找到适合自己的工作。所谓适合的工作，就是社会需要、自己喜欢也擅长的工作。当从事不适合的工作时，人们会产生强烈的无意义感和不胜任感，从而缺乏工作热情和创造力；而当从事适合的工作时，人们会表现得更积极主动，更有创造力。

管理者对不胜任下属最大的帮助，不是把他留在这个不胜任的岗位上，而是帮他找到更合适的岗位。这就需要管理者帮他进行能力分析和岗位分析，因为很多时候，员工对自身的能力以及岗位资格要求都缺乏深入的了解。

然而，有时候下属的确会愤怒，但愤怒的原因是管理者没有真诚地对待他们，比如管理者用绩效考核成绩作为解聘的理由。虽然用绩效考核结果来支撑解聘决策貌似客观，但员工会把它当成管理者不负责任的表现。另外，用绩效成绩不合格作为解聘员工的理由还会带来法律风险。

正确的做法是管理者和下属进行协商，告诉对方解聘的理由并不是对方太差，而是对方和自己的要求不匹配。要承认全部责任都在企业方，还要了解解聘给对方造成的负面影响，并力所能及地去避免或减轻这些影响。

如果对方不同意解聘怎么办？如果管理者真诚地表达了以上看法，下属却依然不同意解聘，那么管理者就要了解其原因是什么。如果是因为下属认为自己能够改变，我建议管理者和他约定一个时间段，并在这段时间里全力帮他改变，看他能否达到胜任状态。如果还是不行，再行解聘。

四、规避不当解聘

在我看来，只要解聘员工的过程中涉及仲裁、打官司等就都属于处理不当。另外，需要强调的是，用末位淘汰的方式解聘员工既不符合有效管理原则，又不符合中国劳动法的规定。

解聘处理不当会直接激化被解聘人员与企业的矛盾，被解聘的员工会在公司和业内传播对原公司的不满，影响企业的美誉度。数据统计显示，强烈的不满至少会直接传达给25个人，而间接传播不可估量。如果被解聘人员从事宣传、营销等与媒体保持密切关系的工作，那么不良传播会进一步扩大。不良口碑的传播会影响企业招聘新人，影响内部团结。如果矛盾激化到一定程度，会直接导致高级管理人员或具有一定影响力的管理者跳槽到竞争公司，或者促使他创办类似公司，无形中为自己增加了一个"铁杆对手"。

解聘处理不当的另一个重要的负面后果是内部员工受到影响。不当解聘会让其他在职员工感到不安全，担心自己是否也会落到像被解聘者那样的下场。其他员工很容易把别人的遭遇往自己身上套，进而推测管理者的处事方法和能力，对管理者和公司产生不信任感，最终影响公司的凝聚力。

因此，管理者在解聘下属时一定要慎重决策，与下属沟通，达成谅解，并在法律的框架内给予一定的补偿和帮助，如帮他写一封推荐信等。

第四节　晋升与人才选拔

一、升职与绩效的关系

当出现空缺岗位时，管理者应如何在下属中进行选拔？如何才能避免员工在选拔过程中出现不公平感？

严格说来，升职与员工的绩效好坏没有必然关系。有一个段子是这样说的，一个优秀的工程师晋升为工程部经理，结果少了一个好的技术人员，多了一个糟糕的管理人员。

至于有些企业把升职作为激励员工的方法的做法，其实说明了其企业制度和文化存在问题。在这些企业中，低级别的岗位得不到尊重，也得不到提高待遇的机会，员工只有通过升职才能得到更好的待遇。

一个员工的绩效好，只能说明他胜任当前的工作，而他能否升职则要看他能否胜任升职后的工作。绩效好坏可以作为能否升职的参考，但不应作为选拔人才的依据。

那么人才选拔的依据是什么？我认为，最重要的是其个人能力与岗位的匹配度。每个岗位都有自己的任职要求，这些要求包括知识、经验和基本素质。知识可以学习，经验可以积累，但提升基本素质很难。因此考察一个候选人的晋升资格，应该以考察其基本素质为主。

二、如何选拔人才

（一）构建岗位素质模型

对于不同的岗位，管理者应首先构建其素质模型。例如，某研发经理岗位的素质模型包括四个维度：①专业技术知识、经验；②研发规划、搭建框架的能力；③内外部客户沟通协作能力；④团队管理能力和领导力。

再如，某人力资源经理岗位的素质模型包括三个维度：①人力资源管理的理念、思维和知识积累；②人力资源实操能力、经验和成果；③对人力资源的兴趣和能力倾向。

岗位素质模型为管理者评估候选人的岗位匹配度提供了依据。

（二）下属的岗位匹配度评价

在人才选拔过程中，直接上级发挥着至关重要的作用，他的主要工作就是要对下属的岗位匹配度进行评价。以上面提到的研发经理岗位为例，其岗位匹配度的评价表模板如下（表 10.1）：

表 10.1 某研发经理岗位匹配度评价表模板

评价维度	事实表现
①专业技术知识、经验	
②研发规划、搭建框架的能力	
③内外部客户沟通协作能力	
④团队管理能力和领导力	

管理者评价的准确度很大程度上取决于他对下属工作的了解程度，而这种了解又基于他对下属的个人绩效监控。因此，全面及时的个人绩效监控是人才选拔的必要条件。

三、公开透明的人才选拔程序

要避免人才选拔过程激发过大的不公平感和挫败感，选拔程序公开透明至关重要。在整个人才选拔过程中，管理者遵循几个关键点，将有助于以上目标的实现。

（1）候选人由直接上级推荐。一个比较重要的岗位一般要有 2~5 个候选人。直接上级推荐候选人并对其匹配度进行评价，有利于甄选最佳的人选。

（2）集体面试和选拔。集体决策往往比个人决策更有信服力，能获得更多的信任。然而，参与决策的人并非越多越好，应该在效果和效率之间取得一个平衡。当小组人数超过 7 人时，决策效率会显著下降。

（3）结果公示。得到人才选拔初步结果后要进行结果公示，更广泛地征求意见，这样既能避免甄选过程中的风险，又有利于消除员工因信息不对称而产生的负面感受。

需要注意的是，管理者应该在程序中明确下属的权限：①对选拔结果和选拔过程的知情权，在特殊情况下，需要保密的信息除外；②在决策前提供事实信息和提出建议的权利；③对无法认可的结果进行申诉的权利。

后　记

写完稿子后，在等待出版期间我看到了一篇让人震惊又心痛的消息——"中科院合肥研究院多名科研人员出走"。我了解了一下原因，有人说是因为单位不打招呼更换门禁，员工和保安发生了冲突，也有人说是因为加班文化和歌颂领导文化让科研人员觉得太累。

这件事发生的同时，还有另一件事正在进行中——美国正在对华为进行技术封锁。荷兰 ASML 的光刻机每台的价格为 1 亿美元左右，每年只生产几十台，这些光刻机做出来的芯片不再供给华为。

这两件事之间的联系是什么？第一件事反映了我们的管理水平，第二件事反映了我们的技术水平，无论是管理还是技术，我们都还有很大进步空间。

当一些科研单位还在强调绩效考核，用"胡萝卜加大棒"来对待我们的科研人员时，一些先进管理企业的科研人员早已不用整天算计如何加薪晋级，他们只需要集中精力做研究，那些后顾之忧，那些让他们分心的事，都被最大限度地精简了。可以说，管理上的差距比技术上的差距更隐蔽，也更根本。

我国的产业升级已经进入关键时刻，请那些目光长远的管理者注意，只进行技术升级是不够的，也是不可持续的，我们必须同时进行管理升级。只有实行更现代的管理模式，才能留住人才，才能激发技术创新，才能保住技术升级的成果。

与读者共勉！